EL PRÍNCIPE CONSTANTE

CLÁSICOS DE BIBLIOTECA NUEVA
Colección dirigida por
JORGE URRUTIA

Pedro Calderón de la Barca

EL PRÍNCIPE CONSTANTE

Edición de Enrica Cancelliere

BIBLIOTECA NUEVA

Diseño de cubierta: José María Cerezo

© Introducción, notas, selección y edición de Enrica Cancelliere, 2000
© Editorial Biblioteca Nueva, S. L., Madrid, 2000
   Almagro, 38 - 28010 Madrid (España)

ISBN: 84-7030-841-6
Depósito Legal: M-45.491-2000

Impreso en Rógar, S. A.
Impreso en España - *Printed in Spain*

INTRODUCCIÓN

El príncipe constante de don Pedro Calderón de la Barca, aún siendo obra juvenil (1629), marcará temática y formalmente toda la obra dramática del autor, desde *La vida es sueño* (1635), obra cumbre del drama barroco europeo, hasta los *Autos Sacramentales*.

Recordemos que el *Don Quijote,* de Cervantes es de 1605-1615; las *Soledades,* de Góngora, de 1613; *Hamlet,* de Shakespeare, hacia 1600; el *Cid,* de Corneille, de 1637. En la primera década del siglo XVII la literatura y el teatro de Europa aparecen penetrados por la temática del sueño: el sueño como locura, duda, ilusión, exaltación utópica, profecía, predeterminación heroica dictada por el nombre o por la misión, en fin, el sueño como desengaño.

Podríamos explicar este *leitmotiv* tan difundido con la sugerente hipótesis barthesiana de un regreso a los ritos sepultados y a las imaginaciones de lo tribal, a las revelaciones de la salvación o chamánicas de la visión cuando el absolutismo jerárquico e ideológico de los Estados modernos intenta reducir al intelectual cortesano a una homologación con las instancias civiles y militares del Príncipe y de su burocracia.

Si este análisis tiene un fundamento, el intelectual moderno, partícipe de los nuevos procedimientos de producción y difusión de la «mercancía» cultural, nace ya de la escisión de sí mismo; una escisión que tiene motivaciones determinadas, distintas de las condiciones del lugar; una escisión que, no obstante, lo proyecta en su obra fuera de sí mismo, hacia la reificación consciente del mundo de la ilusión.

En la España de la Contrarreforma y del absolutismo católico la *rêverie* del poeta adquiere connotaciones muy complejas y significativas. Para Calderón no se trata de poner en tela de juicio la sinceridad de la fe, la lealtad a su monarquía o la aspiración, en realidad siempre utópica, a un mundo totalmente civilizado y socializado por los valores del universalismo católico, sino de vivir esas tensiones inspiradoras con una exaltación febril mediante una representación onírica que descubre el constante peligro de que la ilusión quede manifiesta como tal ilusión. Por eso en Calderón los teoremas racionales de la Escolástica, que funden en un sistema silogístico coherente las razones del poder, de la religión y del hombre, proliferan hasta ponerse en juego en una visión poética y cognoscitiva de corte platónico, en una tensión agustiniana, que entrega al hombre, en su subjetividad y en su errar, todas las razones profundas de la salvación. En esto reside el núcleo engendrador del arte dramático del poeta y el subtexto de las posibles estrategias escénicas.

Cuando el autor advierta el desengaño, la tensión del sujeto se percibirá claramente como engaño y sueño. Sin embargo, en la época en que Calderón escribe *El príncipe constante,* finales de los años 20, la nobleza de la sangre — la honra— asegura el éxito de la misión y de la voluntad de renuncia del sujeto, como sucederá con los héroes laicos de Corneille. En Calderón, el hecho de que el sujeto se realice en la fe es garantía de la salvación a través del martirio, lo que viene a ser el mismo *itinerarium in Deum* de los místicos y de los santos del siglo XVI recién terminado, y de algunos de los cuales contaban las crónicas y leyendas de los territorios de ultramar.

Sin embargo, el coherente y constante delirio del mártir don Fernando pone de manifiesto el choque con las jerarquías y los dogmas de la época. Este delirio es ya un *cupio dissolvi* en las más agradables atracciones del mundo y un férvido deseo de una *rêverie* de cuya fuerte calidad dramática y escénica ya se había dado cuenta un dramaturgo de las vanguardias como Grotowski que, con su puesta en escena de *El príncipe constante,* restituía al texto calderoniano su puesto central en la historia del teatro de Occidente.

Por estas razones, volver a leer hoy *El príncipe constante* significa colocarnos en el cruce de una macrotextualidad literaria, dramática y escénica, cuyos resultados aún hoy reconocemos y experimentamos como los más significativos que en la historia del teatro se pueden conseguir.

EL AUTOR, LA OBRA, LA FORTUNA

El autor

Don Pedro Calderón de la Barca y Henao nace en Madrid, el 17 de enero de 1600, hijo de don Diego, cuya familia procedía de la provincia de Santander, y de María de Henao, de origen flamenco[1]. Calderón, en los primeros años, recibe su educación en el Colegio Imperial de los Jesuitas, luego continúa sus estudios en las Universidades de Alcalá de Henares y de Salamanca, llegando a ser bachiller en Cánones. Las huellas de una profunda cultura teológico-filosófica son evidentes en su obra dramática. Sus años juveniles están marcados por cuestiones económicas, después de la muerte de su padre, y por cuestiones jurídicas graves: a la acusación del homicidio de un hijo de Diego Velasco, en 1621, sigue otra, en 1629, por haber profanado con sus hermanos el convento de las monjas de clausura donde se había refugiado Pedro Villegas tras haber herido a un hermano de don Pedro. Son conocidas las protestas que hizo fray Hortensio Félix de Paravicino[2], en su sermón contra los

---

[1] Por lo que se refiere a la biografía de Calderón véase C. Pérez Pastor, *Documentos para la biografía de Don Pedro Calderón de la Barca,* Madrid, Real Academia Española, 1905; E. Cotarelo y Mori, *Ensayo sobre la vida y obras de Calderón,* Madrid, Tipografía de la Revista de Archivos, 1924; A. Valbuena Briones, «Revisión biográfica de Calderón de la Barca», en *Calderón y la comedia nueva,* Madrid, Espasa Calpe, 1977, págs. 252-268.

[2] Para una documentación sobre este acontecimiento véanse, E. Co-

hermanos Calderón, por el hecho de que nuestro autor le contesta con sarcasmo, precisamente en *El príncipe constante,* por boca del gracioso, en versos que fueron censurados.

Otra etapa importante en la vida de nuestro dramaturgo, que en 1637 llega a ser nombrado caballero de la Orden de Santiago[3], fue sin duda la trabajada vida militar. Su participación en las guerras de Flandes no está documentada, a pesar de las referencias en comedias famosas como *El sitio de Bredá;* sin embargo no hay duda alguna por lo que se refiere a las empresas militares en Francia y Cataluña, que le hacen testigo directo de la crueldad de la guerra y de la triste decadencia del poderío español en la escena europea. El bosquejo de un personaje como don Lope de Figueroa, en *El Alcalde de Zalamea,* puede leerse, por su intensidad emocional, como el autorretrato del autor y como reflejo de su experiencia militar. El 1648, año de la Paz de Westfalia, tan dolorosa y grave para España, término último de un proceso de decadencia iniciado muchos años antes, fue un año triste también en la vida de Calderón por la muerte de la mujer de la cual había tenido un hijo ilegítimo que morirá cuando aún no tenía diez años. Su labor teatral sufre una interrupción de unos años —de 1640 a 1649— a causa también de la muerte de la reina Isabel en 1644 y del infante Baltasar Carlos en 1646.

Formación cultural y educación, experiencias de vida y momento político-social, todo, pues, parece concurrir en la formación de aquella ideología del «desengaño» que, aunque común al intelectual de la época, en nuestro autor será más patente que en los demás. La decisión de Calderón de ordenarse de sacerdote en 1651 fue, por lo tanto, auténtica y sincera y lo lleva a una vida retirada, contemplativa y enteramente dedicada a su actividad teatral. Desde entonces

---

tarelo y Mori, ídem, págs. 134-135; E. M. Wilson, «Fray Hortensio Paravicino' protest againt *El príncipe constante*», en *Ibérida,* 6, 1961, págs. 245-266. Véase también F. Cerdán, «Paravicino y Calderón: religión, teatro y cultismo en el Madrid de 1629», en *Calderón. Actas del Congreso Internacional sobre Calderón y el teatro español del Siglo de Oro,* ed. de L. García Lorenzo, Madrid, CSIC, 1983, págs. 1259-1269.

[3] Véase C. Pérez Pastor, ídem, *Documento núm. 69,* págs. 99-107.

hasta la muerte (1681) escribe sólo *autos sacramentales* para el *Corpus Christi* y *comedias mitológicas* para la Corte y destinadas al teatro del Buen Retiro, como afirma el mismo Calderón en su carta al Patriarca de las Indias[4]. En 1653 ya había sido nombrado capellán de los Reyes Nuevos de la Catedral de Toledo donde vivió algún tiempo, y a partir de 1656 vuelve definitivamente a Madrid donde su lealtad monárquica se refuerza con su nombramiento de capellán de honor del Rey y le mantiene siempre sensible a las exigencias culturales y espectaculares de las fiestas de la Corte. En él, pues, la adhesión a un mundo en decadencia y a su ideología se mezclaba de manera ambigua con su sentido de la vanidad de las cosas humanas, con la sensación oscura del fin inminente de una civilización y de su misión. Este conflicto, inherente a la *Weltanschauung* de nuestro autor, caracteriza su obra como la de un conservador extraordinario, es decir, de un conservador que percibe como trágica utopía su deseo de estabilidad y su fe político-social. Sólo un sentido cristiano auténtico, cargado de tradición filosófica pagana y medieval, podía ofrecerle las razones de una estoica resignación a esta trágica visión de la historia.

Los teatros vuelven a cerrarse por la muerte del rey Felipe IV en 1665, y hay que esperar al año 1670 para que Calderón pueda estrenar otra vez en el Teatro del Coliseo, comenzando con *Fieras afemina amor*. Su última comedia palaciega fue *Hado y divisa de Leónido y Marfisa* (1680) y, en 1681, estaba acabando sus dos últimos autos, *El cordero de Isaías* y *La divina Filotea* cuando, el 25 de mayo de 1681, muere unos días después de dictar su testamento en el que pedía a las personas que lo iban a asistir que «luego que mi alma, separada de mi cuerpo, le desampare dexándole a la tierra, bien como restituida prenda suya, sea interiormente vestido del hábito de mi seráfico padre San Francisco, ceñido con su querda, y con la correa de mi también padre

---

⁴ Véase E. M. Wilson, «Calderón y el Patriarca», en *Studia Ibérica, Festschrift für H. Flasche,* Karl Hermann Körner y Klaus Rühl (eds.), Berna-Múnich, Francke Verlag, 1973, págs. 697-703.

San Agustín, y habiéndole puesto al pecho el escapulario
de Nuestra Señora del Carmen, y sobre ambos sayales sa-
cerdotales vestiduras, reclinado en la tierra sobre el manto
capitular de señor Santiago [...] y suplico [...] dispongan
mi entierro, llevándome descubierto, por si mereciese sa-
tisfacer en parte las públicas vanidades de mi mal gastada
vida con públicos desengaños de mi muerte»[5]. Sin embargo, Calderón, cuando era aún muy joven había visto su
entierro, como en una prefiguración, en la escena del príncipe Fernando agonizante:

> Lo que os ruego,
> noble Don Juan, es que luego
> que expire me desnudéis;
> en la mazmorra hallaréis
> de mi religión el manto,
> que le traje tiempo tanto;
> con éste me enterraréis
>   descubierto, si el Rey fiero
> ablanda la saña dura
> dándome la sepultura.
> Ésta señalad; que espero
> que, aunque hoy cautivo muero,
> rescatado he de gozar
> el sufragio del altar;
> que pues yo os he dado a vos
> tantas iglesias, mi Dios,
> alguna me habéis de dar.

(III, vv 2530-2546)

Fuentes

El príncipe constante fue redactada probablemente en 1628
y representada por vez primera en Madrid en 1629. El tema
está basado en un hecho histórico: la desafortunada expedición a Tánger, en 1437, del príncipe Fernando, hijo de
Juan I de Portugal; su captura, llevada a cabo por el rey de
Fez, su encarcelamiento, y su sacrificio para evitar que
Ceuta cayera en manos de los infieles. Antes de que su

---

[5] C. Pérez Pastor, ídem, *Documento núm. 188,* págs. 375-376.

cuerpo sea embalsamado y dejado al escarnio de la gente
ante las puertas de Fez, sus compañeros de cautiverio logran salvar el corazón y las vísceras[6]. En 1471, Alfonso V,
sobrino de Fernando, después de haber ocupado Arzila, obtiene del Gobernador de la ciudad los restos mortales, gracias a un acuerdo por el que se canjearán los cautivos: el
hijo del Gobernador y sus respectivas esposas[7]. Este episodio sugestiona tanto a Calderón que lo asume como eje
simbólico del drama en la relación especular entre Fénix y
Fernando. El cuerpo del príncipe recibirá cristiana sepultura en su patria, Lisboa, donde será venerado como santo.

La primera crónica de estos hechos fue escrita por un
compañero de cautiverio del príncipe Fernando[8]. Camões
se basa en esta narración, publicada en 1527, para el
Canto IV de su poema épico nacional *Os Lusiadas* (1572),
donde a Fernando se le reconoce como santo y mártir. Pero
es en realidad la obra de Faría y Sousa, *Epítome de las histo-
rias portuguesas,* publicada en Madrid en 1628, la que se considera fuente principal del drama. Ésta suscita tal interés en
Calderón que en el mismo año el dramaturgo se pone a escribir su texto teatral, ya que considera aptos para una dra-
matización eficaz estos hechos tan extraordinarios y edifi-
cantes. Sloman, entre las numerosas fuentes del texto,
subraya especialmente la deuda de Calderón con respecto a
la comedia atribuida a Lope de Vega *La fortuna adversa del
infante Don Fernando de Portugal,* publicada en 1595 y que,
a su vez, procede de una crónica española[9]. Parker sostiene

    [6] Véase A. A. Parker, «Religión y guerra: *El príncipe constante*», en *La
imaginación y el arte de Calderón,* Madrid, Cátedra, 1991, 1973, pág. 354, que
reproduce en parte el ensayo titulado « Christian values and drama: *El príncipe constante*», en *Studia Iberica. Festschrift für Hans Flasche,* 1973, cit.,
págs. 441-458.
    [7] A. A. Parker, «Religión y guerra: *El príncipe constante*», cit. El autor
ofrece detalles precisos sobre la verdadera historia, págs. 352-354.
    [8] Véase F. Meregalli, *Introduzione a Calderón de la Barca,* Roma-Bari,
Laterza, 1993, pág. 39. Según el autor este compañero de cautiverio aparece en la comedia calderoniana con el nombre de Juan Coutiño.
    [9] Véase A. E. Sloman, *The Sources of Calderón's «El príncipe constante».
With a Critical Edition of its Immediate Source, «La fortuna adversa del infante don Fernando de Portugal». A Play Attributed to Lope de Vega,* Ox-

que esta comedia fue atribuida erróneamente a Lope de
Vega y que en realidad fue creada después de 1595, por lo
que es posible, con toda probabilidad, atribuirla al canónigo
Francisco Tárrega[10]. Dian Fox, a su vez, pone de relieve lo
que Calderón debe a la comedia de Vélez de Guevara, *La
fortuna adversa del infante Don Alfonso de Portugal*[11].

Además de las fuentes históricas, el texto nos remite a
otras fuentes que podemos llamar culturales; éstas resultan
igualmente fundamentales, y en algunas ocasiones superan
la función de las fuentes históricas. La figura integérrima del
príncipe Fernando está construida según los cánones clásicos, sostenida por una voluntad y una aceptación del sacrificio tal que es imposible no recordar al mítico Attilio Re-
golo, como ya hizo Camões. Alan G. K. Paterson[12] ha
subrayado la raíz estoica del hecho y, sobre todo, de la figura
del protagonista, indicando como fuente más próxima a
Justo Lipsio, autor de *De constantia* (1584), que ya por el título recuerda a Séneca, *De constantia sapientis*. De sus estudios teológicos, y en particular de la lectura de la *Summa
Theologica* de Santo Tomás, le viene a Calderón este profundo conocimiento del tema de la *constantia,* como ha subrayado Sloman[13]. Según Porqueras Mayo, «se trata de la *constancia* operando prácticamente por medio de la *prudencia,*
frente a la variedad de la *fortuna*»[14]. La firme aceptación de
la variedad y de la mudanza de ésta por parte de Fernando
deriva, como ha notado Valbuena Prat, del mismo Séneca[15].

Es preciso recordar también el influjo que pudieron

ford, Basil Blackwell, 1950; y *The Dramatic Craftmanship of Calderón: His
Use of Earlier Plays,* Oxford, Dolphin, 1958, págs. 188-215.

   [10] A. A. Parker, «Religión y guerra: *El príncipe constante*», cit., pág. 354.

   [11] D. Fox, «A Further Source of Calderón's *El príncipe constante*», en
Journal of Hispanic Philology, 4-2, 1990, págs. 157-166.

   [12] A. G. K. Paterson, «Justo Lipsio en el Teatro de Calderón», en
El mundo del Teatro español en su Siglo de Oro; ensayos dedicados a J. E. Varey,
ed. de J. M. Ruano de la Haza, Ottawa, Devehouse, 1989, págs. 275-291.

   [13] A. E. Sloman, *The Sources of Calderón's «El príncipe constante»,* cit.,
págs. 43-52.

   [14] A. Porqueras Mayo, «Introducción» a *El príncipe constante de Calderón de la Barca,* Madrid, Espasa Calpe, 1975, pág. LXIV.

   [15] A. Valbuena Prat, *El teatro español en su Siglo de Oro,* Barcelona,
Planeta, 1974, pág. 311.

ejercer sobre Calderón los tratados del perfecto príncipe, cuya cualidad esencial era la constancia[16]. Igualmente fundamental resulta la influencia de la literatura emblemática, sobre todo considerando que nuestro autor asume la metáfora pictórica como base de su poética[17]. En esto es relevante la presencia en Calderón de la cultura jesuítica que, como es sabido, asignaba mucha importancia a la función de la imagen[18]. La firme actitud de Fernando ante el rey de Fez muestra la influencia de los tratados políticos de la época, en particular de los jesuitas Juan de Mariana y Francisco Suárez, aspecto éste que ha puesto de relieve A. Regalado[19].

---

[16] Sobre la influencia del tema dela constancia y de la paciencia en la literatura política de la época véase A. Porqueras Mayo, ídem, pág. LXXII, nota 43.

[17] Consúltense a este propósito la notas bibliográficas sugeridas por A. Porqueras Mayo en su «Introducción» a *«El príncipe constante»*, págs. LXXI-LXXIII, nota 43. Recordemos los *Emblemas morales* de Juan de Horozco, publicados por el librero Juan de la Cuesta en 1589 en Segovia y divididos en tres partes; la parte segunda y la tercera contienen cien emblemas. En 1599 en Madrid se publicaban los *Emblemas moralizados* de Hernando de Soto. Sebastián de Covarrubias y Horozco publica en Madrid en 1610 los *Emblemas morales* cuando el libro de su hermano Juan ya ha tenido tres ediciones. Probablemente los *Emblemas morales* de Juan de Horozco, sobre todo a través de sus grabados, pudieron evocar sugerentes ideas a Calderón sobre el tema tan básico en *El príncipe constante* de la *Vanitas Vanitatum,* según pone de relieve Gállego: «interesa ponderar el carácter macabro de algunas de esas láminas, como la del *Emblema IX* del Libro 2.º, con la vela, el reloj de arena, la calavera, el sepulcro y la inscripción *Quotidie morimur,* precoz ejemplar de *Vanitas,* que da por medio de la imagen una lección de desengaño». J. Gállego, *Visión y símbolos en la pintura española del Siglo de Oro,* Madrid, Ensayos Arte Cátedra, 1991, pág. 92.

[18] «El uso de la imagen para comunicar por medio de la forma verdades de la fe y principios morales se inspira en los *Ejercicios espirituales»,* A. Regalado, *Calderón. Los orígenes de la modernidad en la España del Siglo de Oro*, Barcelona, Ediciones Destino, 1995, pág. 502; argumento puesto de relieve por J. Gállego que a propósito de la obra de San Ignacio de Loyola afirma que ha «fomentado una sensibilidad óptica», J. Gállego, ídem, pág. 84; y en particular los capítulos II y III.

[19] «Al resistirse el príncipe a ser canjeado por la ciudad de Ceuta, el rey de Fez le manda que se le entregue. Fernando se niega alegando que no tiene que obedecer una orden injusta.» Actuando de esta forma Fernando «pone en práctica la doctrina de resistencia ante el tirano elaborada por los tratadistas políticos católicos», A. Regalado, ídem., pág. 504.

De la cultura jesuítica y en particular de la filosofía escolástica hay que destacar el tema de la libertad y de la necesidad. Afirma Regalado: «la moral ignaciana recurre sublimada y refinada a lo largo de su obra (…) «vencerse a sí mismo» (es) un imperativo moral que hace suya toda una metafísica de la voluntad»[20].

La defensa del «libre albedrío» que puede ejercerse a partir del uso de la razón, según explicaba Suárez, se ajusta a la idea de la realización de un fin que sea *ad mayorem Dei gloriam*, o sea el triunfo del cristianismo en el mundo.

De la cultura literaria de su época, y en particular de las sugestiones de la novela morisca, Calderón extrae ideas para la creación del personaje de Muley, amante infeliz, pero también soldado leal y cortés; su amistad con don Fernando se configura, pues, según los *topoi* de la novela morisca, aún de moda, pero también de la tradición de los romances fronterizos[21].

Es preciso añadir a este panorama una sugerente hipótesis que postula una referencia a la tragedia griega, y en particular a Sófocles.[22]

---

[20] A. Regalado, ídem, pág. 513

[21] Véase A. E. Sloman, *The Sources of Calderón's «El príncipe constante»*, cit., págs. 64-71; y sobre el mismo argumento véase, *The Dramatic Craftmanship of Calderón*, cit., págs. 192-194; W. C. Salley, «A possible influence of the Abencerraje Story on Calderón's *El príncipe constante*», en *The Romanic Review*, XXIII, 1932, págs. 331-333. El profesor Porqueras Mayo pone de relieve esta fuente, a partir de la cual Calderón construye el personaje de Muley: «Calderón, repito, ha arrancado a Muley de la tradición galante de los romances fronterizos, gusto que pudo recibir directamente, sobre todo, de su admirado Góngora, a quien pronto plagiará para mostrar su homenaje de admiración con el romance morisco «Entre los sueltos caballos»; y Mª Soledad Carrasco Urgoiti escribe: «Calderón vuelve a ese tríptico de ejemplaridad que quedó establecido con el *Abencerraje* y se repitió en romances y comedias de Lope de Vega y otros ingenios, que presentan a los campeones legendarios de la frontera de Granada como dechados de autodominio y de generosa comprensión hacia el adversario, en tanto que se cifra en la pareja musulmana el don de sentir y expresar el amor»; «Presencia y eco del romance morisco en comedias de Calderón (1629-1639)», en L. García Lorenzo (ed.), 1983, cit., pág. 858.

[22] H. Hernández Nieto establece con la tragedia sofoclea *Edipo en Colono* unos paralelismos que ponen de relieve la altura trágica del personaje

El príncipe constante está ambientada en el medievo, no
sólo como episodio de la épica portuguesa, sino que también se coloca dentro de la ideología del universalismo católico de la España en que vivió el autor. El espíritu de la
cruzada y de la guerra de religión está presente en España
desde la prolongada epopeya de la Reconquista hasta las
conquistas de ultramar y lucha contra la Reforma, como ha
notado Parker, según el cual: «Calderón escribió *El príncipe
constante* en medio de la guerra de los treinta años»[23]. De
todas formas el drama actualiza la historia, y de aquí el valor de actualidad que tienen los dramas de mártires, tanto
que dentro de las comedias religiosas llegan a determinar
un subgénero, el *Märtyredrama*, como propuso Kayser[24].

Trama

Acto I

La primera escena representa un jardín árabe del Palacio de Fez, que da al mar, en el momento en que está a
punto de salir el sol. Un triste canto de cautivos sobre la
fugacidad de la vida actúa como contrapunto ante la aparición de la belleza, la princesa Fénix, a la que sus doncellas ofrecen un espejo. Aparece el Rey, su padre, con el retrato de Tarudante, príncipe de Marruecos, al que desea
casar con su hija. La princesa recibe con angustia la decisión, puesto que en secreto ama al general Muley, pero no
puede librarse del deber de la obediencia.

Fernando: «Fernando, a la par de Edipo, deja antes de morir su mensaje
político-religioso basado paralelamente en la ley y en la justicia: *«El príncipe constante* y Edipo», en *Varia Hispanica. Homenaje a Alberto Porqueras
Mayo,* ed. de J. L. Laurenti y V. G. Williamsen, Kassel, Ed. Reichenberger, 1989, pág. 69.
[23] A. A. Parker, «Religión y guerra: *El príncipe constante»*, cit., página 351.
[24] Véase W. Kayser, «Zur Struktur des "Standhaften Prinzen" von
Calderón», en *Die Vortragsreise: Studien zur Literatur,* Berna, Francke Verlag, 1958, págs. 232-256.

Disparos y salvas anuncian la llegada de Muley, que vuelve de su expedición de reconocimiento por las costas de Berbería. Aunque turbado por haber visto en las manos de Fénix el retrato de Tarudante, el general informa a su Rey de las dificultades existentes para reconquistar Ceuta y de la necesidad de enviar refuerzos a Tánger, en cuyas inmediaciones está a punto de desembarcar una potente flota portuguesa. El Rey ordena el inmediato ataque para evitar la amenaza enemiga. Al quedarse solo con Fénix, Muley, loco de celos, intenta en vano hacer prometer fidelidad a su amada antes de marcharse a luchar contra los cristianos.

La escena se desplaza a las costas africanas donde desembarcan los hijos del Rey de Portugal, don Fernando y don Enrique, que van a la cabeza de la armada portuguesa, y junto a ellos don Juan Coutiño. La batalla tiene lugar en las inmediaciones y Muley cae prisionero. Sin embargo su profunda tristeza suscita piedad en Fernando, que le concede la libertad. Poco después, la llegada de refuerzos al ejército moro obliga a los portugueses a rendirse, y don Fernando es hecho prisionero.

Acto II

La escena se desarrolla en un bosque donde Fénix, aún turbada, cuenta a Muley su terrible sueño: una «caduca africana» le anunciaba que su belleza sería «precio de un muerto». Más tarde Fernando, durante una batida de caza a la que ha sido invitado por el mismo Rey gracias a su rango social, encuentra a Muley. Éste corrobora al príncipe portugués su gratitud y le desea que pueda volver a su patria. Mientras tanto, llega don Juan e informa que la nave que trae la respuesta del Rey de Portugal está atracando y enarbola insignias de luto. El prisionero interpreta la señal como signo de su muerte, pero don Enrique, vestido de luto, comunica que ha muerto el Rey don Duarte y que le ha causado la muerte el infeliz destino de Fernando. De hecho ha ordenado en su testamento que Ceuta les sea restituida a los moros para que el príncipe alcance su libertad.

En este momento Calderón se aparta de las crónicas que ha seguido, según las cuales el canje no tuvo lugar por la inflexible decisión de los portugueses de no negociar. Sin embargo, don Fernando en el drama no quiere aceptar el compromiso propuesto por su padre, le quita los papeles de las manos a don Enrique, y después de haberlos hecho pedazos, se los traga para que no quede huella. Para no ceder Ceuta a los infieles y defender la fe católica, decide voluntariamente seguir como prisionero del Rey de Fez y aceptar sus crueles castigos. La variación aportada por Calderón evidencia una clara intención hagiográfica y edificante.

A partir de este momento Fernando hará frente al martirio, elegido deliberadamente, con estoica resignación. Muley se compadece de Fernando, a quien le debe la vida y la libertad, y le propone un plan para huir. Pero el Rey sospecha de la traición de su general, y le nombra responsable del destino del prisionero para incitar su sentido del honor. Muley, si bien se siente perplejo entre la gratitud hacia el amigo y la lealtad hacia el propio Rey, se ve obligado a obedecer la ley del vasallaje.

Acto III

Muley, por última vez, intenta salvar a Fernando, ya privado de sus fuerzas, e intercede ante el Rey, pero lo único que consigue es que se ensañe aún más con él. La misma Fénix intercede en vano ante el padre, angustiada por la visión del horrendo martirio, causado por el padecimiento y la consunción. El nuevo Rey de Portugal, don Alfonso, lo intenta también; disfrazado de embajador, propone al Rey de Fez la libertad del prisionero a cambio de dinero. La propuesta es rechazada también por el príncipe Tarudante, por lo que el encuentro termina con una declaración de guerra por parte de don Alfonso.

Mientras tanto, Fernando, aun sintiendo que ha llegado al mínimo de sus fuerzas, insiste ante el Rey de Fez en que nunca permitirá ceder Ceuta a los infieles. Antes de morir pide a los suyos que le den cristiana sepultura.

Estalla la guerra bajo las murallas de la ciudad de Fez. Desde las torres donde el Rey se dispone a su defensa, se divisan algunos soldados que llevan a hombros el ataúd con el cuerpo de Fernando. Llega en ayuda el ejército portugués que, guiado por el espíritu de Fernando con un hacha encendida en la mano, consigue la victoria. Aparece el Rey don Alfonso que ha hecho prisioneros a Fénix, Muley y Tarudante. Cuando ya todo parece perdido, don Alfonso propone al Rey de Fez, como había sido profetizado, que la bella Fénix sea canjeada por el cuerpo de Fernando para que pueda recibir cristiana sepultura y ser venerado como santo.

Gracias a la intercesión de don Alfonso, el Rey de Fez accede finalmente a que sea celebrada la boda entre Fénix y Muley.

Género

Para una clasificación del *corpus* calderoniano, el problema del «género» ha interesado desde siempre a los críticos, divididos sobre la cuestión si era o no posible distinguir entre «tragedias» y «comedias», cuestión que atañe a todo el teatro áureo. Los ensayos, aunque importantes, que llevaron a cabo dramaturgos como Jerónimo Bermúdez[25], Rey de Artieda, Cristóbal de Virués, Lobo Lasso de la Vega o el mismo Cervantes, en la década 1577-1587, no alcanzaron ni una codificación del género «tragedia», ni un éxito de público. El significado que se atribuía en la época al término «tragedia» hay que considerarlo, como afirma Rinaldo Froldi: «en la acepción que le había otorgado la larga tradición medieval. Prevalece, pues, un significado de tipo estilístico (tragedia como estilo culto y noble) íntimamente relacionado con un contenido particularmente alto», que se mantiene a lo largo del siglo XVII. En España no se desarrolla un debate teórico sobre la *Poética* de Aristóteles capaz de elaborar un modelo trágico, de hecho dice Froldi:

---

[25] Bajo el seudónimo de Antonio de Silva publica en 1577 su obra que titula, *Primeras tragedias españolas:* la *Nise lastimosa* y la *Nise laureada*.

«La obra de Pinciano se publicó en los últimos años del siglo, cuando la época en que se intentaba llevar a la escena española la tragedia ya se había concluido»[26]. Después de la *Philosophía antigua poética* (1596) en España se publican otras dos poéticas: las *Tablas poéticas* (1617) de Francisco Cascales y la *Nueva idea de la tragedia antigua* (1633) de Jusepe Antonio González de Salas, obra más compleja y moderna en la cual el autor defiende la libertad del artista[27].

Por el contrario, como es sabido, en la práctica iba afirmándose el género «comedia» cuyas normas fijará Lope de Vega en su *El arte nuevo de hacer comedias en este tiempo* de 1609. Sin embargo, según afirma M. Blanco: «La conciencia de un género llamado tragedia, claramente opuesto a la comedia, sigue vigente todavía en la primera década del siglo XVII»[28], a pesar de que es evidente, prosigue la autora, que en el invervalo que va de la publicación de la poética de

---

[26] R. Froldi, «Considerazioni sul genere tragico nel Cinquecento spagnolo», en *Symbolae Pisanae,* Studi in onore di G. Mancini (al cuidado de B. Periñán y F. Guazzelli), Pisa, Giardini, 1989, págs. 210, 216. *[Trad. de la Autora.].* El autor vuelve a reflexionar sobre este tema en «La tradición trágica española y los tratadistas del XVIII», en *Horror y tragedia en el teatro del Siglo de Oro* (Actas del IV Coloquio del GESTE, Toulouse, 27-29 de enero de 1983), en *Criticón,* 23, 1983, págs. 133-157. Sobre el género trágico en España en los siglos XVI y XVII es preciso recordar del autor otras fundamentales aportaciones: *Lope de Vega y la formación de la comedia,* Madrid, Anaya, 1968; «Experimentaciones trágicas en el siglo XVI español», en *Actas del IX Congreso de la AIH,* Frankfurt am Main, Vervuert Verlag, I, 1989, págs. 457-467. Por lo que se refiere al problema de la tragedia en el siglo XVI véase también, A. Hermenegildo, *La tragedia en el Renacimiento español,* Barcelona, Planeta, 1973, y «Hacia una descripción del modelo trágico vigente en la práctica dramática del siglo XVI español», en *Crítica Hispánica,* VII, 1985, págs. 43-55.
[27] Sobre la preceptiva dramática en España en los siglos XVI y XVII véanse, A. Porqueras Mayo, *Preceptiva dramática española del Renacimiento y del Barroco,* Madrid, Gredos, 1972; M. Newels, *Los géneros dramáticos en las poéticas del Siglo de Oro,* Londres, Támesis, 1974; y M. Carlson, *Theories of the Theatre. A Historical and Critical Survey from the Greeks to the Present,* Ithaca-Nueva York, Cornell University Press, 1984.
[28] M. Blanco, «De la tragedia a la comedia trágica», en *Teatro español del Siglo de Oro. Teoría y práctica,* editado por Christoph Strosetzki, Studia Hispánica, vol. 7, Frankfurt am Main-Vervuert; Madrid-Iberoamericana, 1998, pág. 43; y seguidamente págs. 46, 49 y 53.

Pinciano a la elaborada por González de Salas: «se ha dado el fenómeno irreversible de la consolidación de un teatro que goza de independencia con respecto al senado de los doctos y al que no puede aplicarse de modo inmediato el concepto de tragedia que maneja Aristóteles». En la producción, pues, de los dramaturgos de la segunda generación, a la cual pertenece Calderón, junto a la «comedia» hay la «tragedia», sobre todo como elaboración de los temas empleados por los autores trágicos de finales del siglo XVI. La tragedia llegaría a constituir según M. Blanco: «una provincia acotada dentro de la comedia (…) que no se deja, pues, describir en términos de mayor o menor observación de las reglas de construcción clásicas de las unidades»; la diferencia consistiría en la técnica de escritura que Calderón desde luego posee.

Considerar, pues, a nuestro dramaturgo como autor de «tragedias» y, en este caso, incluir *El príncipe constante* en este género, es un problema que se resuelve sólo situando a Calderón en el interior del original debate de su tiempo.

Calderón, partidario de las reformas propuestas por Lope de Vega, propone a su vez un teatro que para efectos prácticos se puede clasificar en subgéneros —comedias novelescas, de capa y espada, de santos, de historia nacional, de honor, simbólico-filosóficas, autos sacramentales, etc.— desligado de los dictámenes de la preceptiva clasicista, que tiende a recuperar las enseñanzas aristotélicas sobre la «tragedia», considerada por Calderón discordante con las exigencias del tiempo.

Sin embargo, de la *Poética* el autor asume el aspecto más profundo, el relativo a la mimesis artística que se elabora modernamente en la teoría de lo verosímil y en la costrucción de lo concreto metafórico, un aspecto de la poética sobre el que Calderón reflexionará a finales de su vida creativa en el *Informe sobre la pintura* (1677)[29]. También de

---

[29] «El resultado de la sabiduría pictórica, según Aristóteles, es la construcción de un mundo verosímil y racional, de un mundo del deber-ser, más que del ser, que se realiza en lo concreto metafórico de la representación», E. Cancelliere, «Dell'iconología calderoniana», en, *Actas del Co-*

Aristóteles procede su estructura lógico-retórica, que configura su lengua poética en forma silogística, y su postura racionalista y didáctica filtrada a través de la nueva formulación de Santo Tomás de Aquino. Diremos, por lo tanto, que respecto al aristotelismo demuestra una atención de tipo estructural y que no parece implicar problemas formales como el de la codificación de la «tragedia». Teniendo en cuenta estas premisas generales, consideramos que la cuestión no afecta a un particular grupo de comedias como las «de honor»[30], o piezas únicas como *Semíramis: La hija del aire*, o, como en el caso que nos interesa, el *Märtyredrama*, *El príncipe constante*, del mismo modo que no concierne la postura de los críticos que abordan los textos shakespearianos o los «Stürmer».

A nivel operativo de la composición del texto —motivos, personajes— esta obra contiene numerosos elementos de las comedias de santos o hagiográficas ya codificadas por la larga tradición que evoluciona a partir de los autos sacramentales y llega a las comedias de santos del teatro de Lope.

Valbuena Prat sugiere la denominación de «tragedia cristiana», fundamentalmente diversa de la clásica grecorromana y sus derivaciones, de la de Shakespeare, y de la desesperanzada que va del Renacimiento a nuestra generación existencialista». El tono heroico de estas comedias, según Valbuena, consiste en «plantear el problema hondamente humano de la existencia como valor trascendente»[31], por lo que estas piezas, en conjunto, restituyen un cuadro completo de la cultura de la Contrarreforma.

La definición de «tragedia cristiana» no es aceptada por Alexander A. Parker, para el cual sería antitética porque el

---

lloquium Calderonianum Internationale (al cuidado de G. De Gennaro), L'Aquila, 1983, págs. 259-267 *[Trad. de la Autora.]*.
[30] Como por ejemplo afirma M. Blanco: «Tal vez el Calderón más indudablemente trágico sea el del honor sangriento (…) Es precisamente en esas obras donde la tragedia parece utilizar más a fondo y con más naturalidad la urdimbre básica de la comedia…», ídem, pág. 59.
[31] A. Valbuena Prat, *El teatro español en su Siglo de Oro*, cit., págs. 303-304

cristianismo no puede reflejar una visión trágica del
mundo, ya que está basado en el valor trascendente que se
le atribuye a la existencia humana: «Las comedias específi-
camente religiosas no necesitan ser defendidas como tragedias, por muy cercanos que sus argumentos estén de la tragedia.» De todos modos, para Parker se trata de un falso
problema porque lo que es cierto es que no estamos ante
una tragedia en el sentido clásico de la acepción. La conclusión a la que llega es que *«El príncipe constante* es un
drama cristiano porque, en el plano de los valores humanos naturales, es una historia de derrota y fracaso»[32].

Otras opiniones, como la de A. G. Reichenberger, niegan
a la pieza cualquier norma de la tragedia por el hecho de que
al final triunfa el orden universal. Según el autor a la obra,
para que pueda alcanzar la categoría de tragedia, le falta la
catástrofe final, ya que la muerte de Fernando es la lógica
conclusión de su fe cristiana que llevará al triunfo del bien,
por lo cual Fernando sería un mártir y no un héroe trágico[33].
A conclusiones parecidas llegan Y. Gulsoy y J. H. Parker, que
acusan a Calderón de «descuido dramático»[34]. Para Ruiz Ramón se puede hablar de tragedia en el teatro de Calderón
cuando se verifica la dicotomía libertad-destino y en los dramas de honor[35]. A propósito de *El príncipe constante* Ruiz
Ramón afirma que Fernando es un héroe antitrágico porque

---

[32] A. A. Parker, «Religión y guerra: *El príncipe constante»,* cit., pági
nas 249; 377. El autor reflexiona sobre este tema también en «Christian
values and drama: *El príncipe constante»,* cit., «Towards a definition of
Calderónian tragedy», en *Bulletin of Hispanic Studies,* 39, 1962, págs. 222-
237; y «Hacia una definición de la tragedia calderoniana», en *Calderón y
la crítica. Historia y antología,* M. Durán y M. González Echevarría (eds.),
II, Madrid, Gredos, 1976, págs. 541-562.

[33] A. G. Reichenberger, «Calderón's *El príncipe constante,* a tragedy?»,
en *Modern Language Notes,* LXXV, 1960, págs. 668-670.

[34] Y. Gulsoy y J. H. Parker, *«El príncipe constante:* Drama barroco de
la Contrarreforma», en *Hispanófila,* IX, 1960, págs. 15-23.

[35] Según el autor la estructura de la acción de la tragedia de honor se
basa en el «azar» y en la «ocultación», aunque al final no se determina ni
«anagnórisis» ni «catharsis», porque «éstas son de competencia única del
espectador», F. Ruiz Ramón, «El espacio del miedo en la tragedia de honor calderoniana», en *Horror y tragedia en el teatro del Siglo de Oro,* cit.,
pág. 213.

es un santo[36]. Al tratar el problema de la tragedia desde un punto de vista estructural, E. Oostendorp afirma: «Para determinar si una obra literaria pertenece al subgénero de la tragedia hay que partir de la hipótesis de que la tragedia consiste en primer lugar en un modelo de acción que como tal no se limita a presentarse en el subgénero literario que, según la tradición, llamamos tragedia» y rechaza la hipótesis que niega el estatuto de tragedia a la visión cristiana. Siguiendo a Minturno y a Corneille admite que personajes perfectos pueden ser héroes trágicos, lo que «explica por qué Goethe consideraba *El príncipe constante* como la tragedia por antonomasia»[37]. Morón Arroyo, a pesar de que está de acuerdo con Parker en que es incompatible la visión del cristianismo y la tragedia, admite la tragedia en los cristianos, que no vivimos el cristianismo en plenitud, y en los dramaturgos cristianos, porque «pueden darse conflictos sobre valores naturales en que no está implicada la salvación, y sobre ellos cabe la tragedia». Según el autor, «para una sociedad cristiana o para un individuo cristiano, el cristianismo es una fuente de situaciones trágicas; preceptos como «amad a vuestros enemigos» (…) lejos de suprimir la tragedia, son paradojas trágicas». En particular en Calderón la tragedia consiste en el «forcejeo entre un destino preexistente al individuo, y los actos libres del individuo»[38]. En el debate que surge en el idealismo alemán a finales del siglo xix sobre la relación entre tragedia antigua

---

[36] Véase F. Ruiz Ramón, *Calderón y la tragedia*, Madrid, Alhambra, 1984.

[37] E. Oostendorp, «La estructura de la tragedia calderoniana», en *Horror y tragedia en el teatro del Siglo de Oro*, cit., págs. 185; 187. Significativa la conclusión a la cual llega el autor: «Opongo que la confirmación de un orden superior puede ser considerada como un acto positivo que al mismo tiempo lleva consigo gran sufrimiento. Si el dolor está representado de tal modo que el héroe padece realmente a consecuencia de su confirmación del orden superior y, por lo tanto, suscita comprensión en el público ideal, no veo inconveniente en caracterizar esta obra de tragedia. Por más que el público ideal admire la actitud ejemplar del protagonista, también puede sentir horror y compasión por identificarse con el héroe cuyo sufrimiento demuestra que la realización de un acto perfecto puede ir acompañada de grandes sufrimientos», E. Oostendorp, ídem, pág. 187.

[38] C. Morón Arroyo, *Calderón. Pensamiento y teatro*, Santander, Sociedad Menéndez Pelayo, 1982, págs. 49-50; continuando, págs. 51 y 164 nota.

y drama moderno, el drama español ocupa un lugar significativo, y en particular el género dramático en Calderón. Ha estudiado este tema H. W. Sullivan, el cual afirma:

> Calderón era considerado un ejemplo de cómo el drama antiguo podía unirse al drama moderno. Wilhelm Grimm creyó que este ideal parecía haberse realizado en Calderón y le escribió a su hermano el 28 de agosto de 1809: «Estoy asombrado y emocionado como nunca antes por *El príncipe constante;* allí el valor de los héroes griegos, la religión de la era cristiana y la magnificiencia de todas las épocas están realmente unidos en una imagen fresca, viva y puramente humana que pertenece a cualquier forma de pensamiento y debe satisfacer a cualquier alma»[39].

Como es sabido, en *Anatomy of Criticism,* N. Frye[40] sostiene que la esencia de lo trágico radica en el camino que lleva a cabo el héroe a partir de la consideración de lo «ideal» para llegar a la de lo «real»; de esta manera nos parece que el drama cristiano ofrece, ya desde su núcleo primitivo, más de una idea en este sentido. También para J. A. Parr[41] hay que considerar a Fernando como un héroe trágico y a la vez como un santo. La tragedia consiste en el carácter trascendental, connatural en el drama cristiano, y en la apoteosis final. En su estudio, Audrey Lumsden-Kouvel ratifica la imposibilidad de aplicación de los criterios aristotélicos a un drama cristiano. Según la autora, este problema tan discutido se resuelve leyendo la obra en relación «al ambiente contrarreformista en que vivía y trabajaba el dramaturgo, y en especial, a la formación jesuita»[42].

---

[39] H. W. Sullivan, *El Calderón alemán. Recepción e influencia de un genio hispánico (1654-1980),* Frankfurt am Main-Madrid; Vervuert-Iberoamericana, 1998, págs. 231-232; de este tema ya se había ocupado el autor en «Calderón, the German Idealist Philosophers, and the Question of Cristian Tragedy», en *Calderón de la Barca at the Tercentenary: Comparative Views,* ed. de Wendell Aycok y Sydney P. Cravens, Lubbock, Texas Tech University Press, 1982, págs. 51-69.

[40] Véase, N. Frye, *Anatomy of Criticism,* Princeton, 1957.

[41] J. A. Parr, «*El príncipe constante* and the Issue of Christian Tragedy», en *Studies in Honor of W. Mc Crary,* Lincoln, Nebraska, Society of Spanish American Studies, 1980, págs. 165-175.

[42] A. Lumsden-Kouvel, «*El príncipe constante:* drama de la Contrarreforma. La tragedia de un santo mártir», cit., pág. 498.

Las comedias hagiográficas dentro del teatro humanístico-jesuítico constituyeron un género de gran importancia por las secuelas morales y educativas. Y entre éstas, un auténtico subgénero, como ha precisado W. Kayser en su completo análisis estructural del drama, son las representadas por las comedias de mártires: el *Märtyredrama*[43].

El volumen *Horror y tragedia en el teatro del Siglo de Oro* constituye un balance importante sobre el tan discutido tema de la tragedia en el teatro áureo español. M. Vitse partiendo de la opinión de considerar insuficientes las clasificaciones decimonónicas del *corpus* del teatro áureo, afirma:

> A la hora de decidir si una obra pertenece o no a la esfera de la tragedia, es preciso salir del impresionismo de las aproximaciones empíricas (…) e intentar revivificar, sistematizándolas, las intuiciones certeras, aunque incompletas, de los teóricos del «Siglo de Oro». Y de acuerdo con éstos, el autor afirma: «que no en la materia de las acciones representadas reside el principio clasificador, sino en la naturaleza del efecto dominante producido sobre el público»[44].

B. Wardropper, al analizar el horror en el teatro del XVII, pone de relieve que en los dramas religiosos de Calderón, como en *El príncipe constante* y *La devoción de la cruz*, se verifica la superación de este tema:

> En los dramas de mártires, se nos presentan casos de la transcendencia del horror que emana o de las fuerzas del

---

[43] W. Kayser, «Zur Struktur des "Standhaftem Prinzen"», cit. Sobre el tema de las comedias de santos véanse, D. J. Hildner, *Reason and the Passions in the Comedias of Calderón*, Amsterdam-Philadelphia, J. Benjamins Publishing Company, 1982, en particular el cap. V, «Comedias de santos», págs. 81-91; y A. Ruffinatto, «El santo, el diablo y la «sutil nigromancia» (Notas sobre el Fausto español del Siglo de Oro)», en *La Comedia de Magia y de Santos*, F. J. Blasco, E. Caldera, J. Álvarez Barrientos y R. de la Fuente (eds.), Madrid-Barcelona, Júcar, 1992, págs. 83-95. Por lo que se refiere en cambio a la estructura del relato hagiográfico véase del mismo autor el importante estudio, «Hacia una teoría semiológica del relato hagiográfico», en *Berceo. Boletín del Instituto de Estudios Riojanos*, 94-95, Logroño, 1978, págs. 105-131.

[44] M. Vitse, «Notas sobre la tragedia áurea», en *Horror y tragedia en el teatro del Siglo de Oro*, cit., pág. 16. y del autor véase *Elements pour une théorie du theatre espagnol du XVIIe siecle*, Toulouse, Presses Universitaires du Mirail, 1990, en particular las págs. 306-341.

mal o de la condición humana corrompida. Pero sólo triun-
fan de este horror inmanente unos seres humanos escogi-
dos por Dios y privilegiados por su constancia en la fe[45].

Por este breve recorrido crítico parece prevalecer la idea
de que la poética de Calderón no propende a la tragedia,
entendida según los rigurosos criterios de los tratadistas
aristotélicos, puesto que su *Weltanschauung* lo sitúa en el
interior de la cultura de la Contrarreforma y de una ideología de autor que es la del desengaño existencial. Conclu-
yendo, en mi opinión, lo que el gran dramaturgo restituye
es la visión trágica de la vida, y por esto será, junto a Shakespeare, tan estimado por los románticos, empezando por
la famosa afirmación de Goethe según el cual «Wenn die
Poesie ganz von der Welt verloren ginge, so könnte man sie
aus diesem Stück wieder herstellen»[46].

Entre las comedias de santos de Calderón recordemos
El purgatorio de San Patricio y *La devoción de la cruz*, donde
la figura del santo mártir se sustituye por la del rebelde
pecador y bandolero, muy popular en el siglo XVII[47], que
arrepintiéndose llega a salvarse y aun a hacerse santo, como

---

[45] B. W. Wardropper, «El horror en los géneros dramáticos áureos»,
en *Horror y tragedia en el teatro del Siglo de Oro*, cit., pág. 228. En los
años 80 continúa el debate en torno a la tragedia en el teatro de Calderón. A este propósito, entre los varios estudios, recordemos: M. Ruano de
la Haza, «Hacia un nueva definición de la tragedia calderoniana», en *Bulletin of the Comediantes*, XXXV, 1983, págs. 165-180; y del mismo autor «Más sobre la tradedia mixta calderoniana», en *Bulletin of the Comediantes*, XXXVII, 1985, págs. 263-266. Para una bibliografía sobre este
tema remitimos a M. Nandorfy y J. M. Ruano de la Haza, «Bibliografía
básica sobre la tragedia calderoniana», en *Ottawa Hispánica*, VI, 1984,
págs. 97-108.

[46] «Yo diría que si la poesía desapareciera por completo del mundo, se
la podría reconstruir desde esta obra» *[Trad. de la Autora.]*. Esta frase tan famosa la escribe Goethe a Schiller el 28 de enero de 1804 y está publicada en
W. Goethe, *Werke*, vol. 17, Weimar, 1895, pág. 38. Sobre la relación de Goethe y Calderón véanse los estudios de E. Dorer, *Goethe und Calderón*, Leipzig, 1881; Swana L. Hardy, *Goethe, Calderón und die romantische Theorie des
Dramas*, Heidelberg, Winter, 1965; H. W. Sullivan, *El Calderón alemán*, cit.,
en particular, el cap. 6, «La apoteosis romántica de Calderón», págs. 183-224.

[47] Véase A. A. Parker, «Santos y bandoleros en el teatro español del
Siglo de Oro», en *Arbor*, XIII, 1949, págs. 395-416.

Ludovico Enio en *El purgatorio de San Patricio* (1627), personaje demoníaco y titánico, que después de la visión de su mismo esqueleto, se arrepiente y se salva. En *La devoción de la cruz* (1632) la figura del rebelde pecador Eusebio está dibujada con rasgos románticos[48] como el amor incestuoso hacia Julia, su sacrílego rapto del convento y su vida de bandolero, donde encuentra la muerte no sin antes arrepentirse. Así llegamos a la extraordinaria figura de Cipriano en *El mágico prodigioso* (1637), el sabio que pacta con el diablo para obtener el amor de la bella cristiana Justina. A pesar de ser un antecesor de Fausto y Mefistófeles, Cipriano terminará arrepintiéndose y aceptando el martirio cuando la mujer que llega a abrazar, fruto del encantamiento del demonio, se muestra como un esqueleto.

Pero más allá de las variaciones sobre el tema de la santidad, lo que Calderón representa en estas comedias es la simbología de un recorrido ascensional, desde abajo hacia «lo alto», que corresponde a la verticalización de los tres niveles del corral[49]. La caverna-pozo en la que penetra Ludovico en su viaje a través del mundo de los muertos, del que saldrá sabio y santo; el convento donde penetra Eusebio para llegar hasta la celda de Julia y realizar el delito que la Cruz impedirá; el abismo en el que se hunde el demonio, y en fin la mazmorra fría y oscura de Fernando forman «lo bajo» del que «pliegue tras pliegue» se ascenderá hacia «lo alto» que será la salida de Ludovico del pozo, una vez terminado su camino de salvación; el espíritu de Eusebio que aparece para confesarse, y el vuelo de Julia abrazada a la cruz de su tumba cuando Curcio está a punto de matarla; la ascensión de los espíritus de Cipriano y de Justina desde el patíbulo en que han sido decapitados hasta el trono divino. Y por último, la aparición de Fernando, espíritu puro, con la antorcha encendida en la mano.

---

[48] A. Valbuena Prat, *El teatro español en su Siglo de Oro,* cit., pág. 307.

[49] J. E. Varey, «Imágenes, símbolos y escenografía», en *Cosmovisión y escenografía. El teatro español en el Siglo de Oro,* Madrid, Castalia, 1987, pág. 288.

La recepción de El príncipe constante

Tras el silencio al que había sido condenado durante el siglo XVIII por los partidarios del «buen gusto»[50], tiene inicio la revalorización del teatro de Calderón, como ha notado Meregalli[51], con Lessing, que en la *Hamburgische Dramaturgie* (Bremen, 1769), sale en defensa del teatro español e isabelino a pesar de que ni uno ni otro cumplen con los criterios del aristotelismo. Según Sullivan: «Las contribuciones prácticas de Lessing al reconocimiento gradual de la importancia del teatro español dentro de la tradición europea no estuvieron separadas de sus especulaciones teóricas sobre el drama o de su actividad como crítico y dramaturgo»[52]. La nueva visión crítica de Lessing contribuyó a crear una nueva atmósfera de gran interés hacia el teatro de Calderón en el siglo XVIII y en particular en los románticos alemanes, empezando por los hermanos Schlegel[53].

---

[50] Como trabajo de conjunto véase, M. Durán y R. González Echevarría, *Calderón y la crítica: historia y antología,* cit. Con respecto a la crítica neoclasicista véase, I. Urzainqui, «De nuevo sobre Calderón en la crítica del siglo XVIII», en L. García Lorenzo (ed.) (1983), cit., páginas 1493-1511. La autora se propone «volver otra vez sobre la crítica calderoniana del neoclasicismo, en un intento de enderezar a su peculiar carácter lo que de positivo dijo de él y de su teatro». De todas formas este interés no atañe a *El príncipe constante* que no aparece en la lista de las obras más apreciadas por la crítica neoclásica publicada en este trabajo.

[51] F. Meregalli, *Introduzione a Calderón de la Barca,* cit., pág. 166.

[52] H. W. Sullivan, *El Calderón alemán,* cit., pág. 144. Esta reivindicación del teatro de Calderón en la época romántica está subrayada también por V. Lloréns, *El Romanticismo español,* Madrid, Fundación Juan March, Castalia, 1979.

[53] Véanse K. R. Pietschmann, «Recepción e influencia de Calderón en el teatro alemán del siglo XIX», en *Clavileño,* Año VI, núm. 35, 1955, págs. 15-25; J. Wilhem, «La crítica calderoniana en los siglos XIX y XX en Alemania», en *Cuadernos Hispanoamericanos,* XXVI, 1956, págs. 47-56; H. W. Sullivan, *Calderón in the German Lands and the Low Countries: His Recepción and Influence, 1654-1980,* Cambridge, Cambridge University Press, 1983, págs. 413-414 y «The Art of Fugue: Inevitability and Surprise in the Works of Calderón & J. S. Bach», en *Estudios sobre Calderón y el teatro de la Edad de Oro (Homenaje a K. y R. Reichenberger),* F. Mundi Pedret (ed.), Barcelona, PPU-Promociones y Publicaciones Universitarias, 1989,

August Wilhem Schlegel traduce en 1809 *El príncipe constante,* que entusiasma a Goethe, el cual, siendo director del Teatro de Weimar, decide ponerla en escena en 1811[54].

Interesante notar que Calderón llega a influir en la literatura romántica checa, y en particular en el poeta Karel H. Mácha el cual en unos pasajes de su poema *Mayo* (1836) se inspira en *El príncipe constante* y en *La devoción de la cruz*[55].

Sullivan destaca que Johannes Schulze, después de haber asistido, en Weimar en 1811, con gran entusiasmo a la refundición por Goethe de *El príncipe constante,* traducido por August Wilhem Schlegel, «publicó su largo ensayo *Über den Standhaften Prinzen des Don Pedro Calderón de la Barca* (Weimar, 1811), el primer libro dedicado a una sola obra de Calderón en cualquier país y en cualquier idioma»[56]. Desde 1827 hasta 1830 J. G. Keil publica en Leipzig la edición completa de la obra de Calderón[57]. En el primero de los cuatro volúmenes aparece *El príncipe constante.* J. E. Hartzenbusch entre 1848 y 1850 publica una edi-

---

págs. 121-128. En este trabajo el profesor Sullivan destaca el resurgimiento romántico de Calderón y Bach determinado a partir del rechazo del artificio de las «reglas» clasicistas neoaristotélicas. Sobre la recepción de Calderón hay que destacar la última publicación, *El Calderón alemán,* cit., verdadero compendio de la influencia de Calderón en la cultura alemana.

[54] Sobre las relaciones entre Goethe y Calderón véase nota 46. Sullivan nos da noticia del manuscrito 612 de la Theaterbibliothek de Hamburgo, que contiene la refundición de Goethe para *El príncipe constante,* basada en la traducción de A. W. Schlegel; H. Sullivan, «Un manuscrito desconocido de la refundición por Goethe del *Standhaften Prinz* (Calderón-A. G. Schlegel)», en *Hacia Calderón (Quinto Coloquio Anglogermano, Oxford 1978),* H. Flasche (ed.), Wiesbaden, Franz Steiner, 1981, páginas 73-82. Documento, pues, muy importante porque «aunque los dibujos sí parecen perdidos definitivamente, el manuscrito de Hamburgo nos indica precisamente en qué manera Goethe abrevió y refundió la traducción alemana», pág. 74.

[55] Véase, P. A. Fusek y S. Hanzlink-Silvero, «La influencia de Pedro Calderón de la Barca en el escritor checo Jaroslav Vrchlicky», en L. García Lorenzo (ed.) (1983), cit., págs. 1405-1410.

[56] H. W. Sullivan, *El Calderón alemán,* cit., pág. 235.

[57] Para el panorama bibliográfico sobre Calderón remitimos al fundamental trabajo de K. und R. Reinchenberger, *Bibliographisches Hand-*

ción del teatro de Calderón en la BAE en cuyo séptimo
tomo se encuentra *El príncipe constante*.

En el segundo centenario de la muerte del dramaturgo
(1881), el estudio crítico de su obra recibe un nuevo im-
pulso no sólo en España, sino también, y sobre todo, en
Alemania y en Inglaterra. Como aportaciones críticas importantes de este período cabe recordar los tres volúmenes
Klassische Bühnendichtung der Spanier de M. Krenkel, publicados en Leipzig en 1881, con una introducción crítica.
En el primero de los tres volúmenes Krenkel incluye su edición de *El príncipe constante* con abundantes notas explica-
tivas.

De los años 50 hay que recordar la aportación del ro-
manista H. Friedrich *Der fremde Calderón*[58]. Durante estos
años la crítica se va interesando cada vez más por los valores estructurales de la obra. Dentro de este panorama Wol-
fang Kayser contribuye considerablemente a la historia de
la crítica calderoniana con una obra que publica en 1957 y
de la que ya se ha hablado a propósito del problema del
«género» en Calderón. Leo Spitzer dedica a la figura de Fénix un estudio ejemplar[59] analizándola en su relación, incluso de tipo amoroso, con Fernando. Dentro del valor em-
blemático que caracteriza el drama, Spitzer da gran
importancia a la escena del jardín y a los sonetos «a las flores» y «a las estrellas» como ulterior momento en el escla-
recimiento de la relación entre los dos protagonistas.

El interés de la crítica angloamericana hacia *El príncipe
constante* se puede fechar en 1888, cuando Norman Maccoll
publica en Londres algunas comedias de Calderón, con introducción crítica y notas, entre las que se encuentra

---

buch der Calderón-Forschung. Manual Bibliográfico Calderoniano, Kassel,
Verlag Thiele & Schwarz, 1979, Teil I-tomo I, *El príncipe constante*,
págs. 416-428.

[58] H. Friedrich, *Der fremde Calderón*, Friburgo de Brisgovia, 1955.
En 1957 A. Porqueras Mayo hace de esta obra una reseña en la *Revista de
Filología Española*, XLI (págs. 441-443).

[59] L. Spitzer, «Die Figur der Fénix in Calderón's *Standhaftiem Prinzen*», en *Romanistisches Jahrbuch*, X, 1959, págs. 305-335.

El príncipe constante[60]. En 1938 en Cambridge sale la edición de *El príncipe constante* de A. A. Parker que hasta hoy goza de un indiscutible prestigio[61]. En 1939 Wilson y Entwistle publican un importante estudio crítico sobre este drama[62]. Tenemos que llegar a los años 50 para encontrar un estudio fundamental que examine de forma científica el problema de las fuentes en *El príncipe constante*, el de A. E. Sloman[63]. En el mismo año B. Wardropper analiza los dos niveles —religioso y político— de los cristianos y de los moros[64]. Durante la década de los años 50 la atención crítica se interesa cada vez más por el estudio de la estructura del texto y por la función de los personajes en su valor simbólico y textual. En 1954 W. M. Whitby presenta su tesis doctoral en la Universidad de Yale, aún inédita, sobre *Structural Symbolism in Two Plays of Pedro Calderón de la Barca*. En 1956 el autor publicó en un artículo su análisis del papel de Fénix y el valor simbólico de la relación Fénix-Fernando[65].

Durante los años 60 Arnold G. Reichenberger con su artículo *Calderón's «El príncipe constante», a tragedy?* abre, como hemos visto, un largo debate sobre el problema que concierne la posibilidad de hablar de «tragedia» en el tea-

---

[60] N. Macoll, *Select Plays of Calderón,* Londres, Macmillan and Co., 1888.

[61] A. A. Parker (ed.), *El príncipe constante*, Cambridge, University Press, 1938.

[62] E. M. Wilson y W. J. Entwistle, «Calderón's *El príncipe constante:* Two appreciations», en *Modern Language Review,* XXXIV, 1939, págs. 207-222.

[63] A.E. Sloman, *The Sources of Calderón's «El príncipe constante»,* cit., y del mismo autor, *The Dramatic Craftsmanship of Calderón. His Use of Earlier Plays,* cit., donde vuelve a estudiar *El príncipe constante* desde el punto de vista de las fuentes y además su valor estructural.

[64] B. W. Wardropper, «Christian and Moor in Calderón's *El príncipe constante*», en *Modern Language Review,* LIII, 1958, págs. 512-520.

[65] W. M. Whitby, «Calderón's *El príncipe constante:* Fénix's Role in the Ransom of Fernando's Body», en *Bulletin of the Comediantes,* VIII, 1, 1956, págs. 1-4; más tarde retomado en otro estudio: «Calderón's *El príncipe constante:* Structure and Ending», en *Approches to the Theater of Calderón,* de M. D. McGaha, Washington, University Press of America, 1982, págs 143-155.

tro de Calderón y en particular en *El príncipe constante*. R.
D. F. Pring-Mill estudia las estructuras lógico-retóricas en
El príncipe constante en dos sucesivas aportaciones[66], mientras E. Rivers[67] y R. W. Truman[68] examinan temas más es-
pecíficos.

La crítica angloamericana de los años 70 sigue anali-
zando en varios estudios aspectos muy diversos[69] entre los
que hay que recordar A. A. Parker —el ya citado *Christian
values and drama: El príncipe constante*—, R. ter Host[70],
P. N. Dunn[71], y A. K. Paterson[72]. En los años 80 hay que
recordar los estudios de J. A. Parr, H. Sullivan, G. K. Paterson, que ya hemos citado. A éstos es preciso añadir el sugerente trabajo de J. E. Varey incluido en su fundamental
libro, *Cosmovisión y escenografía. El teatro español en su Siglo de Oro*[73]. Entre los ensayos más recientes señalamos el de
D. Fox que replantea el problema de las fuentes —*A Fur-*

[66] R. D. F. Pring-Mill, «Estructuras lógico-retóricas y sus resonancias:
un discurso de *El príncipe constante*» en *Hacia Calderón (Segundo Coloquio
Anglogermano, Hamburgo 1970)*, ed. de H. Flasche, Berlín-Nueva York,
1972, págs. 109-154; y «Estructuras lógico-retóricas. Un discurso de *El
príncipe constante*, 2.ª Parte: Hermosa compostura y piedad real», en *Hacia Calderón (Tercer Coloquio Anglogermano, Londres, 1973)*, Berlín-Nueva
York, W. de Gruyter, 1976, págs. 47-74.

[67] E. Rivers, «Fénix's Sonnet in Calderón's *Príncipe constante*», en *Hispanic Review*, 37, 1969, págs. 452-458.

[68] R.W. Truman, «The Theme of Justice in Calderón's *El príncipe constante*», en *Modern Language Review*, LIX, 1964, págs. 43-52.

[69] Un panorama crítico exhaustivo de los años 1972-1992 nos lo ofrece
A. Porqueras Mayo, «Impacto de *El príncipe constante* en la crítica hispanística (1972-1992)», en *Hacia Calderón* (Décimo Coloquio Anglogermano, Passau, 1993), ponencias publicadas por H. Flasche, Stuttgart,
F. Steiner Verlag, 1994, págs. 213-222.

[70] R. Ter Horst, «The Economic Parable of Time in Calderón's *El
príncipe constante*», en *Romanistisches Jahrbuch*, 23, 1972, págs. 294-306.

[71] P. N. Dunn, «*El príncipe constante*: a Theatre of the World», en,
Studies in Spanish Literature of the Golden Age. Presented to E. M. Wilson,
Londres, Tamesis Books, 1973, págs. 83-101.

[72] A. K. Paterson, «El local no determinado en *El príncipe constante*»,
en *Hacia Calderón (Tercer Coloquio Anglogermano, Londres,1973)*, Berlín-
Nueva York, W. de Gruyter, 1976, págs. 171-184.

[73] J. E. Varey, «Sobre el tema de la cárcel en *El príncipe constante*», en
Cosmovisión y escenografía, cit., págs. 177-187.

ther Source of Calderón's El príncipe constante— el de A. A. Parker, *Religión y guerra: El príncipe constante*, ya citado, incluido en su importante libro, *La imaginación y el arte de Calderón*. Y por último de H. W. Sullivan, *El Calderón alemán*, publicado en 1998.

Respecto a la crítica hispánica, en 1881, con ocasión del segundo centenario de la muerte de Calderón, encontramos la aportación de Menéndez Pelayo, el cual pronuncia unas lecciones sobre el teatro de nuestro dramaturgo que se publican el mismo año. En éstas, a pesar de las condenas que pronuncia, como es sabido, contra el barroquismo de Calderón, el profesor santanderino expresa un parecer elogioso sobre *El príncipe constante*. A. Valbuena Prat en sus aportaciones críticas al teatro de Calderón se ocupa de las comedias religiosas[74]. En 1975 A. Porqueras Mayo edita una nueva edición de *El príncipe constante*, que señalamos también por el panorama bibliográfico y por el sugerente análisis que ofrece del drama, al cual el autor ha dedicado varios estudios[75]. Básica la aportación de F. Ruiz Ramón que en 1984 publica su primera edición de *Calderón y la tragedia*, y sobre este tema tan debatido vuelve a escribir J. M. Ruano de la Haza[76]. H. Hernández Nieto propone un interesante análisis formal del parlamento de Muley[77]. En estos últimos años ha salido una interesante obra de síntesis sobre Calderón y su teatro de A. Regalado en la cual en-

---

[74] A. Valbuena Prat, *Calderón*, Barcelona, Juventud, 1941; y *El teatro español en su Siglo de Oro*, cit., págs. 303-321.
[75] A. Porqueras Mayo (ed.), *El príncipe constante* de Pedro Calderón de la Barca, Madrid, Espasa Calpe, 1975; «Función y significado de Muley en *El príncipe constante*», en *Approches to the Theater of Calderón*, ed. de M. D. McGaha, 1982, cit., págs. 157-171; «En torno al manuscrito del siglo XVII de *El príncipe constante*», en L. García Lorenzo (ed.), 1983, cit., págs. 235-248.
[76] J. M. Ruano de la Haza, «Hacia una nueva definición de la tragedia calderoniana», cit.; y «Más sobre la tragedia mixta calderoniana», cit.
[77] H. Hernández Nieto, «*Yo lo sé porque en el mar*. Apariencia, desengaño y certeza en el parlamento de Muley», en *Homenaje a A. Navarro González. Teatro del Siglo de Oro*, Kassel, Ed. Reichenberger, 1990, páginas 285-296.

contramos dos capítulos sobre *El príncipe constante*[78].
Y por último la edición de *El príncipe constante* de F. Cantalapiedra y A. Rodríguez López-Vázquez basada en el manuscrito 15.159 de la Biblioteca Nacional de Madrid, ahora
publicado por primera vez[79]. Aun es preciso destacar la edición bilingüe de B. Sésé[79 bis]

Por fin hay que recordar la novela de A. Arbasino inspirada en *El príncipe constante*. De esta particular «operazione
di riscrittura» ofrece un interesante análisis M. G. Profeti[80].

El príncipe constante *en los escenarios*

La primera representación tuvo lugar en Madrid en 1629.
En 1792 María del Rosario Fernández, llamada la Ti-
rana, ofrece una gran interpretación, dando prueba de gran
actriz en el papel del príncipe Fernando[81].
Durante los primeros años del siglo XIX debe mencio-
narse la interpretación de Isidoro Máiquez, así como la versión de don Ramón de la Cruz, puesta en escena en Sevilla en 1811 durante la ocupación francesa.
Del 30 de enero de 1811 es la representación de Goethe[82]

---

[78] A. Regalado, *Calderón. Los orígenes de la modernidad en la España
del Siglo de Oro*, cit.
[79] F. Cantalapiedra y A. Rodríguez López-Vázquez, *El príncipe constante de P. Calderón de la Barca*, ed. de, Madrid, Cátedra, 1996.
[79 bis] B. Sésé, P. Calderón de la Barca, *Le prince constant/El príncipe
constante*, París, Aubier, 1989.
[80] M. G. Profeti, «Paratesto e contesto: «Il principe costante di Alberto Arbasino», en *La vil quimera de este monstruo cómico. Estudios sobre
el teatro del Siglo de Oro*, Kassel, K. und R. Reichenberger (ed.), 1992, páginas 163 y 169.
Sobre este tema véase también, V. Valverde, «La presencia de Calderón en la cultura italiana: *Il príncipe costante* di A. Arbasino», en *Critica
testuale ed esegesi del testo. Studi in onore di Marco Boni*, Bologna, Patron
Ed., 1984, págs. 437-445.
[81] Para un repertorio de los estrenos más importantes véase, C. Molinari, *Il teatro, repertorio dalle origini a oggi*, Milano, Mondadori, 1982,
págs. 487-488.
[82] En una carta a Schiller, Goethe, haciendo referencia a la obra de
Calderón que Schlegel le había enviado en su traducción (publicada por
primera vez en 1803 y reeditada en 1809), escribe: «Cuando se ha leído
completa y se tiene presente en su totalidad, entonces se tiene la impre-

en el Hoftheater de Weimar, basada en la traducción de
A. W. Schlegel con el famoso actor P. A. Wolf en el papel
de Fernando[83]. Por la correspondencia de Goethe con Schiller y Mandelkov sabemos que la representación tuvo un
extraordinario éxito[84]. Escribe Sullivan:

> La primera noche de *El príncipe constante* en Weimar
> les brindó a Goethe y Wolff un sonado *succès d'eclat*. Sin
> duda, Goethe no fue el único miembro del público que
> lloró abiertamente cuando el príncipe muerto se alzó en el
> escenario resucitado en gloria y majestad en el Acto V[85].

En 1812 se representa en Bamberg bajo la dirección de
E. T. A. Hoffmann[86]. Importante en su escenificación resulta el empleo de la música y de la pintura que destacaba
plásticamente

---

sión de no haber leído jamás una cosa mejor», W. Goethe, *Werke*, vol. 17,
pág. 37. *[Trad. de la Autora.].*

[83] «Las representaciones fueron preparadas por Goethe con el mayor
celo y esmero. (...) A cada una de las palabras, más aún, a cada uno de los
signos de puntuación, se les aplica no solamente un valor tónico sino también un valor temporal.(...) Las formas de la gesticulación se derivan de
la situación, no de la peculiaridad de los caracteres. (...) gesticulación que
estaba inspirada por los modelos de la plástica helenística y por el estilo
de la tragedia francesa», K. Pietschmann, «Recepción e influencia de Calderón en el teatro alemán del siglo XIX», cit., pág. 17.

[84] En una carta a Zelter (Weimar, febrero de 1811) Goethe escribe: «La
obra *(El príncipe constante)* ha tenido un éxito superior a todas nuestras
esperanzas, y nos ha producido gran placer tanto a mí como a otros»,
W. Goethe, *Briefe,* ed. Bodo Morawe, Hamburg, Werner Verlag, III, pág.
149 y en una carta a Sartorius (Weimar, febrero de 1811) a propósito del
estreno dice: «Sin embargo, estos días hemos tenido un mayor triunfo
teatral con la representación de *El príncipe constante* de Calderón en la traducción de Schlegel», ídem, pág. 145. *[Trad. de la Autora.].*

[85] H. W. Sullivan, *El Calderón alemán,* cit., pág. 264.

[86] E. T. A. Hoffmann leyó *El príncipe constante* por consejo de su
amigo y editor Julius Eduard Hitzig en la traducción de A. W. Schlegel
de 1809 y el entusiasmo fue tal que decidió llevarla a la escena en el teatro de Bamberg donde había sido nombrado director su amigo Franz von
Holbein. Sobre este punto véase, B. Ruiz Barrionuevo, «Calderón en
Bamberg», en L. García Lorenzo (ed.) (1983), cit., págs. 1435-1440.
E. T. A. Hoffmann en Bamberg puso en escena además de *El príncipe
constante, La puente de Mantible* y *La devoción de la cruz.* Fundamental
sobre este tema el trabajo de F. Schnapp, *E. T. A. Hoffmann Briefwechsel,*
München, Winkler Verlag, 1967.

el cuadro o la escena final bajo la forma de una imagen
simbólica. Así en *El príncipe constante* muestra a Fernando
arrodillado ante Jesucristo. En el trasfondo se ven los muros y torres de Tánger. Los personajes cristianos se arrodi-
llan: los moros caen al suelo como aterrados por la aparición sobrenatural. En la lejanía suenan los acordes de una
música solemne que en esta conjunción simbólico-espacial
de cielo y tierra representa la irrupción acústica de lo sobrenatural[87].

En particular en lo referente a la música y pintura Sullivan escribe:

> La influencia de los finales operáticos (de Gluck y Mo-
> zart, por ejemplo) fue probablemente decisiva en este caso:
> también la pintura alegórica del Barroco (cuyos temas y
> motivos naturalmente se prestaban para el teatro); ambos
> se adaptaron de inmediato al diseño escénico y al clímax
> simbólico[88].

En 1816 *El príncipe constante* se estrena en el Teatro de
Berlín bajo la dirección de P. A. Wolf, que es a la vez in-
térprete del príncipe Fernando[89].

En el Teatro de Düsseldorf, Immermann entre 1833 y
1838, años en que desempeña el encargo de director del
teatro, pone en escena *El príncipe constante* con música de
escena de Mendelssohn-Bartholdy. Immermann divide el
drama calderoniano en cinco actos. Por lo que se refiere a
los personajes suprime el papel del gracioso Brito y de Tarudante. Interesante la intervención del pintor Theodor
Hildebrandt, que pinta el «grupo de embarcamiento» con
que se inicia el segundo acto[90].

En 1910 bajo la dirección de Mejerchol'd en los teatros
imperiales de San Petersburgo la actriz N. Kovalenskaja

---

[87] K. Pietschmann, ídem, pág. 19.
[88] H. W. Sullivan, *El Calderón alemán,* cit., pág. 268.
[89] Escribe Pietschmann: «Wolf era discípulo de Goethe, y quizá la suprema realización del estilo weimariano, que con él pasa a dominar en
Berlín», idem, págs. 17-18.
[90] K. Pietschmann, ídem, págs. 21-23.

ofrece una memorable interpretación del príncipe Fernando[91].

En la época romántica el drama gozó de extraordinaria celebridad en los escenarios polacos, ya que fue asumido como símbolo del martirio de un pueblo entero:

> Un mártir como don Fernando era un patrón con quien podían fácilmente identificarse los polacos desterrados (…) *El príncipe constante* se volvió en un símbolo más del martirologio del pueblo polaco privado de su Patria e independencia[92].

La primera representación polaca comprobada de *El príncipe constante* es la de 1874 en el Teatro Miejski de Cracovia con traducción de Julius Slowacki. A ésta le seguirá otra en 1906, siempre en el mismo Teatro Miejski. En 1918 el Instituto Teatral Reduta fundado por Julius Osterwa que, como nos informa Beata Baczynska estaba vinculado a las experiencias de Stanislawski y Copeau, pone en escena el drama calderoniano en una célebre representación en la plaza de Piotr Skarga de Vilna la noche del 22 de mayo de 1926.

La experiencia del teatro Reduta influyó en la que, du-

---

[91] La recepción de Calderón en la cultura rusa ha sido estudiada por J. Weiner, «Between Love and Hate: Calderón de la Barca in Tsarist Russia and the USSR (1702-1984)», en *Calderón dramaturgo*, K. Reichenberger y J. Caminero (eds.), Kassel, Ed. Reichenberger, Universidad de Deusto, 1991, págs. 205-257; el trabajo reproduce en parte el libro *Mantillas in Muscovy: The Spanish Golden Age Theater in Tsarist Russia: 1672-1917*, Kansas, University of Kansas Humanistic Studies, 1970; del mismo autor véase también, «Russian and Soviet Criticism of the Spanish Comedia», en *Yearbook of General and Comparative Literature*, XVIII, 1969, págs. 48-69.
[92] B. Baczynska, «Espacio teatral áureo y prácticas escénicas del siglo XX. Observaciones al margen de los montajes polacos de *El príncipe constante* de Calderón», en *Studia Aurea (Actas del III Congreso de la AISO, Toulouse 1993)*, II, *Teatro*, eds. de I. Arellano, M. C. Pinillos, F. Serralta y M. Vitse, Toulouse, GRISO-LEMSO, 1996, pág. 50. La autora hace referencia a la desastrosa insurrección contra el poder ruso de los años 1830-31, y al exilio de millares de polacos una vez desvanecida la esperanza de independencia. Los datos relativos a las representaciones polacas de *El príncipe constante* hacen referencia a este ensayo, muy preciso, de Beata Baczynska.

rante los años 60, llevó a cabo Jerzy Grotowski con su Teatr
Laboratorium, cuya poética manifestó el mismo Grotowski[93]. En 1965 es cuando Grotowski, basándose en la
traducción del poeta romántico Slowacki, elabora una
adaptación del drama de Calderón. Los intérpretes son, en
la parte de Fernando, Ryszard Cieslak, y en la parte de Fénix, Rena Mirecka[94].

De este memorable montaje se ha conservado por azar
un documento audiovisual. En Polonia un espectador
grabó el sonido, y unos diez años después otro espectador
realizó una grabación sólo como vídeo en el Teatro Ateneo
de Roma, cuyo director, Ferruccio Marotti, decidió que las
dos grabaciones se unieran para obtener algo que se pare-
cería al espectáculo auténtico. De éste escribe Renata Molinari:

> En *El príncipe constante,* el punto más alto en la prác-
> tica del teatro como acto total, como sacrificio de sí, los

---

[93] J. Grotowski, *Towards a Poor Theatre,* Nueva York, 1968.
Noticias sobre la puesta en escena de Grotowski se encuentran en
S. Ouaknine, «Alrededor de *El príncipe constante* por Grotowski», en *Primer Acto,* 95, 1968, págs. 28-43; y del mismo autor, «Théatre Laboratoire
de Wroclaw. *Le Prince Constante.* Scénario et mise en scéne par Jerzy Grotowski d'après l'adaptacion par J. Slowacki de la pièce de Calderón», en,
Les voies de la création théatrale, ed. de J. Jaquot, París, CNRS, 1970, I,
págs.19-119. Véase también *Primer Acto, Número monográfico (dedicado al
montaje de Grotowski),* 95, 1968; A. Porqueras Mayo, «Introducción» a *El
príncipe constante,* págs. XXXIII-XXXV, cit.; B. Baczynska, «Espacio teatral áureo y prácticas escénicas del siglo XX», cit.; A. Makowiecka, «Un
aspecto del teatro actual en Polonia: Jerzy Grotowski y su versión de Calderón», en *Filología Moderna,* 15, 1975, págs. 401-406. Escribe la autora:
«La riqueza del mundo interior propuesta por Calderón y tal vez exaltada
por Slowacki, así como la situación límite del protagonista que llega a descubrir ante la persecución y la muerte la auténtica verdad humana, ha in-
fluido sin duda en Grotowski a la hora de elegir esta comedia religiosa
para su Teatro Laboratorio», pág. 404.

[94] S. Ouaknine en su trabajo, «Alrededor de *El príncipe constante* por
Grotowski», relata de forma detallada la manera de poner en escena del
dramaturgo polaco. La autora pone de relieve la sucesión de las fases fundamentales: I. «El "training" de los ejercicios metódicos», II. «Proceso de
la creación de la partitura de "El príncipe constante"», III. «De la técnica
al estilo», IV. «Del actor al público», V. «Síntesis comparativa».

espectadores asisten como si estuvieran en un banco de un
aula de anatomía a esta despiadada vivisección del orga-
nismo del actor-santo[95].

Se ha tratado, por lo tanto, de un espectáculo en torno
al cual ha girado el teatro contemporáneo «de dirección»;
espectáculo que podemos considerar, sin duda, el mejor resultado de la nueva vanguardia físico-gestual de raíz artau-
diana, donde la luz se usa con evidentes técnicas del manierismo sobre un tablado desnudo y sobre el cuerpo
obseso y agonizante de un magnífico actor.

Una reciente puesta en escena de *El príncipe constante* es
la que ha dirigido González Vergel y que estrenó el 2 de
septiembre en el Festival de Teatro Clásico de Almagro[96].

El príncipe constante que Grotowski ha ofrecido al imaginario de la contemporaneidad, no deja de suscitar el interés de los directores de teatro. Para las celebraciones del
cuarto centenario del nacimiento de nuestro dramaturgo,
el Teatro Biondo Stabile di Palermo participará con la
puesta en escena del drama.

Las estrategias escénicas

No hay duda de que Calderón escribió un drama sobre
la epopeya cristiana y católica para el teatro público español y para un público de masa como era el del Corral, edificio símbolo del teatro nacional de los Siglos de Oro.

En el tablado de estos teatros el actor se exhibe *a tutto
tondo* y su relación con el espectador está basada en el poder sugestivo de la declamación poética y en la evocación
de la palabra que se convierte a sí misma en escena, como
en el teatro isabelino. Esta declamación va a parar ante un

---

[95] R. Molinari, *Teatro del '900*, ed. de A. Attisani, Milano, Feltrinelli,
1980, *voce* «Grotowski». *[Trad. de la Autora.]*.

[96] Sobre este *debut* véase, A. Serrano, «El teatro del Siglo de Oro entre los años 1985-1990», en *En torno al Teatro del Siglo de Oro* (Jornadas
VII-VIII de Almería), Almería, Instituto de Estudios Almerienses, Dipu-
tación de Almería, 1992, págs. 183-198.

público que participa de los mitos monárquicos e histórico-
nacionales y de los valores éticos o religiosos que en el teatro se celebran, de forma que este público no se cansa ante
las tiradas más prolijas, las metáforas o las alegorías más rei-
teradas, las agudezas más refinadas, sino que, por el contrario, éstas constituirán motivo de éxito de la comedia. Así
en *El príncipe constante* el romance de Góngora «Entre los
sueltos caballos» debe ser considerado no como una fuente,
sino como un módulo de una consolidada técnica de composición. Ésta usa los modelos culturales como módulos
que se pueden reproducir infinitamente, y que el público
reconocerá deleitándose con ellos[97].

No se puede hablar en el corral de una verdadera escenografía, seguramente a causa de la reducida profundidad
del escenario. Se usaban fundamentalmente las apariencias,
la tramoya y la canal, también llamada pescante o elevación,
ambas maquinarias de madera de origen medieval, y finalmente el bofetón[98]. La tramoya y el pescante para las «comedias de santos» eran sin duda las más complejas maquinarias
entre las que era posible montar sobre la reducida escena
—hasta el punto de que los actores tenían limitada su área
de acción para dejar espacio a las máquinas de escena y a sus
excesivos efectos—[99]. Sin embargo no se puede imaginar que
la escenografía pudiera auténticamente mostrar los distintos
espacios estructurados por los textos, los cuales, no viéndose

---

[97] Véase E. Cancelliere, «Lope de Vega e il Romancero: Varianti d'autore sulla tradizione», en *Quaderni dell'Istituto di Lingue e Letterature Straniere della Facoltà di Magistero,* Palermo, 8-9, 1984-1985, págs. 9-21.

[98] Véanse, O. Arróniz, *Teatros y escenarios del Siglo de Oro,* Madrid,
Gredos, 1977; J. M. Ruano de la Haza y J. J. Allen, *Los teatros comerciales del siglo XVII y la escenificación de la comedia,* Madrid, Castalia, 1994,
págs. 447-491; J. E. Varey, *Cosmovisión y escenografía,* cit., en particular los
ensayos «Cosmovisión y niveles de la acción», págs. 23-36; «Espacio escénico», págs. 205-216; y «Valores visuales de la comedia española en la época
de Calderón», págs. 227-248; I. Arellano, *Historia del teatro español del Siglo de Oro,* cap. I, «Introducción: Las coordenadas de la Comedia Nueva:
textos y escenarios», págs. 61-84.

[99] Como es sabido Lope de Vega se queja del excesivo uso de la ma-
quinaria en el corral en el «Prólogo» a la *Décima sexta parte de sus obras,*
Madrid, 1621.

obligados por exigencias concretas de montaje, obraban con
la mayor libertad respecto a los espacios que poco después
construirán los arquitectos italianos para el teatro de corte.

No sólo: en una comedia como *El príncipe constante* la
estructuración de los espacios tiene una finalidad simbólica
que pone en relación la horizontalidad del cosmos-espejo
auroral, representada por la escena del mar —y del jardín— del principio, con la verticalidad de la «escena de
gloria», representada por los muros de Fez del final, pasando siempre a través de una serie de variantes diegética-
mente significativas. Por otra parte, el recurrir a las distintas funciones espaciales y temporales de la *deixis en
phantasma* activa el decorado verbal[100] hasta llegar a prolon-
gadas ticoscopias[101] con un enriquecimiento que nos llevará a considerar la función metafórica y simbólica de las
visiones, como la del jardín marítimo por parte de Fénix o
la de la narración de Muley, como las verdaderas funciones
diegéticas del drama.

---

[100] Sobre las funciones del decorado verbal y la función deíctica en la
escena barroca remitimos a las importantes contribuciones de J. M. Díez
Borque, «Aproximación semiológica a la escena del teatro del Siglo de Oro
español» en *Semiología del teatro,* ed. J. M. Díez Borque y L. García Lorenzo, Barcelona, Planeta, 1975, págs. 249-290; H. Flasche, «Sobre la función del acto de mostrar en el acontecer teatral de la escena», en *Über Calderón: Studien aus den Jahren,* Wiesbaden, F. Steiner, 1980, págs. 448-462;
y del mismo autor «El acto de mostrar en el teatro calderoniano», en *Studien zur Romanischen Wortgeschichte,* G. Ernst y A. Stefenelli (eds.), Wiesbaden, F. Steiner, 1989, págs. 82-91; J. E. Varey, «Valores visuales de la comedia española en la época de Calderón», cit.; I. Arellano, «Valores visuales
de la palabra en el espacio escénico del Siglo de Oro», en *Revista Canadiense de Estudios Hispánicos,* vol. XIX, 3, Primavera, 1995, págs. 411-443.

[101] El término *ticoscopia* es de origen griego y significa «mirar un
muro». «Es una técnica (…) de ampliar los límites del escenario para in-
tegrar en ellos objetos, paisajes y acciones que no pueden representarse
materialmente en las tablas», I. Arellano, *Valores visuales de la palabra en
el espacio escénico del Siglo de Oro,* cit., pág. 429. Se trata de una acción
que no puede representarse en la escena y que por lo tanto un personaje,
que está en la escena, supone ver fuera de la escena y de ésta hace el relato a los espectadores. Arellano hace una reseña de las acciones que es necesario describir ticoscópicamente: naufragios y batallas navales; fiestas de
toros; incendios; terremotos y catástrofes; batallas; caídas de caballos; des-
peñamientos; cacerías. I. Arellano, ídem, pág. 431.

La división en vertical —la parte baja, la mediana y lo alto del teatro— es lo que caracteriza la estructura del Corral. La presencia de estos tres niveles en los teatros comerciales es una clara herencia de los tres niveles en que estaban estructuradas las sagradas representaciones medievales en las catedrales españolas, y que en ese momento, sobre todo en las comedias de santos, representaban simbólicamente Infierno, Tierra y Cielo. Como pone de relieve Varey, pues, en los corrales de comedias «la estructura básica del escenario sigue siendo medieval, subrayando así la continuidad entre el teatro religioso de finales de la Edad Media y los teatros comerciales de los siglos XVI y XVII»[102].

De los tres planos de la escena, el de la parte baja funcionaba a través de escotillones, «puerta o tapa cerradiza en el suelo» *(Dicc. Aut.)*, que en las comedias de santos se usaba para representar el Infierno, pozos, cavernas, etc.

La parte mediana correspondía al tablado y terminaba con unos pilares sobre los que se erguían dos balcones que, como ya hemos visto, derivaban de la representación medieval del Cielo[103], y que constituían «lo alto del Teatro».

En general podemos decir que la división en Infierno, Tierra y Cielo, típica de las sagradas representaciones medievales es respetada en *El príncipe constante*, si bien propuesta en otros términos. El nivel de lo infernal lo restituye una cavidad honda que es la mazmorra donde el príncipe está encerrado y que los espectadores podrán intuir sólo a través de la evocación que sugiere el parlamento de Muley (III, vv 1918-1982).

Está siempre bien presente el nivel mediano de la tierra, o sea el de la acción escénica y dramática por excelencia, aquí propuesto en todas sus variantes, de jardín, de marina, de monte, de campo de batalla. También encuentra co-

---

[102] J. Varey, «Cosmovisión y niveles de acción», en *Cosmovisión y escenografía*, cit., pág. 36.

[103] Según Varey: «El primer balcón tiene un uso casi "realista" y podía usarse igualmente como 1) balcón o muro, 2) altura natural, 3) ventana exterior de una casa, 4) lo alto en simbolismo vertical (o sea dominio físico y —o— moral) y 5) para descubrimientos», ibíd.

rrespondencia, aunque manipulado audazmente el cielo, que se evoca a través de la verticalidad de la escena final que se desarrolla en los muros de Fez, magnífica capital de los infieles, durante la apoteosis del mártir que aparece inmerso en la luz de su santidad.

También los prototipos de las escenas barrocas, que se realizan en los teatros de corte o que se evocan como decorado verbal y con mayor libertad en los corrales, se utilizan ampliamente en este drama. Están presentes la caverna, la marina, el monte o selva (suponiéndola sobre el mismo monte en el que el rey infiel conversa caballerosamente con don Fernando durante una cacería), el jardín y el cielo, la escena de palacio o regia, a pesar de que no está realizada como escena interior.

En realidad, las sugerencias ambientales que derivan del decorado verbal diseminado en el texto, son de gran originalidad y extraordinarias respecto al significado profundo del drama, por lo que participan en la construcción del valor metafórico y de salvación de los procedimientos de la visión a la que hemos aludido.

Para empezar, parece sorprendente que *El príncipe constante* sea completamente un drama *en plein air*, faltando al texto referencias que dejen suponer la colocación de los personajes en un lugar interior. Por el contrario, desde este punto de vista, todo lo que sucede se supone en un único lugar, como si fuera una burbuja transparente, un espacio luminoso entre cielo y mar, cóncavo y convexo, y por lo tanto anamórfico, atravesado y cargado de significado gracias a la mirada de una Alteridad que es divina y que corresponde exactamente al cosmos espacial y temporal descrito a través de las palabras y del gesto del mártir sobre el que nos detendremos (III, vv 2299-2466). Admitir escenarios interiores, y más aun regios, habría significado probablemente el debilitamiento de la concepción universal neoplatónica de la luminosidad de los vectores que, trasladándose de la materia al espíritu, costituyen ese cosmos a través de una simbología totalizadora y global que no admite nada exterior a sí mismo.

La ambientación *en plein air* —que puede hacer perci-

bir imaginativamente el fuerte cromatismo y los trémulos
espejismos del África mediterránea— es la que permite, en
esta «espiritual tierra de santos» de la tradición patrística y
hagiográfica, poner en escena de forma admirable la «escena de jardín». Ésta, humanísticamente, puede representar el paso del caos al cosmos y la centralidad del hombre
que impone su orden al universo; o bien, por el contrario,
la dimensión que Dios impone a la naturaleza y al hombre
y la unidad del caótico laberinto de la razón y de los locos
instintos. Pero puede tratarse también del jardín-laberinto
de amor y de sapiencia, como se presenta en la tradición
caballeresca y cortés, donde se pone de relieve la constancia tenaz de la búsqueda y del recorrido errante, la progresión hacia el conocimiento que es la salvación; o, por el
contrario, el arrobado extravío de los sentidos y del alma
tras las engañosas apariencias, la melancolía, la pérdida de
sí mismo. Sobre todo cuando es «la inartificial hibris sus-
tancialista que interpenetra el jardín de cualidades cós-
mico-elementales»; de ahí la identidad jardín-mar que «trae
a Fénix la consideración de la *aemulatio* entre ambos espacios»[104]. También en el jardín se puede ambientar la condición edénica, la utopía del retorno a la pureza original
que está en armonía con el cosmos. En *El príncipe constante,* a partir de la metáfora del santo-jardinero que coincide con la del Cristo-jardinero[105] —de la que ya se encuentran indicios en las Sagradas Escrituras— del jardín

---

[104] J. Lara Garrido, «Texto y espacio escénico. El motivo del jardín
en el teatro de Calderón», en L. García Lorenzo (ed.) (1983), cit., pág. 952.
[105] La crítica ha puesto de relieve, desde distintas perspectivas, el paralelismo, en un nivel simbólico, entre Fernando y Cristo. A. Regalado, que
ve en el sacrificio de Fernando la encarnación del ideal político de la Contrarreforma, afirma: «Al morir, el cuerpo del personaje adquiere una fuerza
simbólica que lo convierte en metáfora del cuerpo político, y, análogamente,
de la Iglesia, cuerpo místico de Cristo», en *Calderón. Los orígenes de la modernidad en la España del Siglo de Oro,* cit., pág. 509. A partir del valor simbólico de los nombres en Calderón y del paralelismo Fénix-Fernando se
aclara «el paralelismo planteado por Calderón: Fénix es al ave fénix lo que
don Fernando es a Cristo», ambos, pues, representaciones de «la figura ale-
górica de la Resurrección», F. Cantalapiedra y A. Rodríguez López-Vázquez,
«Introducción» a *El príncipe constante,* cit., pág. 30.

prevalece el aspecto espiritual: es éste el lugar donde los frutos de la gracia, si son bien cultivados, se mostrarán loza-
nos y hermosos y se dejarán coger y donar como las co-
piosas flores que Fernando ofrece a la princesa Fénix, y son
frutos de vida eterna simbolizados a través de la belleza más
efímera, por ser belleza de la creación, que resplandece por
un instante para el incrédulo, pero que resplandecerá *in ae-
ternum* para el creyente. De esta manera, para Fénix, bella
pero infiel, el jardín en el que se espeja su belleza es, como
hemos visto, el lugar de una acuática melancolía, del sentimiento del «no sé qué». Además este jardín no es menos
espiritual, ya que Fénix se salva y renace ya en su nombre
y al precio de la *atra bilis* que la pone triste y le provoca el
sentimiento de una carencia absoluta. En virtud de esta carencia total, percibida a través de los rasgos de su belleza
mortal, llega a confundir su jardín efímero con el impere-
cedero del santo —el firmamento— y le atribuye a este
prodigio de la creación, con intuición divina, si bien in-
consciente, la misma caducidad que a sus flores[106]. Al mismo
tiempo el santo hace milagrosamente eternas esas flores que
declara mortales en realidad: una simbología en quiasmo
que el genio de Calderón condensa en los dos sucesivos y
célebres sonetos que pronuncian los dos héroes especulares
y antagonistas incluso respecto a las distintas culturas que
representan[107].

---

[106] Al poner de relieve esta relación jardín-cielo, Lara Garrido observa
que «hay una ambivalente fórmula de emulación y sinonimia en que la
identidad sustantiva se diluye en el cuerpo bifronte de la flor-estrella, mix-
tura panlumínica que produce la confusión sensorial», en «Texto y espacio escénico. El motivo del jardín en el teatro de Calderón», cit., pág. 953.
Sobre el tema del jardín véase, E. Orozco Díaz, *Ruinas y jardines*, en *Temas del Barroco,* Granada, Universidad de Granada, ed. facsímil, págs. 119-
172. Y el mismo Orozco escribe: «Función esencial también tiene el jardín en *El príncipe constante* y en él se centra una de las más emocionantes
escenas, con el encuentro de la Infanta Fénix y don Fernando donde el
sentido dramático moralizador se exalta potenciado por los encantos sen-
soriales del jardín; sentimiento que se remansa a la vez grave y halagador
en los dos famosos sonetos contrapuestos dedicados a las flores y a las estrellas», en *Introducción al Barroco, II,* al cuidado de J. Lara Garrido, Granada, Universidad de Granada, 1988, pág. 222.

[107] Ya Spitzer había puesto de relieve el valor complementario de los

Pero el prodigio de muerte y salvación que se representa en la escena del jardín no podría mostrarse, ni al final realizarse en la apoteosis, si el drama no tuviera su motor secreto en un espacio invisible y sólo evocado, *la cavidad* en abismo —detrás y al fondo de la escena— en que el proceso de santificación se realiza gracias a la consunción del cuerpo del mártir. Es allí donde la nobleza física se envilece por la enfermedad y por la inmundicia mientras la nobleza invencible del espíritu se difunde progresivamente en la escena impulsando la acción. Roland Barthes y otros han subrayado que todo cuanto sucede tras las puertas de la escena, en la celda que es fragua y «cocina» del drama, es el núcleo impresentable de lo trágico, el crimen indecible que se recompone en la hallada comunión entre el Padre y el Hijo, en el paso a una nueva vida a través de la muerte, y esto sucede tanto en el teatro griego como en la tragedia raciniana del siglo XVII[108]. De esta fragua oculta de «lo sagrado» —en los dos sentidos de la palabra: bendición y maldición— la devoción edificante de Calderón acoge sólo el polo positivo que absuelve la culpa y hace incoercible la fuerza evocativa de la narración que hace Muley: *noli spectare!*, y en efecto es en el sacrificio donde se realiza el mi-

---

dos sonetos y de los personajes: De esta forma se simboliza la visión del mundo cristiano e islámico; la primera representa el ajustarse a un destino que es el mismo Dios a enviarnos, la segunda la sumisión al capricho de un destino ineluctable: *Kismet. [Trad. de la Autora.]*. L. Spitzer, «Die Figur der Fénix in Calderón's *Standhaftem Prinzen*», cit., pág. 322; este conflicto dramático está subrayado también por Regalado según el cual «Fénix encarna ese determinismo identificado con el *fatum mahometanum*» mientras «el soneto de Fernando ejemplifica el *fatum cristianum* (...) y el *fatum stoicum*», A. Regalado, ídem., pág. 499. También T. O'-Reilly, en «The Sonnets of Fernando and Fénix in Calderón's *El príncipe constante*», en *Forum for Modern Language Studies*, 16, 1980, págs. 350-357, al analizar los dos sonetos pone de relieve el ámbito ideológico distinto, moro y cristiano, de los dos personajes. Mientras G. Orduna subraya la «distinta postura espiritual» de los dos protagonistas: «Algo más sobre la función dramática de los sonetos de *El príncipe constante*», en *Homenaje a H. Flasche*, ed. de K. H. Körner y G. Z. Zimmermann, Wiesbaden, F. Steiner Verlag, 1991, págs. 162-173.

[108] Véase, R. Barthes, *Sur Racine,* París, Seuil, 1964. Utilizo la edición italiana, R. Barthes, *Saggi critici,* en particular véase, Parte seconda, «L'uomo raciniano», págs. 141-190.

lagro de la Gracia, puesto que por este sacrificio mismo la Gracia se mostrará al mundo de los vivos, así como no es posible durante el sacrificio litúrgico mirar el tabernáculo en el que el misterio divino habita.

Esta función de la cavidad o «caverna»[109] está, pues, codificada en la teatralidad, y en este sentido *El príncipe constante* es auténtica tragedia, más allá de cualquier posible disquisición sobre el género. Y así Calderón convertirá la cárcel de Segismundo en la ambigua torre/cavidad donde la animalidad lucha contra la sapiencia, el hijo contra el padre, el desorden contra la ley y la vida contra el sueño[110]; la inviolable gruta de Semíramis se convertirá en la cárcel de la animalidad pura y de los desmesurados sentidos; y no mencionamos las numerosas comedias, sobre todo mitológicas, en las que volvemos a encontrar el mismo tema cargado de connotaciones simbólicas y escenográficas.

Pero, en realidad, el modelo es griego y trágico, incluso en su versión edificante. Lessing fue el primero que notó en el *Laokoon* que ciertos héroes de la tragedia exhalan un

---

[109] Véase J. E. Varey, «Sobre el tema de la cárcel en *El príncipe constante*», en *Cosmovisión y escenografía*, cit., donde el autor empieza subrayando el valor de este tema en el drama calderoniano: «En *El príncipe constante* concretamente, las alusiones a la cárcel o la prisión y a ideas afines como encarcelamiento físico, mental, social, y cautiverio, etc., son, en el nivel estilístico, de una frecuencia sorprendente (...) tal frecuencia indica, a nuestro parecer, que la imagen de la cárcel es una imagen clave en la interpretacion del drama», pág. 178. Varey vuelve a estudiar la función de la «cueva» en general como «lugar de descubrimiento (...) éste se usa repetidamente como lugar tenebroso —teatro de violencia, lugar de misterios, cueva o prisión del no ser— sugiriéndose mediante los diferentes niveles de iluminación» llegando a conectarla simbólicamente con «la tumba»; J. E. Varey, «Calderón y sus trogloditas», en *Cosmovisión y escenografía*, cit., pág. 261; del mismo autor, «Cavemen in Calderón (and Some Cavewomen)», en *Approaches to the Theater of Calderón*, ed. M. D. McGaha, 1982, cit., págs. 231-247. Desde una perspectiva escenográfica véase J. M. Ruano de la Haza y J. J. Allen, *Los teatros comerciales del siglo XVII y La escenificación de la comedia*, cit., en particular los capítulos VII y VIII, «La escena interior» y «La escena exterior», págs. 382-446.

[110] Sobre las funciones antropológicas y simbólicas de la «torre» en *La vida es sueño* véase mi ensayo, «La torre e la spada. Per un'analisi de "La vida es sueño"», en *Quaderni dell'Istituto di Lingue e Letterature Straniere*, della Facoltà di Lettere, Università di Palermo, 8, 1979, págs. 41-109.

«encanto bendito», y esto gracias al propio sacrificio que los
conduce a un mayor conocimiento en comparación con los
demás mortales, y a un acercamiento mayor a la divinidad:
es, por ejemplo, el caso de la joven Antígona encerrada viva
en su tumba; de Edipo que sale ciego, tras asistir con los
ojos de la mente desde su celda detrás de la escena al crimen que es suyo y de todo hombre, pero al final de su pe-
noso errar será aceptado en Colona entre los dioses[111].

También es «encanto bendito» el que emana de la caverna de Filoctetes; es allí donde, entre el hedor, la sucie-
dad y el contagio de la enfermedad, se consuma el martirio de un héroe cubierto de harapos y de humores
purulentos, a quien el sufrimiento y la intangibilidad otorgan una nobleza que trasciende lo humano.

Del proceso de consunción y de la agonía que vive don
Fernando en su mazmorra nada podemos constatar, excepto lo que nos cuenta Muley y al final, precisamente el
«encanto bendito» que emite el mártir, llevado al tablado
desde su mazmorra, y tendido en su miserable estera.
Desde aquí inundará con su luz el gran teatro del mundo,
replicando con función metateatral la epifanía misma del
actor, como ha demostrado la puesta en escena de Grotowski. Pero del proceso de consunción nos informan sobre todo los indicios no-verbales: el cambio de indumentaria de don Fernando —al principio armado, luego con el
vestido propio de su linaje, más tarde con los andrajos de
penitente y de mártir— evidencia la progresión contraria:
por una parte hacia la pobreza material, y por otra hacia la
riqueza de santidad[112]. Por el contrario, las vestiduras prin-
cipescas y suntuosas de la bella Fénix exaltan lo que hemos

---

[111] G. E. Lessing, *Laocoonte*, a cargo de E. Sola, Firenze, Sansoni, 1954.
«Léase en Sófocles la descripción de la caverna del infeliz Filoctetes. Allí no
hay víveres, ni ningún tipo de comodidad, sólo un lecho ajado de hojas se-
cas, un deforme vaso de madera, un pedernal. ¡Ésta es toda la riqueza del
enfermo abandonado! ¿Cómo realiza el poeta esta escena tan triste y horro-
rosa? Neptolemo, aumentando la náusea, se estremece de repente: « ¡Ah!,
Con unas viejas vendas destrozadas, llenas de sangre y tabes», pág. 156.

[112] J. E. Varey, pone de relieve que la indumentaria no sólo es indicio de la categoría social de los personajes, sino que incluso «puede utilizarse también para efectos temáticos. El corto tiempo que se le concede

definido como la «carencia absoluta» que ella misma percibe en su imagen y en el proceso de su representación especular respecto al mártir: «A pesar de su belleza y la riqueza de su ropa, Fénix es perecedera; efectivamente es una "divina imagen"»[113].

También la rápida alternancia entre día y noche, evidenciada a través de las engañosas luces de las horas intermedias, forma parte, y de manera significativa, de la representación de la caducidad universal que tiene lugar en un teatro siempre a la luz del día, ya que, como es sabido, sólo de día se podían representar los espectáculos públicos[114].

La escritura calderoniana es ya la escritura de un espacio escénico a través de un texto destinado a la representación, la *opsis* aristotélica. Y, en este sentido, *El príncipe constante* es un ejemplo extraordinario.

La trayectoria ascensional que a través del martirio y la muerte transforma a Fernando en puro espíritu de gracia divina, se establece sobre el mismo eje vertical de los dos niveles del corral en que actúan los actores. Se trata del mismo eje del que participa la pintura ascética de El Greco. Muchos de sus temas, *Anunciaciones, Adoraciones de los pastores, Bautismos, Crucifijos,* se construyen siguiendo una verticalización que es búsqueda de lo trascendente, de lo espiritual, una «poesía muda» de un drama edificante que culmina en esa «obra sublime» —como la definió el pintor

---

al príncipe Fernando para cambiar su vestido —entra vestido de príncipe y sale vestido de esclavo solo 21 versos después— hace hincapié en el rápido descenso de su fortuna», en «Valores visuales de la comedia española en la época de Calderón», en *Cosmovisión y escenografía,* cit., págs. 245-246.

[113] J. E. Varey, «La indumentaria en el teatro de Calderón», en *Cosmovisión y escenografía,* cit., pág. 270.

Véase también J. M. Ruano de la Haza y J. J. Allen, *Los teatros comerciales del siglo XVII y la escenificación de la comedia,* cit., en particular, el cap. III «El vestuario», donde en la pág. 312 se puede ver un dibujo que representa las vestimentas para una representación de *El príncipe constante* de Calderón de la Biblioteca Municipal de Madrid.

[114] Sobre la función de la luz en los teatros comerciales véanse J. E. Varey, «Valores visuales en la comedia de Calderón», cit., págs. 227-248; y aun J. E. Varey, «The Staging of Night Scenes in the *comedia*», en *The American Hispanist,* II, 15, 1977, págs. 14-16; I. Arellano, «Valores visuales de la palabra en el espacio escénico del Siglo de Oro», cit., págs. 411-443.

mismo— que es *El entierro del Conde de Orgaz*. Aquí se contempla al noble caballero a quien San Agustín y San Esteban dan sepultura. Éstos se han manifestado repentinamente a los píos compañeros, a los que el milagro edifica más que causarles estupor. Un ángel lleva al cielo el alma del difunto uniendo cielo y tierra, devotos y bienaventurados. En la parte baja del cuadro está representado lo real, es decir, el cuerpo muerto del conde, mientras en lo alto está representado lo simbólico, el espíritu del noble caballero. Es la misma articulación basada en dos niveles que en el III Acto pondrá dialécticamente lo terreno y lo divino, Fernando cadáver y Fernando espíritu puro; si bien invirtiendo los dos términos de la compleja metáfora. Los dos ejes, horizontal y vertical, del plano de la representación, evocan la estructura de la cruz latina, la cual en el caso de comedias de santos o, como en este caso de *Märtyredrama,* especifica en el nivel escenográfico la simbología del sacrificio. El eje horizontal es el que se actualiza en la superficie del tablado; el más prolongado eje vertical —que va desde la mazmorra hasta los muros de Fez— asume un valor que se connota de una simbología ancestral, cristiana y precristiana, de «árbol regenerador», tótem, en fin, *axis mundi*[115].

La articulación en dos niveles «separados por un pliegue que desciende por las dos partes siguiendo un régimen diferente»[115 bis] es propia de la visión barroca. A nivel de proyección vertical la arquitectura ya es definida a partir de la escisión entre un exterior —la fachada— y un interior —el espacio interno—[116]. Wölfflin veía el poder de seducción

---

[115] Véase, A. Buttitta, *Dei segni e dei miti. Un'introduzione all'antropologia simbolica,* Palermo, Sellerio, 1996, págs. 256 y sigs.

[115 bis] G. Deleuze, *Le pli. Leibniz et le Baroque,* París, Ed. de Minuit, 1988. Cito de la edición italiana, G. Deleuze, *La piega. Leibniz e il Barocco,* Torino, Einaudi, 1990, pág. 45. *[Trad. de la Autora].*

[116] La articulación del espacio entre un exterior y un interior constituye una constante en la literatura manierista y barroca, y a este propósito es interesante recordar que en su análisis sobre el realismo de la escritura cervantina M. C. Ruta estudia en el *Don Quijote* la función de los ambientes externos e internos; éstos, dice la autora, «son múltiples y distintos entre sí. Respecto a los espacios exteriores ha sido observado que Cervantes no se arretró ante la tentación de reproducir en sus páginas el estereotipo del *locus amoenus,* sino que en estos casos el paisaje es más evo-

del arte barroco en el contraste existente entre la exube-
rancia del exterior y la paz serena del interior[117]. El contraste exterior-interior es, por lo tanto, escisión en dos niveles: «el nivel inferior se hace cargo de la fachada (...) el
nivel superior se cierra, puro interior sin exterior, interiori-
dad cerrada en ausencia de gravedad, cubierta de pliegues
que son los del alma o del espíritu»[118]. Los dos niveles, o
«vectores» como los llama Wölfflin[119] lanzados hacia arriba
o hacia abajo —plegándose el uno sobre el otro— acaban
constituyendo un mundo único, si bien el nivel inferior representa el mundo físico de los cuerpos, y el superior el me-
tafísico de las almas. Así lo alto y lo bajo organizan la visión del cuadro barroco; *El entierro del Conde de Orgaz*
«está dividido en dos partes por una línea horizontal: abajo
los cuerpos se hacinan unidos los unos a los otros, mientras arriba el alma sube gracias a una débil plegadura»[120].

A nivel escénico de la visión lo alto y lo bajo interpretan
en el alegórico meta-teatro sus recíprocas relaciones[121]. Lo
bajo es la superficie, en la que se representan las apariencias,
lo alto es la profundidad inaccesible, es la cavidad gracias a la
que se trazan las apariencias; como en un plano urbano simbólico, así en el teatro. Alto y bajo, profundidad y superficie

cado que descrito a través de sus particulares como sucede en abundantes
composiciones medievales y renacentistas», «Esercizi di stile cervantini»,
en *Carte Semiotiche*, Rivista dell'Associazione Italiana di Studi Semiotici,
núm. 3 nuova serie, septiembre, 1996, pág. 82. *[Trad. de la Autora].* De la
misma autora véase también «La descripción de ambientes en la II Parte
del *Quijote*», en *Cervantes. Estudios en la víspera de su centenario*, Kassel,
Edition Reichenberger, 1994, págs. 343-354.

[117] H. Wölfflin, *Renaissance und Barock, Eine Untersuchung über
Wesen und Entstehung der Barockstil iu Italien*, München, 1888. Cito de
la edición italiana, H. Wölfflin, *Rinascimento e Barocco, Ricerche intorno
all'essenza e all'origine dello stile barocco in Italia*, Firenze, Vallecchi Ed.,
1988, pág. 161,

[118] G. Deleuze, *La piega. Leibniz e il Barocco*, cit., pág. 44. *[Trad. de
la Autora].*

[119] H. Wölfflin, ídem; en particular el cap. «Il movimento», páginas 159-171.

[120] G. Deleuze, ídem, pág. 45. *[Trad. de la Autora].*

[121] Véase J. Baudrillard, *L'échange symbolique et la mort*, París, Gallimard, 1976. Utilizo la edición italiana, J. Baudrillard, *Lo scambio simbo-
lico e la morte*, Milano, Feltrinelli, 1979, págs. 61-64.

56 ENRICA CANCELLIERE

se intercambian y se alimentan de un trabajo de incesantes plegaduras sobre una línea que refleja los unos en los otros.

El corral, ya armonioso microcosmos de la sociedad española que, bajo la mirada trascendente y garante del soberano y de un público ciudadano, alimenta una cultura de masa en la fundación del mito monárquico, ahora pone en acto y universaliza el proceso histórico no sólo de la España de los Austrias, sino también de la historia del hombre y de todo el Universo, y se propone, en línea con la *Weltanschauung* calderoniana, como «gran teatro del mundo».

La celebración de la idea monárquica coincide con la del cristianismo universal, garantizado ahora por una España que se encuentra en el ápice de su política peninsular manteniendo su control sobre Portugal. No es una casualidad que sea el príncipe portugués Fernando el que padezca, como Cristo, el martirio hasta la santidad en defensa del cristianismo.

> *El príncipe constante* posee un fuerte sabor nacional, un indomable espíritu de resistencia. Fernando sufre y muere *pro patria y pro fide,* sacrificándose por sus hermanos en Ceuta y encarnando el ideal católico contrarreformista *caritas forma fides*[122].

Pero si Calderón concluye una vez más con la visión del «gran teatro del mundo», es porque en esa visión su poesía proyecta el gran mundo del teatro, la sombra que aspira a la luz, y su doble revelador.

SIMBOLOGÍAS E ICONOGRAFÍAS CALDERONIANAS

Representaciones del Thanatos

Fernando «mártir de fe inquebrantable» afronta con cristiana resignación las torturas del Rey de Fez que lo llevarán a la consunción del cuerpo, y a través de ésta, a la gloria triunfante del espíritu. Y es verdaderamente la muerte, representada a través de sus connotaciones negativas y positivas, la protagonista del drama calderoniano,

---

[122] A. Regalado, ídem., pág. 509.

puesta en escena en todos sus valores simbólicos e icónicos de acuerdo con una cultura de época en la cual, dice Rousset, «La muerte está presente a través de todas sus imágenes»[123]. A partir de las artes figurativas y plásticas esta iconicidad de la muerte estructura la palabra poética que se hace visual y pictórica. Primado del elemento visual en la poesía que caracteriza una técnica y una inclinación que dominan, y no sólo en España[124].

Así pues, en la vertiente de las prácticas icónicas, su imagen previa, en cierto sentido ya dramatizada, consiste en lo que Rousset llama «la muerte convulsa», representación espasmódica del animado muerto, de quien aún no ha muerto, en un escenario de disgregación de la materia, de sangre y «cuerpo en pérdida», hormigueando gusanos[125].

El artista de la época pone en escena el martirio sangriento, el tormento que es también del alma, el sufrimiento que signa el rostro agotado y lívido[126] como en el

---

[123] J. Rousset, *La littérature de l'age baroque en France. Circé et le paon*, París, Librairie José Corti, 1981. Cito de la edición italiana, J. Rousset, *La letteratura dell'età barocca in Francia. Circe e il pavone*, Bologna, Il Mulino, 1985, pág. 117. *[Trad. de la Autora]*.

[124] De esta forma A. Chastel subraya el hecho de que se trata de estrategias simbólicas y retóricas epocales: «El recurso a la retórica, es decir, el arte de entrar en perspectivas distintas de las que proporciona la razón se perfecciona recurriendo al simbolismo, o sea con una articulación de la experiencia según formas impulsadas al máximo de la significación. Un buen ejemplo nos parece el esqueleto», en *Fables, Formes, Figures*, París, Flammarion, 1978. Cito de la edición italiana, A. Chastel, *Favole Forme Figure*, cap. «Il Barocco e la morte», pág. 231. *[Trad. de la Autora.]*.

[125] J. Rousset, ídem., págs. 138-142.

[126] Representación por imágenes que ahora va a forjar la poesía. Entre los «poetas de la muerte» —así los define— Rousset cita a d'Aubigné, a Sponde, a Hofmannswaldau, y al mismo Quevedo (ídem, pags. 126-133); y pasando a las culturas hispanoamericanas, a propósito de un soneto de sor Juana Inés de la Cruz, Dario Puccini observa: «En los últimos dos versos (pues ya en líquido humor viste y tocaste/mi corazón deshecho entre tus manos) la posición secuencial de *ver* y *tocar* (viste y tocaste) converge en una imagen metafórica —el corazón deshecho— el corazón deshecho que de nuevo establece la primacía de lo visual y hace intuir un más que probable vínculo con la pintura y escultura de la época, con momentos extremos de hiperrealismo de rostros lacrimosos y corazones deshechos que se obtienen con relieves de estuco y colores», D. Puccini, «L'immaginazione iconica nella poesia di Sor Juana Inés de la Cruz», *en Identità*

San Sebastián o en *El martirio de san Bartolomé* (1630) de
Ribera, o aun más, en las estatuas policromas de madera
de Montañés o de Pedro de Mena[127].

Don Fernando, el héroe calderonianao que muestra su
cuerpo progresivamente consunto y llagado sobre una mísera estera, es precisamente por esto al mismo tiempo un
cuerpo glorioso, como quien, gracias al agotamiento del
cuerpo llega a ser transparente y adamantino a la luz del espíritu. Pertenece por ello a la serie icónica de los descendi-
mientos que representan al Cristo erguido o de *Ecce Homo*[128]
y, como fundamento de éstas, pertenece a la serie que representa a Job[129], serie popular y culta de las prácticas lite-

---

e metamorfosi del Barocco ispanico, a cargo de G. Calabrò, Napoli, Guida
(ed.), 1987, págs.213-224. *[Trad. de la Autora.].*

[127] A propósito de Montañés dice Rousset: «...su *Crucifijo de los cá-
lices* es un Cristo ensangrentado y agonizante, no muerto sino representado en el momento en que reclina la cabeza, cuando está a punto de ex-
halar el último suspiro, entre la vida y la muerte o vivo y muerto a la vez».
J. Rousset, *La letteratura dell'età barocca in Francia. Circe e il pavone,* cit.,
página 139. *[Trad. de la Autora.].*

[128] La costumbre de representar al *Ecce Homo* en el teatro español es
muy antigua: en la primera mitad del siglo XVI el *Auto de la Pasión* de Lu-
cas Fernández exhibía en las iglesias a los devotos, en ocasión de la liturgia
de la Semana Santa, un ejemplar de *Ecce Homo* llagado —probablemente
un actor, o un maniquí o quizás una estatua— como muestra del sacrificio
y de la muerte por agonía y como paso a la vida verdadera ofrecida a un
público que reza y llora conmovido. Por otra parte es muy sabido que en
España la cultura barroca ahonda sus raíces en la cultura medieval.

[129] El tema de la «constancia» y de la «paciencia» desde un punto de
vista iconográfico se encuentra en la emblemática de la época; Porqueras
Mayo cita un ejemplo sacado de los *Emblemas moralizados* de H. de Soto
y tres de los *Emblemas morales* de Sebastián de Covarrubias y Horozco
(véase, «Introducción» a *«El príncipe constante»,* pág. LXXIII, nota 43).
La referencia al personaje bíblico hace hincapié en el neoestoicismo
de la época. A este propósito escribe Regalado: «Fernando se compara con
Job pero sólo para distanciarse de él», ídem., pág. 512. Igualmente Porqueras Mayo ve a Fernando como «un Job moderno, que frente a la desesperación del personaje bíblico ofrece la *constancia* heroica de su fe», «Introducción» a *El príncipe constante,* cit., pág. LXXI. El autor había
estudiado la huella de Job en el teatro calderoniano en *La queja* «de no
haber nacido» en *Temas y formas de la literatura española,* Madrid, Gredos, 1972, págs. 60-93, donde al hablar del origen de este tema escribe:
«El tema tiene un origen bíblico, y es especialmente importante un pasaje
del *Libro de Job* de donde supongo emana la popularidad de la expresión:

rarias y poéticas de la época a partir de la traducción y exegesis de *El libro de Job* por parte de fray Luis de León[130]. Y en efecto, de esta manera nuestro mártir llegado al extremo, dice:

> ¡Oh inmenso, oh dulce Señor,
> qué de gracias debo darte!
>   Cuando como yo se vía
> Job, el día maldecía
>
>   (III,vv 2209-2212)

En este punto resultaría útil, empleando un término de Cesare Brandi, hablar de *astanza*[131] —una especie de presencia absoluta de la obra figurativa que se presenta en sí misma y en sí misma toda existe— *astanza* de la imagen del mártir que aquí consiste en una fundación axial sacra que recuerda la arcaica liturgia totémica. A este modelo icónico corresponde totalmente la descripción del mártir que hace Muley a su Rey:

> hoy a tan mísero ser
> le ha traído su valor
>   que en un lugar arrojado,
> tan humilde y desdichado
> que es indigno de tu oído,
> enfermo, pobre y tullido
> piedad pide al que ha pasado;
>
>   (III, vv 1926-1932)

Y poco después:

"Pereat dies in qua natus sum-et nox in qua dictum est: conceptus est homo" *(Job,* III, 3)», pág. 164. Farinelli en su importante obra subraya la insistencia con la cual Calderón cita *El libro de Job.* Y a propósito de *El príncipe constante* escribe: «Della pazienza di Giobbe armasi il "Príncipe Constante", per soffrire il lungo e straziato martirio», *La vita è un sogno,* Torino, Fratelli Bocca Editori, II, pág.24.

[130] Fray Luis de León, *Obras completas castellanas,* ed. de Felix García, Madrid, BAC, 1944.

[131] C. Brandi, *Le due vie,* Bari, Laterza, 1966. En particular véase «Parte prima», capítulos I, «Le due vie», y II, «Astanza e semiosi», págs. 9-73.

> Pasando la noche fría
> en una mazmorra dura
> constante en su fe porfía;
> y al salir la lumbre pura
> del Sol, que es padre del día,
>   los cautivos, (¡pena fiera!)
> en una mísera estera
> le ponen en tal lugar,
> que es, ¿dirélo?, un muladar,
> porque es su olor de manera,
>   que nadie puede sufrirle
> junto a su casa, y así,
> todos dan en despedirle,
> y ha venido a estar allí
> sin hablarle y sin oírle,
>   ni compadecerse de él.

(III, vv 1943-1958)

Sin embargo a parecidos procedimientos de *astanza* —que muchas veces de las artes figurativas han pasado a la composición de comedias de santos, pero también, como hemos visto, de la práctica de la sagrada representación a las artes figurativas—[132] la iconología barroca une funciones axiales oblicuas que definen el recorrido y el campo de los elementos simbólicos: la muerte no se vive a solas sino es, en cierto sentido, para el Otro o desde luego del Otro. Para su prepresentación es preciso, pues, una relación especular, porque sólo en la especularidad, martirio y sacrificio se representan como «cuerpo en pérdida», es decir, descomposición de la imagen unitaria y anatómica del cuerpo. Michele Mancini escribe:

> Martirio es también *teleiosis* que es consunción y perfección, logro de immortalidad [...] Los restos serán peligrosos, pueden perturbar el proceso de reproducción, obstaculizar y producir manchas en la imagen que se debe

---

[132] Toda una serie de estudios iconológicos, que plantean los nuevos enfoques de historiografía del teatro, han analizado la interferencia entre poesía, artes figurativas, e incluso arquitectónicas, y representación dramática, como por ejemplo el estudio fundamental de Ludovico Zorzi, *Il teatro e la città,* Torino, Einaudi, 1977.

obtener [...] y, por lo tanto, si no inmediatamente al máximo en pocas horas el aspirante ya será imagen[133].

Sin embargo, mientras la verticalidad del cuerpo glorioso está amenazada de disgregación a causa de lo que se separa de él —la voz del último aliento, la sangre, las heridas, las mutilaciones, incluso las heces, como acaece a Fernando—, es gracias a esta misma amenaza como ve reforzarse su gloria en el espejo del Otro.

A las imágenes totémicas y unitarias del santo-mártir el Barroco añade y contrapone elementos simbólicos y metafóricos que restituyen el significado filosófico y teológico de la muerte. Por consiguiente en las representaciones pictóricas calaveras, esqueletos, cruces, se convierten en otros tantos elementos axiales y simbólicos del cuadro, puestos para duplicar la imagen de la muerte, pasando de su valor referencial del martirio a la connotación temática e ideológica de la *vanitas vanitatum*[134]. En el *San Jerónimo* de Ri-

---

[133] M. Mancini, «Martirologie del set», en *Fiction. Cinema e pratiche dell'immaginario*, 5, *Santi-Martiri-Registi*, Roma, 1980, págs.5-6. *[Trad. de la Autora.]*.

[134] Santiago Sebastián al estudiar este tema, afirma que «La cuestión clave, sin duda, radica en determinar cuál es el fondo psicológico-religioso de la *vanitas;* por lo que a la literatura española del siglo XVII se refiere parece hallarse muy generalizado un sentimiento que responde a la idea del desengaño». Al subrayar la relación con algunas obras pictóricas, como por ejemplo las de Valdés Leal, el autor en particular cita el *Jeroglífico de la Vanidad*, muy interesante por la iconografía que vamos estudiando: «Pero la lección está al fondo: sobre los bienes y saberes del hombre está el misterio celeste, que un ángel revela al descorrer una cortina para mostrarnos a Cristo en el Juicio Final; ante este fin irreversible todo lo humano son pompas de jabón, y la primera de ellas parece ser la esfera armilar que hay en el centro de la composición», de *El triunfo de la muerte*, en *Contrarreforma y Barroco*, Madrid, Alianza Editorial, 1981, págs. 96, 98. También A. Chastel pone de relieve la *vanitas vanitatum* y el *memento mori* como fundamento ideológico del tema del «triunfo de la muerte» en el siglo XVII. La explicacion, según el autor, hay que buscarla en la retórica religiosa, en la predicación jesuítica, en la supervivencia de un imaginario fantástico medieval y en fin en el rápido desarrollo de los grabados que representaban la anatomía del cuerpo humano. A. Chastel, *Favole Forme Figure*, cit., pág. 233. En el campo de la poesía el tema ha sido estudiado por María del Rosario Fernández Alonso, *La muerte en la lírica española*, Madrid, Gredos, 1971, en particular cap. X, «La visión de la

bera (1646), por ejemplo, una calavera está representada en
el cuadro en posición descentralizada, y por lo tanto su trayectoria determina una oblicua especularidad con las ciencias (mapamundi, brújulas, etc.) y la religión (el Libro).
Costumbre esta, de articular el cuadro a través de internas
trayectorias, en las cuales se desarrolla la metáfora, que
inaugura la primera escisión del sujeto renacentista en *Los
Embajadores* de Holbein (1533) que en primer plano presenta la anamorfosis[135] de una calavera[136] a los pies de los

muerte en el Barroco, particulamenete en algunos líricos del siglo xvii»,
págs. 159-203. Por lo que se refiere a las artes figurativas véase Manuel Sánchez Camargo, *La Muerte y la pintura española,* Madrid, Editora Nacional,
1954. Entre los muchos ejemplos es preciso recordar el cuadro de Valdés Leal
In ictu oculi (Hospital de la Caridad de Sevilla) que representa a la Muerte
como esqueleto con un ataúd y su guadaña. Alrededor se ven símbolos del
poder mientras la Muerte apoya su pie sobre la esfera del mundo, pág. 264.

[135] El término deriva del griego *(ana,* hacia arriba, hacia atrás, vuelta
hacia; y *morphé,* forma) y significa *regeneración* o, en geometría, *transformación.* Según Baltrušaitis, la anamorfosis, palabra que por primera vez
es empleada por Gaspar Schott en 1657, «proyecta las formas fuera de sí
mismas en lugar de reducirlas a sus límites visibles, y las deshace para que
se vuelvan a recomponer cuando se vean desde un punto de vista determinado. El procedimiento se realiza como curiosidad técnica, pero contiene una poética de la abstracción, un mecanismo potente de ilusión óptica y una filosofía de la realidad artificiosa». J. Baltrušaitis, *Anamorphoses
ou magie artificielle des effets merveilleux,* París, J. Baltrušaitis, (ed.), 1969.
Cito de la edición italiana, *Anamorfosi,* Milano, Adelphi, 1978, pág. 13.
[Trad. de la Autora.].
Se trata de fenómenos ópticos basados en el juego de la perspectiva
que produce imágenes distorsionadas si son observadas en el eje ortogonal. La anamorfosis de hecho no niega el principio de la perspectiva, más
bien tiene origen en ésta y representa una aplicación completamente original de ella: pero, para que las perspectivas aberradas, es decir desviadas,
de la anamorfosis se recompongan en una perspectiva ortogonal según
una visión binocular media, es necesario que el sujeto de la visión se des-
place físicamente a lo largo de un eje distinto. En la individuación de esta
posición desplazada que restituye la visión de la perspectiva consiste la
anamorfosis como juego y como misterio. Por eso la usaban para las di-
versiones de los príncipes y en las prácticas exotéricas de todo tipo.

[136] J. Baltrušaitis, ídem. Véase el cap. 7, «*Gli Ambasciatori* di Holbein», págs. 101-122. De este fundamental análisis, enriquecido por varios
ejemplos de anamorfosis de la calavera, merece la pena citar este pasaje:
«*El misterio de los dos Embajadores* se desarrolla en dos actos. (…) El primer acto comienza cuando el visitante entra por la puerta principal y mira
frente a sí mismo, a cierta distancia, a dos señores que se perciben al fondo

humanistas que hablan en una habitación, construida según las reglas de la perspectiva, en el interior de la cual se encuentran los objetos simbólicos de las ciencias y de las artes liberales[137]. De aquí se pasa hasta los recorridos en espiral de los maestros del Manierismo italiano, sobre todo Tintoretto, para llegar a estos *teatros de la vanidad* en el reflejo del *contemptus mundi,* es decir estas iconologías de la muerte.

de la escena. Le llama la atención su aspecto hierático, la suntuosidad del ambiente, el realismo intenso de la representación. Un punto sólo le turba: el extraño objeto que ve inmediatamente a los pies de los dos personajes. Avanza para ver las cosas más de cerca: el carácter físico, casi material de la visión aumenta conforme se va acercando, pero ese objeto sorprendente sigue siendo indescifrable. Desconcertado, el visitante sale por la puerta derecha, la única abierta, entramos así en el segundo acto. Cuando está a punto de avanzar hacia la sala contigua, vuelve la cabeza para lanzar una última mirada a la pintura y lo comprende todo: por la repentina concentración visiva la escena desaparece manifestándose la figura oculta. Donde antes todo era esplendor mundano ahora se ve una calavera», pág. III. *[Trad. de la Autora.].*

El descubrimiento del secreto ocultado en la anamorfosis está en la base del sugerente análisis que Lacan hace de este cuadro. Así concluye el autor: «¿Qué es, entonces, ante esta muestra del dominio de la apariencia en sus formas más fascinantes, qué es este objeto un poco volante, un poco inclinado? No podéis saberlo, porque os distraéis, huyendo de la fascinación del cuadro. Empezad a salir de la sala donde seguramente su visión os habrá apresado. Será entonces, al daros la vuelta para iros —como describe el autor de las *Anamorfosis*— cuando comprenderéis qué hay bajo esta forma, ¿qué, una calavera», *Le séminaire de Jacques Lacan. Livre XI. Les quatre concepts fondamentaux de la psychanalyse* (1964), París, Seuil, 1973. Cito de la edición italiana, J. Lacan, *Il Seminario. Libro XI. I quattro concetti fondamentali della psicoanalisi,* Torino, Einaudi, 1979, cap. VII, «L'anamorfosi», pág. 90.

[137] Omar Calabrese define el cuadro de Hans Holbein de 1533 «quadro con segreto». Dice el autor: «En este mismo año, 1533, nace (en Alemania) la práctica de los *Vexierbilder,* cuadros con secretos, a veces construidos como enigmas simbólicos, a veces basados sobre el principio de la anamorfosis». El autor en su análisis semiótico, que desarrolla según el principio de la intertextualidad, llega a descubrir un sugestivo ejemplo de *mise en abîme* metatextual: «Tras haber descubierto la calavera principal de gran tamaño en el centro del cuadro, resultará posible reconstruir una anamorfosis contraria (…) podrá notarse dentro de la primera calavera otra pequeña calavera». O. Calabrese, *L'intertestualità in pittura. Una lettura degli «Ambasciatori» di Holbein,* Documenti di Lavoro e pre-pubblicazioni del Centro Internazionale di Semiotica e di Linguistica, Università di Urbino, 130-131 enero-febrero '84, serie F, págs. 12, 24. *[Trad. de la Autora.].*

Los símbolos que aparecen junto a la imagen agotada
—y por eso mismo triunfante de la vida y del tiempo— de
Fernando son sus cadenas y la estera; el estar inmerso en
las heces; los cantos de los esclavos sumergidos en el trabajo, como castigo del vivir; el jardín mismo que es a la vez
lugar de delicias efímeras y huerto en que la presencia del
mártir cultiva la verdadera sabiduría de la fe y la floreal luz
de la gracia: las flores que compondrá en azafate Fernando
para la bella Fénix. Tradición simbólica esta, que llega a la
barroca «comedia de santos» a partir de las antiguas representaciones sacras en las cuales se manifestaba, después de
la Resurrección, la imagen del Cristo-jardinero, que en la
actitud de cultivar flores no estaba muerto porque
la muerte del cuerpo era la verdadera vida. Sin embargo,
ahora en el Barroco, como fundamento de tales arquitecturas de connotación, se encuentra la imagen, propia de la
época, de la muerte del cuerpo como descomposición de
la belleza y de su imagen íntegra que se deshace en polvo y
en nada. Las dos imágenes —de la belleza y de la muerte—
se encuentran en la codificación, respectivamente, del soneto fúnebre y del soneto sobre el tema del *carpe diem,* que
de esta fugacidad de la belleza, subrayada por una retórica
típica del momento, induce a coger el presente fugitivo, según actitudes del sujeto cada vez más propenso a la melancolía y al desengaño. Por ejemplo el soneto de Góngora
«Mientras por competir con tu cabello», según Di Pinto,
puede adscribirse a los sonetos fúnebres, como sugiere el final de progresiva descomposición «en tierra, en humo, en
polvo, en sombra, en nada»[138].

---

[138] Véase, M. Di Pinto, «Mientras por competir con Garcilaso», en
Identità e metamorfosi del Barocco ispanico, Nápoles, 1987, cit., págs. 65-80.
Sobre este tema véase también, G. C. Marras, «Centralità e trasformazione.
Analisi in due tempi e prospettica del sonetto XXIII di Garcilaso e del 228
di Góngora», en *Quaderni dell'Istituto di Lingue e Letterature Straniere,* Università di Cagliari, 1976; L. Terracini, «"Cristal" no "marfil" en "Mientras
por competir con tu cabello"», en *Homenaje a Ana María Barrenechea,*
L. Schwartz Lerner y I. Lerner (eds.), Madrid, 1984, págs. 341-353; L. Terracini, «Góngora tra il nulla e l' oro. Il sonetto 'Ilustre y hermosísima María'», en *Identità e metamorfosi del Barocco ispanico,* cit., págs. 159-174 y el
reprint *La piscina dei codici: a proposito di un sonetto di Góngora,* Roma,

Por el contrario, pero según el mismo principio de contraposición y especularidad, a la representación de la muerte como «cuerpo en pérdida» —*corps morcelé* diría Octave Mannoni—[139] se contrapone unas veces la imagen aun íntegra y resplandeciente de la juventud y de la belleza: la paradójica integridad de lo efímero frente a la igual paradójica descomposición de lo eterno.

Entre los dos polos se instaura una relación inquietante como, por ejemplo, en las numerosas series icónicas que representan a David lozano levantando el brazo vigoroso o las que representan a la virginal Judit adornada, mostrando la cabeza cortada de Holofernes, o aun la Salomé que se refleja en las órbitas vacías de la cabeza de San Juan Bautista. Iconologías codificadas éstas de la belleza y del horror, de la integridad y de la escisión, en la correspondencia de una única imagen descentralizada. A la misma serie icónica pertenece la relación ambigua, y al parecer indescifrable, entre el mártir Fernando y la bella princesa Fénix. Y no es casualidad que esta relación se anuncie con la profecía de una negra hechicera —«caduca africana»— «un esqueleto vivo» que no es sino la muerte misma, que se acerca a la bella Fénix y la contagia de horror con su tacto y el aliento de su voz, prediciéndole:

¡Que en efecto esta hermosura
precio de un muerto ha de ser!

(II, vv 1029-1030)

Este espantoso simulacro leñoso —«escultura hecha de un tronco», dice el poeta, y aun «tronco fugitivo»— confirmando la inspiración de las prácticas figurativas de que

Centro di Semiotica, 1979; en particular sobre la estructura del soneto fúnebre véase G. C. Marras, *Il sonetto funebre in Góngora*, Cagliari, Istituto di Lingue e Letterature Straniere dell'Università di Cagliari, 1984.

Sobre las modalidades y el influjo del tema del *carpe diem* en la literatura española véanse A. García Berrio, «Tipología textual de los sonetos clásicos españoles sobre el *carpe diem*, en *Dispositio*, III, 9, 1978, páginas 243-293; y B. González de Escandón, *Los temas del «carpe diem» y la brevedad de la «rosa» en la poesía española*, Barcelona, Universidad de Barcelona, 1938.

[139] O. Mannoni, *Le funzioni dell'immaginario*, Bari, Laterza, 1972.

hemos hablado, ocupa en el sueño de Fénix el lugar que después será en la realidad el mismo de la muerte del cuerpo del mártir: la realidad de la representación en el típico juego de espejos calderoniano que pone en secuencia sueño-teatro-mundo.

El cosmos espejo

Sin embargo, para darnos cuenta del sistema especular que pone en relación a los personajes y los articula interiormente, debemos volver nuestra atención a la gran metáfora del espejo cósmico que se anuncia desde el principio como primer teatro del drama.

Después de haber desembarcado en la playa de Tánger, Fernando define el espacio todo de la acción entre cielo, mar, tierra y viento así:

> En la desierta campaña,
> que tumba común parece
> de cuerpos muertos, si ya
> no es teatro de la muerte
>
> (I, vv 599-602)

Teatro que la construccion gongorina *A si no B*[140] restituye a la vista siguiendo el efecto de apertura de una doble cortina, donde la primera ofrece la visión de una tumba grande cuanto la misma superficie de la tierra, como sugiere el hipérbaton que separa *tumba* del determinativo *de cuerpos muertos*[140 bis]. El término interpuesto *parece* invita luego la mirada a adelantarse más allá de aquellas cortinas,

---

[140] Véase, D. Alonso, *La lengua poética de Góngora*, en *Obras Completas*, Madrid, Gredos, 1978, en particular el capítulo «Repetición de fórmulas estilísticas», págs. 144-167.

Se trata, pues, de procedimientos retóricos de la poesía de la época. Pero también del fuerte influjo de Góngora en la inspiración de *El príncipe constante*, comprobado por la presencia del romance de Góngora, «Entre los sueltos cabellos» empleado como material elaborado en la escena.

[140 bis] Véase M. L. Gutiérrez Araus, «Funcionamiento del hipérbaton en *El príncipe constante*», en L. García Lorenzo (ed.), II, 1983, págs. 1109-1124.

en la profundidad de la luctuosa metáfora cósmica. Souiller al estudiar en su fundamental trabajo[141] el tema del «gran teatro del mundo», como representación de la oposición entre «fascination des apparences et nostalgie de l'être», ha puesto de relieve como variante fundamental de este tema la del «teatro de la muerte»[142]. Según la misma estructura de hipérbaton un escenario parecido habían sugerido las palabras de don Enrique:

> desde que de Lisboa al salir, sólo
> imágenes he visto de la muerte.
>
> (I, vv 519-520)

donde el término interpuesto *he visto,* implicando la dimensión fantástica de la vista de la mente, transforma todo lo que *parece* en un fúnebre presagio onírico:

> Si miro al mar, mil sombras considero;
>   si al cielo miro, sangre me parece
> su velo azul; si al aire lisonjero,
> aves nocturnas son las que me ofrece;
>   si a la tierra, sepulcros representa,
> donde mísero yo caiga y tropiece.
>
> (I, vv 527-532)

Es interesante notar la frecuencia con la cual en este teatro cósmico de la muerte el elemento del fuego, que sería el elemento regenerador del ciclo universal, es sustituido por el cielo que es de la misma esencia del aire y también reflejo de las aguas del mar. Este cosmos fúnebre posee una calidad cromática azul, que es al mismo tiempo especular y cenizosa, y una temperatura fría no vital, aunque derive de los calurosos espejismos del brazo del mar de África. Más bien

---

[141] D. Souiller, *Calderón et le grand théâtre du monde,* París, PUF, 1992.
[142] «La importancia de la imagen desarrollada en este *auto* de *El gran teatro del mundo* fue primordial ante los ojos de Calderón: el argumento central de la obra lo encontramos regularmente a lo largo de su producción dramática, sea aislando un aspecto particular (el mundo como teatro de la muerte en *El príncipe constante* (cfr. vv 601-602), sea explotando integralmente, pero en géneros aparentemente más lejanos de su perspectiva religiosa», D. Souiller, ídem, págs. 229-230. *[Trad. de la Autora.].*

este ambiguo elemento del cielo demuestra su poder de con-
mutación asumiendo los colores del fuego —«sangre me parece su velo azul»— pero precisamente como rojo sudario
de un sacrificio universal.

Es fácil comprender cómo la visión de esta naturaleza, a
pesar de todo maravillosa por sus efectos cromáticos, cause
a la bella Fénix —mientras como una Venus, o como haz
de rayos, *arrebol*, va errando por las ondas con su barco—
sólo melancolía. Uno de los prototipos de la Venus que va
en un navío-concha natal empujada por ligeras brisas es,
como es sabido, el famoso cuadro de Botticelli sobre cuya
simbología cósmica y floreal, han debatido los críticos[143].
En el teatro, Shakespeare, en su *Antony and Cleopatra,* a través del tema de la «Belleza» que se deja ir en barco ha connotado el de la melancolía según simbologías tardo-medie-
vales. Un ejemplo extremo está representado por el suicidio
de Ofelia que se desliza en las aguas cogiendo flores entre
los sauces, o también el de la ancilla a la cual recuerda Des-
démona en un momento de profunda melancolía.

Es lógico, pues, que atañe a la belleza coger la especularidad de este cosmos fúnebre en una imagen que, por
consiguiente, ha borrado totalmente el cuarto elemento.
Tierra y mar y *cielo* le aparecen como juego de reflejos, entre luces y sombras que truecan a través de un oxímoron
los elementos:

> el jardín un mar de flores,
> y el mar un jardín de espumas.
>
> (I, vv 95-96)

---

[143] Véase, K. Kerényi , «Kore», en C. G. Jung, y K. Kerényi, *Einfüh-
rung in das Wesen der Mythologie.* Cito de la edición italiana, *Prolegomeni
allo studio scientifico della mitologia,* Torino, Boringhieri, 1972, págs. 153-
158. La construcción simbólica de Fénix parece corresponder a la que Kerényi llama la «Anadyomenes», o sea la Venus que nace de las aguas: «Sur-
giendo de la profundidad del mar, de una concha —impulsada por el
viento y acogida por la diosa de la tierra de vestiduras variopintas— llega
Afrodita Anadyomenes. Éste es un aspecto de la joven, de la Protogonos
Koré», pág. 155. Véase también, A. Warburg, *Die Erneuerung der heidnis-
chen Antike,* Leipzig, 1932, págs. 6 y sigs. *[Trad. de la Autora.].*

Y la construcción la llevará a cabo el amado Muley:

> confundiendo mar y cielo
> con las nubes y las ondas
>
> (I, vv 245-246)

El espejo de la belleza cósmica, *el mar,* se ha hecho melancólico y mortal, como aquella otra maravillosa joven que es la Aurora, sobre esta superficie, que se ha hecho plúmbea y densa de negros presagios, verá deshacerse sus colores rosa, blanco y oro[144].

A través de las mismas prerrogativas de la especularidad, la loca carrera del blanco caballo de Muley —que huye de los campos de batalla, cae y se levanta, imagen simbólica del Eros y del *Thanatos*— pone en relación con igual simetría el macrocosmos y el microcosmos. Una vez más el dispositivo del espejo es al mismo tiempo instrumento de deseo e invitación a la sabiduría que conduce a la conciencia de la muerte. Cualidades sapienciales que los antiguos atribuían a los espejos, de los pre-socráticos a Sócrates, Séneca y otros[145].

---

[144] La descripción de la Aurora está construida según procedimientos iconológicos típicos de la emblemática. Véanse, C. Ripa, *Iconologia,* Torino, Fògola Ed., 1986, págs. 61-62; Alciato, *Emblémata* (traducido por Bernardino Daza Pinciano, Lyon, 1549), Madrid, Editora Nacional, 1975.
Un repertorio completo de los libros de emblemas y su significado se encuentra en J. Gállego, *Visión y símbolos en la pintura española del Siglo de Oro,* ya citado. Sobre la influencia de la emblemática en la literatura española véase el trabajo fundamental de G. Ledda, *Contributi allo studio della letteratura emblemática in Spagna (1549-1603),* Università di Pisa, 1970.
[145] Véase, J. Baltrušaitis, *Le miroir: révélations, science-fiction et fallacies,* París, ed. de Seuil, 1979. Utilizo la edición italiana, J. Baltrušaitis, *Lo specchio. Rivelazioni, inganni e science-fiction,* Milano, Adelphi Ed., 1981, págs. 9-12.

La melancolía en el espejo

Hay que buscar el significado de la enfermedad que padece la princesa, la melancolía, en el étimo de la palabra misma, que nos remite a *atra bilis, melaina cholé,* de la que deriva *melancolía.* Ésta, junto con la sangre, la bilis amarilla o roja, y la flema constituían los cuatro humores del cuerpo[146].

Al proponer el personaje de Fénix como representación simbólica de la melancolía, Calderón traslada a su poesía una antigua sapiencia.

Existe correlación entre la teoría de los «cuatro humores», que se remonta a los pitagóricos, la teoría cosmogónica de los «cuatro elementos» y la subdivisión en «cuatro estaciones». De su mezcla derivaba el carácter de los hombres[147], según la teoría de Empédocles que «unía las cuatro raíces del cosmos a cuatro específicas entidades cósmicas: el sol, la tierra, el cielo y el mar»[148]. Según esta relación, el sujeto que padece melancolía —término con el que Hipócrates designa no sólo el estado patológico, sino también la disposición constitucional— trata de alcanzar una reconstrucción y unidad imposibles. Ni siquiera la belleza del jardín logra *divertir* a la melancólica Fénix, o mejor, puede alejarla del miedo o depresión que la aflige, quizá porque esta belleza, por su caducidad, puede sólo restituirle la imagen de la muerte. Al contrario, por traslación, el estado de ánimo subjetivo, al pasar al mundo objetivo (en la evolución que el término sufre entre los siglos XVI y XVII), atañe

---

[146] R. Klibansky, E. Panofsky, F. Saxl, *Saturn and Melancholy. Studies in the History of Natural Philosophy, Religion and Art,* Londres, T. Nelson & Sons, 1964. Cito de la edición italiana, R. Klibansky, E. Panofsky, F. Saxl, *Saturno e la melanconia. Studi di storia della filosofia naturale, religione e arte,* Torino, Einaudi, 1983, pág. 7

[147] R. Klibansky, E. Panofsky, F. Saxl, ibíd.

[148] R. Klibansky, E. Panofsky, F. Saxl, ídem, pág. 10. Cada uno de estos elementos, según Filistión, representante de la escuela siciliana de medicina fundada por Empédocles, poseía una cualidad específica *(dynamis):* «Es proprio del fuego el calor, del aire el frío, del agua la humedad, de la tierra la aridez», pág. 11. *[Trad. de la Autora.].*

ahora al jardín-tierra, que corresponde al mismo humor que constituye la *atra bilis:*

> con grande melancolía
> el jardín al mar dirá:
> «Ya el sol en su centro está,
> muy breve ha sido este día.»
>
> (I, vv 65-68)

Tampoco la música, solicitada por las doncellas, logra aliviar la pena de la princesa (vv 1-6).

Ya en Teofrasto y Asclepiades escuchar música tenía una función terapéutica en las enfermedades mentales:

> Así, una de las más antiguas concepciones de la humanidad, manifestadas no sólo en las enseñanzas de los pitagóricos, sino también en los mitos de Orfeo y en la historia bíblica de Saúl y David, fue asociada a la teoría platónica de los efectos morales de las distintas claves musicales para formar una «terapia musical»[149].

La bella Fénix, cuyo nombre nos conduce al elemento del Aire, convertida en Sol, que luce sobre las aguas donde se desliza con su *carro dorado,* participa también de otro elemento que parecía ausente en el cosmos-espejo, el Fuego. Y es natural que la princesa yerre con su barco entre las ondas del mar en cuanto el paisaje acuático es elemento de connotación de la melancolía. Christine Orobitg pone de relieve que Saturno, el astro de los melancólicos y la melancolía, ha sido asociado desde la antigüedad al elemento del Agua. «El pensamiento de la medicina confunde los atributos del melancólico y del flemático, asociando la melancolía a la humedad y al temperamento acuático»[150].

En el *Problema XXX, I,* atribuido a Aristóteles se puede leer: «El humor atrabiliario, en su constitución natural, es ya algo mezclado, ya que es una mezcla de caliente y frío,

---

[149] R. Klibansky, E. Panofsky, F. Saxl, ídem, pág. 43. *[Trad. de la Autora.].*
[150] Christine Orobitg, *Garcilaso et la mélancolie,* en *Anejos de Criticón,* 10, Toulouse-Le Mirail, 1997, pág. 38. *[Trad. de la Autora.].*

y de ambos se compone la naturaleza»[151]. Mezcla patoló-
gica que determina el «mal» de Fénix, como aclara el término médico *cuartana*[152].

El ser melancólico está además definido en este fragmento
como, ἀκολουϑητικός τῇ αντασία es decir, dotado de una
vis imaginativa capaz de intensificar la fuerza de la imaginación
visiva, hasta llegar a una especie de alucinación[153]. Y un «exceso
de la vista» parecen ser las imágenes restituidas por el parlamento
de Fénix que nacen de la mezcla violenta de los otros dos elementos que la complementan, Agua y Tierra (I, vv 69-99);
ἀκολουϑητικός τῇ αντασία es decir, predispuesto a la construcción de imágenes, el melancólico puede elaborar sueños
verdaderos e incluso llegar a profetizar el futuro. Por lo tanto,
no es casualidad que Fénix sea capaz de crear un sueño cuyas
imágenes se construyen con intensa plasticidad hasta llegar a
elaborar una figura monstruosa, un jeroglífico mitad ser humano mitad excrecencia arbórea que recuerda los arabescos
fantásticos de los que habla Baltrušaitis:

> Los enredos y las medias hojas de la decoración islá-
> mica inspiran, junto a las hojas abstractas y los vegetales,
> numerosos sistemas zoomorfos(...) A esta vegetación per-
> tenece también un brote o, simplemente, una rama que
> lleva una cabeza como si fuera una flor o también un
> tronco entero de animal o de hombre[154].

El demonio arborescente, sigue diciendo Baltrušaitis, recuerda a los de Bosch[155]. Aquí es la «caduca africana», ima-

---

[151] R. Klibansky, E. Panofsky, F. Saxl, ídem, pág. 24. *[Trad. de la Autora.]*.

[152] «Especie de calentura, que entra con frío de cuatro en cuatro días»
(Dicc. Auto.) con que el rey mismo relaciona la palidez mortal de la hija:
«Si acaso permite el mal, / cuartana de tu belleza, / dar treguas a tu tris-
teza» (I, vv 101-103).

[153] R. Klibansky, E. Panofsky, F. Saxl, ídem, pág. 33.

[154] J. Baltrušaitis, *Le Moyen Âge fantastique. Antiquités et exotismes dans
l'art gothique,* París, J. Baltrušaitis (ed.), 1972. Cito de la edición italiana,
J. Baltrušaitis, *Il Medioevo fantastico,* Milano, Adelphi, págs. 119; 122-123.

[155] Observa el autor que en la *Tentación* de Lisboa se ve «un demonio cubierto por un árbol seco o en *El jardín de las delicias* se ve en el centro del Infierno a un individuo hecho de troncos nudosos», J. Baltrušaitis, ídem, págs. 169-171. *[Trad. de la Autora.]*.

gen análoga al reflejo de Fénix en el espejo de melancolía,
aquejada del mismo mal —melancolía y tristeza—. Y Fénix,
como poseída de su misma imagen y asumiendo la voz del
Otro proferirá en primera persona la inexorable profecía:

> «¡Ay infelice mujer!
> ¡Ay forzosa desventura!
> ¡Que en efecto esta hermosura
> precio de un muerto ha de ser!»
>
> (II, vv 1027-1030)

Existe un término que traduce esta *vis imaginativa,* que
es *ilusión.* Lo sabe Muley cuando responde a la joven:

> Fácil es de descifrar
> ese sueño, esa ilusión,
> pues las imágenes son
> de mi pena singular.
>
> (II, vv. 1041-1044)

Y lo que ella advierte es sólo «ilusión del alma». Pero esta
melancolía se distingue de la *tristeza* por el hecho de que no
se conoce la causa, sino sólo los efectos, según el significado
que adquiere el término en la poesía de la baja Edad Media, «es decir un estado de ánimo temporal, un sentido de
depresión independiente de cualquier circunstancia patoló-
gica o fisiológica»[156]. La vaguedad e indeterminación de la
melancolía se intensifica gracias a la construcción en
quiasmo de los dos versos que acaban en el contraste entre
saber y *sentir:* ésta sería una posible explicación de la fórmula del *no sé qué* tan usada por Calderón en otras obras[157].

> Sólo sé que sé sentir,
> lo que sé sentir no sé,
> que ilusión del alma fue.
>
> (I, vv 53-55)

---

[156] R. Klibansky, E. Panofsky, F. Saxl, ídem, pág. 205. *[Trad. de la Autora.].*
[157] Véase A. Porqueras Mayo, «Introducción» a *El príncipe constante,*
págs. XLIII-XLIV, cit.; y «El "no sé qué" en la literatura española», en *Temas y formas de la literatura española,* cit., págs. 11-59.

Esta condición sería otro aspecto de la melancolía que comporta la imposibilidad de decir lo que se siente hasta manifestarse como afasia que en un nivel retórico se traduce en la figura del *adynaton*[158].

La única certeza que tiene Fénix es que no puede huir de esta melancolía porque le llega como influjo de la nefasta estrella bajo la cual ha nacido:

> Nace la mujer
> sujeta a muerte y fortuna,
> y en esa estrella importuna
> tasada mi vida vi.
>
> (II, vv 1678-1681)

Donde es posible leer una clara alusión a Saturno. En la doctrina astrológica de la baja Edad Media y del Renacimiento este planeta estaba considerado como causante del influjo que determina el infeliz destino y el carácter sombrío del melancólico. Y es por el conocimiento de las estrellas —«flores nocturnas»— como Fénix llega a aprender la precariedad de la vida humana:

> pues, si un día es el siglo de las flores,
> una noche es la edad de las estrellas.
>   De esa, pues, primavera fugitiva
> ya nuestro mal, ya nuestro bien se infiere:
> registro es nuestro, o muera el sol o viva.
>
> (II, vv 1692-1696)

Por eso Fénix recibe el don de su nombre simbólico no solamente, como ya hemos dicho, porque se espeja en su belleza la gloria imperecedera del mártir que resurge de sus cenizas, sino también por el valor especular propio de su misma imagen: la belleza de lo efímero se regenera con la contemplación de la muerte en una eternidad paradó-

---

[158] «*Adynaton,* procedimiento retórico heredado de la Antigüedad, que consiste en una hipérbole que se hace imposible a fuerza de exageración. El *adynaton* (del griego "imposible") constituye, pues, una figura clave de la escritura de la afasia y de lo imposible», C. Orobitg, *Garcilaso et la mélancolie,* cit., pág. 141. [*Trad. de la Autora.*].

jica que consiste en el destino de nacer y morir eternamente.

Esta melancolía es, por lo tanto, angustia de la caducidad, inquieto presagio que conduce a la percepción de la
nada: en el espejo en que la princesa se mira no se refleja
más que la imagen de la muerte. Esa imagen poética Calderón la elabora —recordando como siempre la intervención del *divino pincel,* según la concepción del *Deus-Pictor*
y, por lo tanto, del valor sapiencial de la pintura—[159] según las simbologías icónicas que ofrece este ciclo, sobre
todo flamenco y centroeuropeo, que representa unas Venus
ante el espejo donde la imagen reflejada no es más que el
rostro del Otro, la calavera descarnada. Recordemos, entre
varios ejemplos, solamente *La mujer con espejo y la muerte*
en *Las tres edades de la vida* de Hans Baldung Grieng, porque junto a ella la muerte misma se presenta y la conta-
mina con su consumido cuerpo que se disipa, igual que la
hechicera en el sueño de Fénix, o el mismo mártir cuando
llega al momento extremo como *esqueleto vivo.*

Preciosas y frecuentes metáforas hacen del rostro de Fénix el espejo de la efímera policromía de las flores y del es-

---

[159] Esta imagen del *Deus-Pictor* es muy importante en la poética calderoniana como resulta de toda su obra y de la reflexión que hace el dramaturgo en su *Informe* en 1677, publicado primeramente por F. Mariano
Nipho, «Deposición de Don Pedro Calderón de la Barca en favor de los
profesores de la Pintura, en el pleito con el procurador General de esta
Corte, sobre pretender éste se le hiciese repartimiento de soldado», en *Ca-
xón de sastre,* tomo IV, Retal 2.º, Madrid 1781, págs.22-35. En 1936
E. R. Curtius lo vuelve a editar, acompañado de un prólogo propio, «Calderón und die Malerei», en *Romanische Forschungen,* 1936, págs. 89-136. Entre las diversas ediciones recordemos la de M. Ruiz Lagos, en el apéndice
de *El pintor de su deshonra* de Calderón, Madrid, Ediciones Alcalá, 1969,
págs. 209-219; y la de S. Cro, en el apéndice de «La *Deposición* de Calderón y la poética del Barroco», en *Cuadernos para la Investigación de la Literatura Hispánica,* Madrid, FUE, 1988, págs. 35-51. A diferencia de Ruiz
Lagos que se basa en el texto publicado por Nipho, S. Cro publica el original hológrafo que él mismo descubrió. Entre los estudios en torno al
tratado de Calderón recordemos: M. Ruiz Lagos, *Estética de la pintura en
el teatro de Calderón,* Granada, 1969; E. Cancelliere, *Dell'iconologia calderoniana,* cit.; S. Cro, «Calderón y la pintura», en, *Calderón and the Baroque Tradition,* K. Levy, J. Ara, G. Hugues (eds.), Waterloo, W. Laurier
University Press, 1985, págs. 119-123

plendor del firmamento, también éste declarado efímero en el arco temporal de la noche[160]. Y puesto que este rostro se mira con melancolía en el espejo de sapiencia antes descrito, puesto en eje especular con todo el cosmos, en la mirada de la bella mortal, cuyo mismo nombre regenera y condena, se contempla el destino entero del Universo.

La poesía, el arte y la ciencia de los antiguos nos dicen que la mirada de Venus, con su leve estrabismo, deja confluir velozmente los ejes visuales acariciando las superficies sin llegar a profundidades, invita y desdeña, apremia y huye: es la Venus del Eros sensible y del placer efímero[161]. Su visión del mundo consiste en la deformación del espejo convexo. O bien la diosa levemente deja desviar sus ejes visuales, y entonces mira a la profundidad de la nada, hacia lo originario más allá del mundo: es ésta la mirada absorta y suspendida de la Venus suprasensible, o sea la melancólica Venus de la sapiencia. Su visión consiste en las profundidades del espejo cóncavo[162].

Una mirada y otra pertenecen a Fénix, la Venus que huye la visión de la muerte:

> Horror con tu voz me das,
> y con tu aliento me hieres.
> ¡Déjame hombre! ¿Qué me quieres?
>
> (II, vv 2493-2495)

para no caer presa de una inexorable tristeza y la Venus que contempla la muerte en su propio espejo con un presagio de infinita melancolía (I, vv 41-55).

Los dos espejos de la mirada de Fénix, el cóncavo y el convexo, se traducen en el gesto de interpretación herme-

---

[160] Véase el soneto a las estrellas que pronuncia Fénix. Se construye así desde el cielo a la tierra un cosmos efímero a su vez metáfora del teatro.

[161] «La coquetería en el espejo de verdad es futilidad, reflejo perecedero. Y no existe melancolía más profunda que la que se eleva, frente al espejo, ante la evidencia de precariedad, de la falta de profundidad y de la Vanidad sin apelación», J. Starobinski, *La Mélancolie au miroir,* Julliard, 1989. Cito de la edición italiana, J. Starobinski, *La malinconia allo specchio,* Milano, Garzanti, 1990, pág. 16. *[Trad. de la Autora.].*

[162] J. Baltrušaitis, *Lo specchio,* cit., págs. 237-257.

néutico del santo que, con las manos juntas, representa el gesto del recibir *boca arriba* y el gesto del dar *boca abajo*. Y si el recibir es el nacimiento, no sólo de la vida terrena sino también de la verdadera vida del espíritu, el dar es la muerte, la inefable pérdida y derroche de todo lo que es efímero, incluso la belleza. *Boca arriba* y *boca abajo*: el cosmos mismo, cóncavo y convexo, se encierra en el círculo especular de dos semiesferas que son *cuna* y *sepulcro*, como explica don Fernando en su parlamento:

> El mundo cuando nacemos,
> en señal de que nos busca,
> en la cuna nos recibe,
> y en ella nos asegura
> boca arriba; pero cuando,
> o con desdén o con furia,
> quiere arrojarnos de sí,
> vuelve las manos que junta,
> y aquel instrumento mismo
> forma esta materia muda,
> pues fue cuna boca arriba
> lo que boca abajo es tumba.
>
> (III, vv 2399-2410)

Ahora comprendemos por qué con tanta insistencia en el presagio onírico de la hechicera, en las palabras del Santo, en sus propias rememoraciones, se declara la belleza de Fénix como «precio de un muerto»: para esa belleza, la simulación de la muerte que se instala en la escena define cruelmente su valor de cambio[163].

Así vemos coincidir, en el eje *plongé* y *contre-plongé* que orienta los dos espejos del cosmos, la metáfora de las flores con la de las estrellas —*flores nocturnas*— y el jardín cultivado por el mártir con el firmamento, obra de Dios. Eje que parece coincidir con la misma imagen luminosa e incorpórea del mártir resucitado en la gloria de la fe con la antorcha en la mano. Y si ésta deriva de estereotipos iconológicos de la emblemática y de la heráldica sagrada y se

---

[163] J. Baudrillard, *Lo scambio simbólico e la morte*, cit., págs. 61-64.

nutre de la tradicón escénica de las virtudes alegóricas del
auto sacramental, aquí es sobre todo la eterna luz de lo incorpóreo, el triunfo de lo suprasensible sobre la bella y
triste caducidad del mundo. Fernando es el rostro de Fénix y, al precio de reconocerse en su imagen, Fénix será
siempre muerte y vida.

Las aberraciones de la vista como procedimiento de la metáfora

   Dice Emilio Orozco: «Es lo visual y pictórico lo que preside el desarrollo y vida de las formas en el Barroco»[164]. La
contigüidad manierista entre pintura y poesía, de firme
tradición horaciana, propende ya, por lo tanto, hacia la asimilación de la segunda a la primera[165]. En particular, en el
ámbito de la poesía dramática, un autor como Calderón se
decide incluso a adoptar el criterio de la técnica pictórica,
imaginativa, simbólica, figurativa, cromática, como guía
para la inspiración y práctica de su obra. Y esto se cumplirá, bien en la contigüidad física, en los escenarios, de las
fantasiosas y dúctiles escenografías «all'italiana», que desde
hacía algunos años se montaban en España, y con las que
el verso debe rivalizar; o bien, paradójicamente, en ausencia de tales escenografías, como sucede en los montajes de
los corrales, para los que se escriben las comedias de santos

---

[164] E. Orozco, *Manierismo y Barroco,* Madrid, Cátedra, 1988, pág. 34.
[165] He tratado el argumento en *Góngora. Percorsi della visione,* Palermo, Flaccovio, 1990, particularmente en el capítulo introductorio, páginas 7-21. Sobre la fecunda relación entre poesía y pintura recordemos el
trabajo fundamental de Rensselaer W. Lee, *Ut pictura poesis. La teoría humanística de la pintura,* Madrid, Cátedra, 1982; M. P. Manero Sorolla, «El
precepto horaciano de la relación "fraterna" entre pintura y poesía y las
poéticas italo-españolas durante los siglos XVI y XVII», en *Boletín de la
Biblioteca de Menéndez Pelayo,* LXIV, enero-diciembre, 1988, págs. 171-191;
M. Ruiz Lagos, «Interrelación pintura-poesía en el drama alegórico calderoniano», en *Goya,* 161-162, marzo-junio, 181, págs. 282-289; A. Egido,
«La página y el lienzo: sobre las relaciones entre poesía y pintura», en *Fronteras de la poesía en el Barroco,* Barcelona, Editorial Crítica, 1990, páginas 164-197.

como *El príncipe constante*. De hecho, esta ausencia de escenografía le obliga al poeta a proporcionar a la imaginación, a través del *decorado verbal*[166], lo que falta a la vista de los espectadores, ya muy acostumbrados al deleite y a la saturación de la «pulsione scopica»[167].

Sin embargo al estudiar las estrategias visuales como «técnica poética» no podemos limitarnos a poner de relieve la especialísima nueva retórica y poética de la composición propia del Barroco, sino también volver a la etimología de la poética que, al derivar su significado de Aristóteles, y del verbo griego *poiein*: «hacer algo en vista de un fin», nos remite a la praxis dramática y escénica. En el interior de ésta, la práctica literaria entra como práctica de montaje, junto a otras, en ese tipo de *opsis* —producido por la vista y ofrecido a la vista— a la que concretamente tiende la metáfora poética, que es la esencia misma del teatro, incluso cuando va dirigido solamente a la vista de la imaginación. El nuevo aristotelismo no preceptivo del período barroco pone en práctica la correlación inseparable entre metáfora y visión, convirtiendo la metáfora concreta en el lugar mismo de la visión privilegiada, la del «deber ser» puesta más allá, y como ulterior elaboración, de la visión de la realidad física. Ésta es la operación del poeta cuyo intelecto, sostenido por la fantasía, formula con coherencia «verosímil» el *phantasma*. El sujeto barroco además juega ya con la moderna percepción de que en la fantasía está ya incrustada la pulsión del deseo y la búsqueda de la emoción sensible. Va recordado que sobre el eje del problema de la metáfora, puesto por Aristóteles de forma complementaria en la *Poética* y en la *Retórica* (III), está basada la dialéctica del siglo XVII entre experiencias poéticas

---

[166] Para la bibliografía sobre la función del *decorado verbal* y de la función deíctica en la escena barroca remitimos a la nota 99.

[167] Literalmente: «deseo de la vista». He tratado el tema de la competición entre escena y poesía en «Campo dello sguardo e della parola in una commedia di Calderón», en *Semiotica della rappresentazione* (al cuidado de R. Tomasino, Palermo, Flaccovio, 1984, págs. 295-302

conceptistas y experiencias poéticas culteranas[168]. Es el mismo Aristóteles quien señala hasta qué punto el fundamento del estatuto de la metáfora está relacionado con los procedimientos de la visión aberrada: «La imaginación *(fantasia)* deriva su proprio nombre de luz *(faos)* puesto que sin luz no es posible ver» *(De Anima,* III, 3).

Desde este punto de vista la metáfora calderoniana es siempre estructura y articulación consciente, especular, de una visión artificial producida por la *techne* para un sujeto —personaje, lector o espectador— capaz de hacer trabajar la fantasía más que la vista. Sus instrumentos son todas las figuras retóricas capaces de producir relaciones y sustituciones de imágenes, o sea, todas las figuras que producen la metáfora y que al mismo tiempo son aptas para la producción de la visión excesiva, es decir, aberrada. El *Parangón,* la *Similitud,* la *Alegoría,* la *Sinécdoque,* la *Metonimia,* el *Oxímoron,* la *Sinestesia,* para el poeta barroco no hacen más que especificar, de forma distinta, un común e incesante proceso de sustitución ofrecido a la fantasía, por el que una cosa es suceptible de aparecer como otra, y cualquier cosa puede, por lo tanto, exhibir un «teatro» propio. Es una escena que se ofrece al punto de vista de forma ilusoria y en el ámbito de la alteridad, como su-

---

[168] Pueden considerarse articulaciones teóricas de esta dialéctica las reflexiones sobre la naturaleza, estructura y finalidad de la metáfora que encontramos en *El libro de la erudición poética* de Luis Carrillo y Sotomayor hasta la *Agudeza y arte de ingenio* de Baltasar Gracián. La cuestión en la época es de nivel europeo y, por ejemplo, en Italia progresa desde el conceptismo de Pellegrini, hasta las teorías extremas barrocas de la agudeza de Tesauro y Gravina. Más tarde B. Croce volverá a tratar la cuestión en las sucesivas redacciones de su *Estetica* y en otros ensayos (por ejemplo «I trattatisti italiani del Concettismo e Baltasar Gracián», en *Problemi di estetica e contributi alla storia dell'estetica italiana,* Bari, Laterza, 1940; *La poesía,* Bari, Laterza, 1936); y la tratará como una cuestión crucial respecto al destino del lenguaje poético. Sobre el fundamento de la metáfora aristotélica y sus derivaciones se pueden consultar: J. Starobinski, *L'oeil vivant,* París, Gallimard, 1961, utilizó la edición italiana, J. Starobinski, *L'occhio vivente,* Torino, Einaudi, 1975, en particular el cap. «Lineamenti per una storia del concetto di immaginazione», páginas 277-294; G. Della Volpe, *Poética del Cinquecento,* Bari, Laterza, 1954.

cede en la ideología barroca de raíz estoica y senequista, que instala al teatro como imagen del mundo y de su verdad. Lo que, bien considerado, es efectivamente la función etimológica y técnica del *meta-ferein* y del *theatron*, es decir, «lo que es digno de ser visto o que debe ser mirado con estupor».

De todos modos, y en este sentido, Calderón tenía un maestro venerado en Góngora, que fue el primero en construir completamente un «teatro de poesía», el gran teatro verosímil e irreal del concreto metafórico[169]. No es una casualidad que en *El príncipe constante* de Calderón, que veremos aquí como el drama del camino de salvación a través de la metáfora aberrada, el autor cite como homenaje un romance de Góngora, del que ya hemos hablado, pero en un momento en que las visiones aberradas de Calderón derivan de versos parafraseados de los suyos.

Según Gracián, en el concepto de metáfora la retórica aporta la relación de dos nociones distantes entre sí y que sólo el intelecto, «luz de la mente», puede poner en relación[170]. Tesauro en *Il cannocchiale aristotelico*[171] atribuye a la metáfora la función de hacer ver distintos objetos a través de las mismas palabras, pero también la de hacer ver una cosa por otra[172]. Buscando la extravagancia, cada vez más insólita, la metáfora en los lenguajes artísticos del Ba-

---

[169] Véase el ya citado *Góngora: Percorsi della visione*, cit., donde he analizado cada octava en su valor iconológico de *tableau*, págs. 95-170.

[170] B. Gracián, *Agudeza y arte de ingenio*, en *Obras Completas*, ed. de A. del Hoyo, Madrid, Aguilar, 1967, pág. 241.

[171] E. Tesauro, *Il cannocchiale aristotelico. O sia dell'arguta e ingegnosa elocutione che serve a tutta l'arte oratoria, lapidaria e simbolica, esaminata co' principi del divino Aristotele*, Torino, Zavatta, 1670, 5.ª impressione seguita dall'autore, in *Opera Omnia*, 1669-1674. Existe una edición moderna, E. Tesauro, *Il cannocchiale aristotelico*, a cargo de E. Raimondi, Torino, Einaudi, 1978.

[172] «... más deleitosa que todas las otras ingeniosas figuras será la metáfora: que, haciendo volar nuestra mente de un género a otro nos hace entrever en una sola palabra más de un objeto» y «¿Pero, qué facundo discurso con voz propia podría expresar los inexpresables conceptos, hacernos sentir las cosas insensibles y ver las cosas invisibles, como la metáfora?» cito de la edición italiana, cit., págs. 68; 69. *[Trad. de la Autora.]*.

rroco aleja el término connotado del término connotante
hasta relegarlo a la ausencia; y con la finalidad de maravi-
llar, de asombrar la vista y la fantasía trata de crear relaciones laberínticas que inducen al sujeto a la pérdida del centro, es decir, a la *extra-vagancia* que puede proceder, como
recuerda Rousset a propósito de Chevreau, sólo de una
imaginación depravada, es decir, de una aberración[173].

Por lo tanto en poesía la técnica de la aberración, que
constituye el punto último en las prácticas de las citadas figuras metafóricas, se realiza cuando se produce, al menos
momentáneamente, en el acto de la visión el total olvido o
la falta de conocimiento de los términos de la supuesta realidad, es decir, cuando la imagen a la que se llega se propone como *Imago* que lleva en sí el propio estatuto autó-
nomo de verdad. La figura de la *Imago* que deriva de una
aberración convalida el *errar* de la visión y el *error* que resulta en el sistema de la apariencia absoluta, según el cual
el sujeto de la visión —autor, personaje o lector-espectador— resulta determinado en sus elecciones sensitivas, in-
telectuales, éticas y prácticas.

La «primacía de la vista» de la que hemos hablado y que
consideramos el criterio mismo de lo poético en el Barroco,
ofrece a esta técnica extrema un terreno privilegiado de posibilidades significantes, un tejido en el que se entrecruzan
trazados no lineales por los que el sujeto, desplazado y so-
metido a escisión, varía los puntos de vista y las consi-
guientes enunciaciones, buscando la acumulación de visiones dotadas de fuerte entropía cromática y figurativa. Éstas
conforman una realidad «ondulante» y cambiante, meta-
mórfica, que Rousset condensa en la metáfora de la *llama
y la burbuja*[174]. Pero lejos de la metáfora, llama y burbuja
aparecen verdaderamente como los dispositivos a través de
los que se traslada y filtra la visión poética, dispositivos que
se desplazan de los laboratorios experimentales de física y

---

[173] J. Rousset, *La letteratura dell'età barocca in Francia. Circe e il pavone,* cit., pág. 234
[174] J. Rousset, ídem, en particular el capítulo V, «La fiamma e la bo-
lla. (La vita fuggevole e il mondo in movimento)», págs. 149-179.

óptica a los diafragmas de la visión fantástica del autor, sea pintor o poeta.

Sujeto «superficial», que persigue la satisfacción a través de la visión negándole la función renacentista de ordenadora de la perspectiva y la jerárquica de un mundo humanizado, el sujeto barroco se ha entregado a la «pulsione scopica» —es decir, deseo de la vista— y a sus ritmos sostenidos por la mirada del Otro que constituye el campo de la visión sin perspectiva[175]. Es éste el campo de la mirada metonímica —afirma Starobinski[176] la mirada placentera movida por aceleraciones y desviaciones porque no existe lugar donde poder residir que no sea la alternancia misma de la pulsión[177]. De hecho dice Rousset: «El hombre del siglo XVII no se define porque nada lo puede fijar»[178]. Escindido entre el Yo y el Id, el sujeto de la pulsión escópica, habiendo olvidado la propia representación ortopédica, que es también la especular representación ortopédica del mundo, hace neuróticamente de su espejo un diafragma del tipo de los citados dispositivos roussetianos de la visión y de la metáfora. Por eso las trayectorias de su mirada se aceleran y frenan según dinámicas elípticas que alteran las reglas de la representación en perspectiva, sin eliminar nunca las reglas. Dice Baltrušaitis: «en la aberración en anamorfosis la perspectiva misma obra siguiendo un razona-

---

[175] Desde el punto de vista analítico sobre los procedimienos de la visión especular y sobre todo sobre la dialéctica de la «pulsione scopica» entre deseo de la vista y deseo de la mirada (que constituyen la subjetividad y la alteridad), véase J. Lacan, *Il Seminario. Libro XI,* cit., sobre todo el capítulo II, «Lo sguardo come oggetto a», págs. 69-121.

[176] Para una definición y un uso metodológico y crítico del concepto de mirada metonímica como «mirada de placer», véase, J. Starobinski, *L'invention de la liberté,* Gèneve, Ed. Skira, 1944. Igualmente, para el uso del concepto de «polimorfia sensible» como dispositivo crítico véanse los ensayos reunidos en J. Starobinski, *L'occhio vivente,* cit., y también R. Barthes, *Saggi critici,* cit., en particular, «L'uomo raciniano», págs. 141-248.

[177] J. Baltrušaitis, *Anamorfosi,* cit., en particular cap, I, «Prospettiva accelerata o rallentata». Dice del autor: « Las perspectivas aceleradas o refrenadas deforman la naturaleza cambiándola, pero el alejamiento de la realidad de la visión conduce también a su ruptura», pág. 22 *[Trad. de la Autora.].*

[178] J. Rousset, ídem., pág. 173.

miento geométrico que dispone estructuras según un punto de vista preciso e inmutable»[179]. Pero este punto de vista se crea como «singularidad catastrófica» más allá del «umbral»,[180] y no coincide nunca con la hipótesis de centralidad del sujeto respecto al mundo. Por lo que también el juego perspectivista de la anamorfosis, al convertirse en juego sustitutivo de la centralidad perdida, pertenece al ámbito de las aberraciones[181].

Toda visión aberrada está basada, por lo tanto, en el principio activo de la «perspectiva aberrada», ya sea buscada y construida con artificio y con ingenio, ya sea, por el contrario, fruto del acaso que, en condiciones particulares, induce a quien mira al error que es un verdadero y auténtico *lapsus* de la vista. De hecho, Baltrušaitis habla al principio de su ensayo de «las perspectivas depravadas: una visión mental en que la mirada está dominada por el deseo y por la pasión de ver las cosas de forma preconcebida»[182]. «Pasión de ver las cosas de forma preconcebida»: las interferencias de la subjetividad, que llegan a escindirla y a presentarla como algo distinto de sí, aparecen, por lo tanto, como propias de los procedimientos de la aberración, basándose en la técnica del punto de vista. Parece tener plena conciencia Calderón que, al estar sostenido por una profunda coherencia ética y filosófica, hace un uso motivado de estas técnicas distanciándose del preciosismo y formalismo imperantes: los profusos, «extravagantes» ornamentos no son solamente maravillosos resultados estilísticos

---

[179] J. Baltrušaitis, *Aberrations: essais sur la légende des formes,* París, Flammarion, 1983. Cito de la edición italiana, J. Baltrušaitis, *Aberrazioni,* Milano, Adelphi, 1983, pág. 9. *[Trad. de la Autora.].*

[180] Para el concepto de «singularidad catastrófica» y «umbral » véase R. Thom, *Parabole e catastrofi. Intervista su matematica, scienza e filosofia,* a cargo de G. Giorello e S. Morini, Milano, Il Saggiatore, 1980. S. Agosti en el campo literario ha aplicado a Mallarmé la «teoría de las catástrofes» en «La scrittura della catastrofe: il sonetto mallarméano del naufragio», en *Modelli psicoanalitici e teoría del testo,* Milano, Feltrinelli, 1987, págs. 73-74; y respecto a Góngora, E. Cancelliere, *Góngora. Percorsi della visione,* cit.

[181] J. Baltrušaitis, *Aberrazioni,* pág. 9; y véase también *Anamorfosi,* págs. 13-15.

[182] J. Baltrušaitis, *Aberrazioni,* cit., pág. 8

culteranos, ni tampoco técnicas de «escenografía» para una mejor representación, sino instrumentos gnoseológicos que otorgan a su poesía una densidad semántica «en abismo» e invitan al lector-espectador a un trabajo mental que es un camino hermenéutico. Todo esto hunde sus raíces en una lejana cultura del Occidente que renace en el sincretismo calderoniano.

Como es sabido, se puede hacer remontar a Séneca la concepción del teatro-mundo y del mundo-teatro a través de la consideración estoica de la vida como representación ilusoria de las sombras. A la línea platónica, hasta Plotino, se remonta la concepción de la existencia como visión ilusoria a causa de la lejanía progresiva respecto a la absoluta fuente de luz en la que coinciden Bien y Sapiencia, lo que el Eros representa en la Belleza absoluta e inalcanzable. A San Agustín, *doctor Gratiae,* le debemos la definición de la lejanía que cosntituye el sujeto en el ámbito del *error,* deslumbramiento existencial que al hacer del sujeto un ser errante sobre la tierra, lo predispone a desear la Alteridad y a acoger la luz que el error mismo señala. Y nos limitamos sólo a estos elementos ciertos de la inspiración poética calderoniana, sin querer acoger aquí lo atractivo de la revisión romántica que, tras llegar a Farinelli[183], extiende el sincretismo de nuestro autor hasta alcanzar eruditas sugerencias de Oriente.

La luz y la sombra

Entonces será efectivamente real la primacía de la técnica pictórica de la que hablábamos, siempre que recordemos que cuando ésta se desplaza a la técnica poética calderoniana se convierte en norma significante de los mismos motivos éticos y filosóficos del poeta. La técnica de la «luz y de la sombra reflejadas» que de Caravaggio se extiende a los tenebristas españoles, asume —o si se quiere confirma—

---

[183] Entre los varios trabajos dedicados a Calderón recordemos: A. Farinelli, *La vita è un sogno,* cit.

en Calderón todo su potencial significativo: la vida como representación de sombras, el ir a tientas en la oscuridad del error, el errar movido por un deseo cuya trayectoria está dirigida hacia una fuente de luz[184].

Desde este punto de vista *La vida es sueño* es un drama paradigmático, ya que es el drama de un sujeto que se percibe como un bruto en el fondo de una oscura caverna, iluminada solamente por los temblores fantasmáticos de una inextinguible *breve luz*. Todas sus visiones aberradas, y la misma que constituye el drama, y que deriva de la relación entre ser y soñar, son esencialmente del tipo de luz y sombra «reflejadas», puesto que trasladan a la representación poética la técnica pictórica de la fuente luminosa desplazada e incierta, pero que es la única esperanza y fuente de luz en una existencia de tenebrosos errores.

Pero también la técnica de la luz y sombras «propias», que otorga cualidad luminosa a los cuerpos opacos y modifica su materia siguiendo una energía interior que la convierte en otra (a partir de Tiziano y de los demás coloristas, o bien de los paisajistas y de los retratistas flamencos,

---

[184] Sobre las prácticas pictóricas del último Renacimiento recordemos a Longhi, «… Caravaggio descubre la forma de las sombras; es un estilo en el que la luz, finalmente, ya no está al servicio de la definición plástica de los cuerpos que modela; por el contrario, junto a la sombra es árbitro fiel de su existencia misma. El principio era por primera vez inmaterial; no respecto al cuerpo, sino a la sustancia; exterior y propio del hombre, pero no esclavo del hombre. Lombardo Lomazzo, aunque siga al clasicismo, ya definió abstractamente: «luz es cualidad sin cuerpo». Es fácil de entender la importancia de este nuevo estilo respecto al Renacimiento que, en cambio, había comenzado a partir del hombre, y sobre él había edificado una soberbia mole antropocéntrica, en la que la luz era una anodina sirvienta. El artificio, el símbolo dramático del estilo ahora era tarea de la luz misma, no de la idea que el hombre podía haber formado de sí mismo», R. Longhi, *'Me pinxit' e quesiti caravaggeschi*, 1928-1934, Firenze, Sansoni, 1968, pág. 137. En otro ensayo leemos, siempre a propósito de Caravaggio: «En Caravaggio es la realidad misma la que es alcanzada por la luz (o la sombra) por «incidencia»; el caso, la incidencia de luz y sombra se convierten en causa eficiente de la nueva pintura (o poesía)», en *Caravaggio*, Roma, Editori Riuniti, 1982, pág. 71. *[Trad. de la Autora.]*.

Respecto a la incidencia filosófica y hermenéutica de las prácticas pictóricas de la luz, recordemos a H. Sedlmayr, *La luce nelle sue manifestazioni artistiche*, en *Aesthetica-Pre-Print*, Palermo, 1985.

hasta llegar a Velázquez), hace del *tableau* de la visión el campo de representaciones cromáticas liberadas del dibujo y entregadas a la luz. Por lo tanto la técnica de los *borrones*[185] aparece efectivamente como propia de otra posibilidad de aberración ya que logra fantasmatizar cuerpos, objetos y ambientes a través de definiciones inciertas del dibujo y transferencias de materia que deben descifrarse según determinadas distancias y condiciones del punto de vista. Velázquez incluso usa el soporte material —por ejemplo la densidad del color, la textura de la tela— como medio en la representación de una corporeidad distinta a la propia del objeto a representar[186]. De esta manera se hacen implícitas en el procedimiento pictórico, figurativo y realista las maravillas del *trompe-l'oeil* tan de moda en las más extrañas fantasías de la época.

La técnica poética de Calderón asume todas estas posibilidades en su más completa connotación semántica. El recurrir a la descripción de efectos de luz y sombra «propias» contribuye a espiritualizar los cuerpos y el mundo, que de esa manera acaban por acoger en su interior el principio divino de la luminosidad y por mostrarse en el ámbito simbólico de la trascendencia.

La técnica de las transferencias de materia, que convierte los cuerpos más ligeros e impalpables en pesados y diamantinos, y al contrario, los más pesados en evanescentes y volátiles, se identifica con lo que afirma Rousset sobre el barroco poético: «El deseo extremo de esta poesía de la nube y del arco iris sería el de cambiar en nubes las materias más pesadas, más reacias a emprender el vuelo»[187]. Pero aquí esta técnica connota la representación de la gracia triunfante y el temblor de la materia, que en la representa-

---

[185] Sobre el uso de los «borrones» en el teatro véase, M. Socrate, «Borrón e pittura "di macchia" nella cultura letteraria del Siglo de Oro», en *Studi di Letteratura Spagnola,* Roma, 1966, págs. 25-70.

[186] A este respecto véase C. Justi, *Velázquez y su tiempo,* Madrid, 1953; y J. A. Maravall, *Velázquez y el espíritu de la modernidad,* Madrid, Alianza Editorial, 1987; E. W. Hesse, «Calderón y Velázquez», en *Clavileño,* 10, 1951, págs. 1-10.

[187] J. Rousset, ídem., pág. 167. *[Trad. de la Autora.]*

ción fantástica se revela como envoltorio transparente de la plena existencia de ultratumba. A esta finalidad responde paradigmáticamente *El príncipe constante*.

Como drama de la santidad y de su ascensión al mundo sobrenatural a través del sacrificio, *El príncipe constante* se representa gracias a la acumulación de visiones aberradas por «luz propia» y a través de las huellas de un errar de la vista respecto a la realidad, que en este caso lleva a la salvación eterna. Esta realidad por sí misma no es más que sombra ilusoria y a la sombra será arrojada. Pero como el procedimiento es dialéctico, no falta el componente de la «luz y sombra reflejadas», que en *La vida es sueño* predomina. En esta dialéctica, que ve precipitar la luz de la belleza del mundo en la sombra y ve ascender la cinérea representación de la esclavitud y de la muerte hacia la verdadera luz eterna, los procedimientos de la aberración, en su doble naturaleza de deslumbradora y de iluminadora, son los que constituyen el carácter dramático de la representación.

Aberraciones de la vista y de la mente

Recordemos un fragmento de *El príncipe constante* que se ofrece como compendio de los procedimientos activados por la «luz propia» y por la «luz reflejada», y que da lugar a una verdadera lista de representaciones aberradas según los *topoi* codificados de la época. Algunos de éstos los encontramos en la sistematización que ofrece el tratado de Baltrušaitis —como las aberraciones fisionómicas y las de las piedras figuradas, de ambientación o de paisajes encantados, arquitectónicas o góticas, en anamorfosis— otras aberraciones las hemos codificado y añadido siguiendo el resultado de nuestro análisis.

Es revelador que, prácticamente al principio del drama, el fragmento mencionado esté constituido por el relato del general árabe Muley a su rey sobre la sorprendente y extraordinaria visión que ha tenido de la flota cristiana mientras amanecía y se encontraba como avanzadilla cerca de las fortificaciones costeras de Ceuta. Un territorio exótico ya connota por sí mismo la posible aparición de visiones fantásticas, monstruosas, o por lo menos inusitadas. Además, en este caso se trata de África, donde los intensos destellos de la luz crean espejismos en la arena o en el mar. Igualmente el procedimiento de la narración, colocando la visión en el espacio de la memoria que se forma prácticamente en el *deslumbramiento* —que es error y a la vez saturación visual— dobla las connotaciones de irrealidad y de transfiguración fantásticas de esa misma visión. Esa visión, además, está producida por la vista de un infiel, que por sí misma no puede dar lugar más que a miradas falaces, lejanas de la luz de la verdad, al ser errantes a causa del deseo irracional y pasional que la nutre. En este caso la irracionalidad pasional asume la naturaleza del temor estupefacto, del temblor existencial propios de quien no puede contar con la firmeza de la fe y, por lo tanto, une sus propias emociones al error, o mejor dicho a lo que es en términos platónicos expresión explícita del error: la visión aberrada. Sin embargo la visión subjetiva y falaz de Muley se forma en un paisaje perfectamente cósmico, cerrado especularmente entre cielo y tierra en su interna y propia luminosidad, es decir, en un cosmos que transparenta la gracia divina redentora, según la dialéctica interna del drama, escenario que acoge la epifanía de la armada de la Fe. Esto tiene que llamar la atención de un infiel, imponerse con el esplendor de la verdad a su naturaleza humana, y en este caso también noble. Es por esto por lo que los procedimientos de «luz reflejada» y «luz propia» se ven obligados a intervenir determinando la lista de aberraciones.

Cuenta Muley:

> Yo lo sé, porque en el mar
> una mañana —a la hora
> que, medio dormido el sol,

(I, vv 219-221)

ya evoca la indeterminación de la «luz reflejada» a través de una mirada incierta, tanto, que poco después recurre a las atmósferas aún dudosas:

> porque como en los matices
> sutiles pinceles logran
> unos visos, unos lejos,
> que en perspectiva dudosa
> parecen montes tal vez,
> y tal ciudades famosas
> —porque la distancia siempre
> monstruos imposibles forma—
> así en países azules
> hicieron luces y sombras,
> confundiendo mar y cielo
> con las nubes y las ondas,
> mil engaños a la vista;
> pues ella entonces curiosa
> sólo percibió los bultos
> y no distinguió las formas.

(vv 235-250)

Aquí el uso de la práctica pictórica justifica los présta-
mos de los que hablábamos, y además el poeta construye
un *tropo* metafórico sapiencial privilegiado que Calderón
desarrollará luego teóricamente en *El informe sobre la pintura*[188]. Aquí en el marco aristotélico de la mimesis se dan
sugerencias platónicas centradas en la dialéctica que lleva
de la sombra a la Idea hasta descansar en Dios.

El recurrir a expresiones del área semántica del «incierto
buscar» y del «incierto ver» refuerza la función de la «luz
reflejada», la trémula y cromáticamente difuminada luz del
amanecer que proviene de una única fuente aún demasiado
débil, porque no ha aparecido completamente sobre la escena. Y así encontramos:

> no pudo la vista absorta
> determinarse a decir

(vv 232-233)

confundiendo, nos pareció, ya parecía, y al final de la narración, *ya desengañada la vista.* Pues como en la mejor técnica pictórica, de este modo la vista puede ver lo que no
existe en la realidad y anda a tientas buscándola, puesto que

---

[188] Por lo que se refiere a la bibliografía sobre *El informe,* véase nota 138.

en esas condiciones de luz y de emociones del sujeto lo que se le ofrece es efectivamente una visión verdadera, pero ésta no coincide con la realidad ontológica y está destinada a desvanecerse con la disolución de las condiciones del engaño[189]. Por lo tanto, la noción técnica y hermenéutica de la aberración está completamente presente en Calderón y en este fragmento; ésta forma el marco sapiencial, esotérico, de otras aberraciones codificadas que contiene. Las presentamos a continuación, y a menudo en recíproca sinestesia. Cuando aparecen las naves de la poderosa armada, dice Muley:

> no pudo la vista absorta
> determinarse a decir
> si eran naos o si eran rocas,
>
> (vv 232-234)

Aquí la transferencia de la materia, de la airosa ligereza de las velas a la dura inmovilidad de las rocas, constituye la imagen de un oscuro y recortado escollo —imagen de fuerte sinestesia ya que se encuentra en el interior de un verso bimembre— y que corresponde al tipo de «paisaje encantado». Sigue la connotación, ya citada, de la práctica pictórica de los *sutiles pinceles* que obtienen una perspectiva dudosa intercambiando primeros planos con fondos. Aquí ya estamos en el ámbito de la aberración «cromática», es decir, en el cambio de color que modifica tanto la pers-

---

[189] Un estudio muy interesante bajo la perspectiva de la adquisición del conocimiento basado en los presupuestos de la filosofía, y en particular de la lógica, es el de H. Hernández Nieto, «*Yo lo sé, porque en el mar. Apariencia, desengaño y certeza en el parlamento de Muley*», en *Homenaje a A. Navarro González. Teatro del Siglo de Oro,* cit. Dice el autor: «La doctrina escolástica afirma que en su funcionamiento normal los sentidos externos son infalibles en la representación de su objeto propio, y el engaño es provocado por una falsa interpretación de los datos recibidos. (...) En resumen, este parlamento de Muley contiene un aprendizaje sobre el debido comportamiento para adquirir un verdadero conocimiento (...) Sus doctrinas están en plena concordancia con la filosofía tomística: la definición de Aristóteles sobre la verdad en general: «Adaequatio rei et intellectus», tan usada por Santo Tomás, tiene aquí el significado particular de «la adecuación del intelecto a la realidad externa...», págs. 290; 295.

pectiva como las figuras que en ella se encuentran. Poco
después vuelve la técnica de la transferencia de la materia,
que se une a la del cambio de color, si es verdad que

> ... en países azules
> hicieron luces y sombras,
> confundiendo mar y cielo
> con las nubes y las ondas,
> mil engaños a la vista;
>
> (vv 243-247)

Al principio

> parecen montes tal vez,
> y tal ciudades famosas
>
> (vv 239-240)

estamos, por lo tanto, siempre a través de las transferencias
de materia, en el ámbito de la aberración «arquitectónica»
—las ciudades famosas— y en la de los «paisajes encantados» —los montes—, mientras el poeta siente también la
necesidad de advertir con un inciso

> —porque la distancia siempre
> monstruos imposibles forma—
>
> (vv 241-242)

para así unir todas aquellas metamorfosis escópicas en una
serie incontrolada de espejismos por los que las mismas leyes físicas imponen al hombre los límites naturales del
error[190]. Estos prodigios ópticos determinados por los efec-

---

[190] Gombrich, al estudiar la forma en que los pintores del siglo XVII
representaban la naturaleza en relación con la distancia, dice que «cuando
no es posible conjeturar no logramos distinguir la visión del conocimiento, o mejor, de la espera...» se trata en general del «predominio del
conocimiento "conceptual" sobre el proceso de la visión, en el momento
en que, en la distancia, se advierte un proceso de generalización». Inmediatamente después el autor menciona como ejemplo la secuencia en que
Muley narra la aparición de la flota enemiga: «Una descripción grandiosa
de las incertidumbres y de la brega que provocan en la mente de quien
intenta descifrar lo que ve, se encuentra en uno de los dramas de Calderón, *El príncipe constante*», del que el autor ofrece un análisis fascinante.
E.H. Gombrich, *Art and Illusion. A Study in the Psycology of Pictorial Re-*

tos de la perspectiva —los *monstruos imposibles*— corresponden exactamente al concepto de «aberración». De hecho el *Diccionario de Autoridades* dice de la palabra *monstruo*: «Una producción contra el orden natural de la naturaleza con que, por defecto o por sobra, no adquiere la perfección.» Definición que nos remite a la dada por Baltrušaitis de «aberraciones»: imágenes cuyas «perspectivas aceleradas o frenadas deforman la naturaleza transfigurándola». Es interesante además que estas imágenes aberradas, o *monstruos*, hayan sido definidas como *imposibles*, término que «en la Filosofía significa un ente fingido, que consta de contradicciones y repugnancias» (*Dicc. Aut.*). El valor de falsedad propio del término nos remite a la naturaleza de estas visiones aberradas al ser producidas por una mirada falaz y lejana de la luz de la verdad, errantes porque se han formado en el error. Inmediatamente después la vista de Muley

> sólo percibió los bultos
> y no distinguió las formas.
>
> (vv 249-250)

según la aberración definida como «volumétrica», es decir, la que está causada por los desplazamientos de la perspectiva y de la figura gracias al arte del pintor. Más tarde Muley sigue hablando de las naves

> Primero nos pareció,
> viendo que sus puntas tocan
> con el cielo, que eran nubes
> de las que al mar se arrojan
> a concebir en zafir
> lluvias que en cristal abortan;
>
> (vv 251-256)

Esta vez aquí la continua transferencia de la materia da lugar al tipo llamado de la «piedra figurativa», dado que *zafir* y *cristal* aparecen, y en realidad son, respectivamente *lluvias* y *olas*.

Y sigue:

---

presentation, Nueva York, Bollingen Series, 1961. Cito de la edición italiana *Arte e Illusione*, Torino, Einaudi, 1965, págs. 265-271. [*Trad. de la Autora.*].

> Luego de marinos monstruos
> nos pareció errante copia,
> que a acompañar a Neptuno
> salían de sus alcobas;
> pues sacudiendo las velas,
> que son del viento lisonja,
> pensamos que sacudían
> las alas sobre las olas.
>
> (vv 261-268)

Donde la aparición de un nuevo «paisaje encantado» de carácter mitológico acompaña al tipo de aberración «fisonómica» que es la que otorga a los distintos objetos fisonomías humanas o de animal, o viceversa. Cierra la fantasmagoría una nueva y espléndida aberración «arquitectónica» del tipo más frecuente, la del «jardín fantástico»; aún la flota

> Ya parecía más cerca
> una inmensa Babilonia,
> de quien los pensiles fueron
> flámulas que el viento azotan.
>
> (vv 269-272)

Es necesario hacer notar que en todos estos cambios visuales se producen siempre, en sinestesia, representaciones simbólicas que remiten a los cuatro elementos y a su dialéctica. Pero ni siquiera cuando la vista está *ya desengañada* se abandona el juego fantasmagórico, quizás para demostrar que la aberración está basada en el habitual procedimiento poético de la metáfora, de modo que se recurre a un último tipo, el de las «piedras figurativas»; ya que lejanas del error

> Aquí, ya desengañada,
> la vista mejor se informa
> de que era armada, pues vio
> a los surcos de las proas,
> cuando batidas espumas
> ya se encrespan, ya se entorchan,
> rizarse montes de plata,
> de cristal cuajarse rocas.
>
> (vv 273-280)

Aunque no lo hemos mencionado, es evidente que toda esta teoría de la metamorfosis se relaciona con la aberración fundamental de tipo «anamórfico», como también sugiere la *perspectiva dudosa* del citado arte pictórico. En anamorfosis se forman, y como tal aparecen, todas las variaciones de volumen y de figura, dependiendo de la lejanía, proximidad o cambio del punto de vista de Muley. De hecho, éste, poco más tarde, admitirá haberse alejado de la perspectiva central y de haberse trasladado a una cala para contemplar aquella visión extraordinaria tal como era, y sin temor. También es anamórfica la formación especular de toda la visión que aparece reflejada entre el cielo y el mar en un cerrado cosmos-espejo. Como vemos, esta formación del cosmos es esencial para la construcción general del drama, y a partir de este momento, le asegura las cualidades de la «luz propia» por la que se convierte en esfera transparente llena de luz divina. Baste sólo recordar cómo, al principio de la fantasmagoría aberrada, este cosmos-espejo accede a las primeras transferencias de materia y al «jardín encantado», gracias al interior y progresivo cromatismo del alba:

> Yo lo sé, porque en el mar
> una mañana —a la hora
> que, medio dormido el sol,
> atropellando las sombras
> del ocaso, desmaraña
> sobre jazmines y rosas
> rubios cabellos, que enjuga
> con paños de oro a la aurora
> lágrimas de fuego y nieve
> que el sol convirtió en aljófar—
>
> (vv 219-228)

Con esta imagen inmediatamente, y desde el principio de la secuencia, la «luz propia» del cosmos-espejo avanza en dialéctica con la «reflejada» del incierto sol, es decir, de la gracia de Dios que está lejos y de la incierta mirada del noble infiel. Así, el camino de salvación se realiza dialécticamente y aparece como *sub specie luminosa* en el gran teatro del mundo calderoniano.

Otras metáforas diseminadas en el texto, empujando el

juego de las sustituciones hasta el límite de la visión aberrada, mantienen las mismas características cromáticas que
proveen de «luz propia» a las representaciones simbólicas
del cosmos. Así, cuando don Fernando al galope arrastra
tras de sí al vencido Muley (I, vv 599-847), la tierra, *teatro
de muerte,* florece colmándose de claveles de sangre, incluso
mientras la mirada del vencedor busca para aplacarse «entre lo rojo lo verde»[191]. Y sobre este campo de aberraciones
cromáticas y de cambios de materia, el blanco corcel al galope —símbolo de los más antiguos rituales de muerte—
aparece, por las connotaciones propias de su imagen, como
un ser contenido por el viento (elemento del aire), por el
rayo, a causa de su centellear (elemento del fuego), por la
nieve, a causa de su blancura (elemento del agua). Si a esto
añadimos la «desierta campaña… teatro de la muerte» (elemento de la tierra), de la que parece haber brotado el corcel, la simbología cósmica está completa, como ya Calderón otras veces había intentado, por ejemplo en la famosa
escena del corcel sobre el que llega Rosaura en el Acto Ter-
cerode *La vida es sueño*[192]. Y de hecho también aquí, según
la habitual técnica de la recapitulación[193], el caballo

---

[191] Es interesante notar que esta aberración cromática se realiza en un
verso del ya citado romance de Góngora. Porqueras Mayo subraya varias
veces los procedimientos retóricos y visuales que Calderón toma del maestro cordobés, por ejemplo, como «teatro de mar», es decir como teatro de
ambiente marino, que es al que se adscribe *El príncipe constante,* dice a propósito el autor: «A Calderón, su afición literaria al mar le venía, sobre todo,
pienso, del mundo gongorino del *Polifemo* y de las *Soledades»,* «Función y
significado de Muley en *El príncipe constante»,* en *Approches to the Theater
of Calderón,* cit., pág. 161. O también cuando se refiere a la narración de
Muley de la llegada de la flota cristiana: «Voy a citar la primera descripción manierista del mar en esta obra, con difíciles imágenes, insertas en
una sintaxis gongorina, difíciles de inteligir por un auditorio normal», ibíd.
    Sobre la influencia de la poesía gongorina, y también de la poesía cul-
terana en Calderón, véase Eunice Joiner Gates, «Góngora and Calderón»,
en *Hispanic Review,* V, 1937, págs. 241-258; R. M. de Hornedo, «Tene-
brismo, gongorismo y barroquismo», en *Razón y Fe,* Tomo 164, 1961, páginas 477-480.
[192] P. Calderón de la Barca, *La vida es sueño,* ed. de C. Morón Arroyo,
Madrid, Cátedra, 1991, Jornada III, vv 2671-2687.
[193] El sistema de diseminación y recapitulación ha sido estudiado,
como es sabido, por D. Alonso, «La correlación en la estructura del tea-

> En fin, en lo veloz, viento,
> rayo, en fin en lo eminente,
> era por lo blanco cisne,
> por lo sangriento era sierpe
>
> (I, vv 637-640)

La imagen de la metáfora cósmica se colma también con la propia y admirable luz a través de sucesivos cambios de materia, de volumen, de color, tanto de la imagen misma como del *tableau* del que forma parte:

> mares de sangre rompimos,
> por cuyas ondas crueles
> este bajel animado,
> hecho proa de la frente,
> rompiendo el globo de nácar
> desde el codón al copete,
> pareció entre espuma y sangre,
> ya que bajel quise hacerle
> de cuatro espuelas herido,
> que cuatro vientos le mueven.
>
> (I, vv 647-656)

Donde, además del conocido valor simbólico del *cuatro* que connota la persistencia de la metáfora cósmica, el *globo de nácar* es una vez más restitución de luz y de cualidades especulares de un cosmos recorrido por la carrera de la muerte, o bien de la experiencia del más allá. Y es de este recorrido del que el cosmos extrae su iluminación, según un quiasmo que —ya aquí en la feroz violencia de la guerra— empieza a manifestar el planteamiento fundamental del drama: la vida como verdadera muerte; la muerte como verdadera vida luminosa.

Encontramos de nuevo la especularidad cósmica en la descripción que hace don Alfonso de su flota, avanzando como aberración entre cambios de volumen y de materia, paisajes encantados y arquitecturas fantásticas:

---

tro calderoniano», en D. Alonso y C. Bousoño, *Seis calas en la expresión literaria española,* Madrid, Gredos, 1951, págs. 109-175; y recogido en, M. Durán y R. González-Echevarría, *Calderón y la crítica: historia y antología,* Madrid, Gredos, 1976, págs. 388-454.

Dejad a la inconstante
playa azul esa máquina arrogante
de naves, que causando al cielo asombros
el mar sustenta en sus nevados hombros;
y en estos horizontes
aborten gente los preñados montes
del mar, siendo con máquinas de fuego
cada bajel un edificio griego.

(III, vv 2547-2554)

El cosmos-espejo, metáfora de salvación

En la sabia y sufrida meditación del Santo —don Fernando prisionero de los infieles, llagado hasta la consunción y muerte del cuerpo, y por eso mismo transparente y diáfano en la luz del espíritu— se basa el misterio de la especularidad del cosmos. Y es este misterio el que se perfila en el quiasmo *vida-muerte, muerte-vida* siguiendo de todos modos la codificación poética de la visión mística luminosa de la que tenemos ilustres precedentes, como por ejemplo en la *Noche serena* de Fray Luis de León[194].

Don Fernando, ante el Rey de Fez, traduce la especularidad del cosmos con un simple gesto —ya recordado aquí— el de las manos juntas en forma de copa: *boca arriba* y *boca abajo*. El gesto de tener y el gesto de dar como evocación respectivamente de la *cuna* y del *ataúd*, que juntos componen las dos mitades de la esfera en que el cosmos se encierra y se espeja en sí mismo. Así, esta vez es otra iluminación la que rompe las tinieblas y nos hace ver en la recíproca aberración de las dos formas voluminosas especulares la aberración más eminente, la «cósmica» de la creación que nos libera del error. Y todo, en poética sintonía con las ciencias de la época que empezaban a leer en las exactas cantidades calculables de la aberración «sideral» la medida misma de la luz que se difunde por la creación y la

---

[194] Sobre este aspecto de la técnica poética luisiana véase, E. Cancelliere, «La celebración de la palabra en el poema de Fray Luis de León», en, *Fray Luis de León: Aproximaciones a su vida y su obra,* C. Morón Arroyo y M. Revuelta Sañudo (eds.), Santander, Sociedad Menéndez Pelayo, 1989, págs. 169-202.

convierte en *uni-verso* (según la visión de la infinidad y del policentrismo, propios de la utopía neoplatónica de Giordano Bruno)[195] y que se ratifica en el drama a través de la representación moral del Santo. El valor regenerador de la santidad está relacionado con la propiciación cíclica de la naturaleza y del cosmos: «La muerte y resurrección del Dios salvador, en que se identifican los creyentes ya a partir del antiguo Egipto, tiene la función de representar físicamente la percepción física del morir y del resucitar, y por lo tanto del espacio y del tiempo en que ésta se concretiza»[196]. Dice Fernando:

> Bien sé, al fin, que soy mortal,
> y que no hay hora segura;
> y por eso dio una forma
> con una materia en una
> semejanza la razón
> al ataúd y a la cuna.
>
> (III, vv 2385-2390)

La visión del cosmos, cóncavo y convexo, como *cuna* y *tumba*, sin duda tenía que llegar al público del corral de forma enérgica, puesto que estaba apoyada y evocada por un indicio auditivo hecho visible por la asonancia *ú-a* del romance en el que se explaya don Fernando a través de un monólogo que recalca los sonidos vocálicos de las metáforas[197].

---

[195] G. Bruno, *De l'infinito, universo e mondi*, en *Dialoghi italiani*, al cuidado de G. Aquilecchia, Firenze, Sansoni, 1958; y *De immenso et innumerabilibus, seu de Universo et Mundo*, en *Opere Latine*, I, Firenze, Sansoni, 1880-86.

[196] A. Buttitta, *Dei segni e dei miti. Un'introduzione alla antropologia simbolica*, cit., pág. 261. *[Trad. de la Autora.]*. Véanse también, M. Eliade, *Traité d'histoire des religions*, París, Payot, 1948; G. van der Leeuw, *Phänomenologie der Religion*, Tübingen, 1933.

[197] La función de la asonancia ha sido estudiada por Vern G. Williamsen a propósito del teatro de Tirso de Molina: «Hay casos en que la asonancia aparentemente manifiesta relación subliminal con la temática del pasaje», Vern G. Williamsem, «La asonancia como señal auditiva en el teatro de Tirso de Molina», en *Actas del IX Congreso de la Asociación Internacional de Hispanistas* (Berlín, 18-23 de agosto, 1986), Frankfurt am Main, Vervuert Verlag, 1989, pág. 687. Véase también, M. G. Profeti, «Ruido/Sonido/Consonante: teatro spagnolo e udienza nel secolo XVII», en *La vil quimera de este monstruo cómico. Estudios sobre el Teatro del Siglo de Oro*, cit., págs. 83-92.

Esta visión reveladora es el núcleo sapiencial del drama, buscado desde la primera aberración en el espejo de la bella infiel, la princesa Fénix, que al mirarse se siente invadida por una repentina y mortal melancolía. Hemos observado que la imagen que Fénix ve reflejada como propia, es en realidad la imagen de la muerte. Ésta no es más que la señal de la descomposición que anida en la bella apariencia. Por lo tanto, la clave de esta interpretación la hemos encontrado en la pesadilla del dudoso soñar despierta, cuando la informe imagen del árbol negro, retorcido y esquelético, se perfila en su fantasía como la figura de una decrépita hechicera —«aberración fisonómica»— que fríamente roza su belleza. Encontrará solución al final, con igual repulsa pero con irresistible *fascinum*, en el contacto con los miembros gangrenados del santo: un contacto mortal en el que palpita la vida.

Pero por ahora Fénix, prisionera de su belleza perecedera y de la ausencia de gracia, no puede menos de entregarse al espejo melancólico. A su alrededor —pero no para ella porque para su mirada cualquier cosa es caduca— a través de la narración de una esclava que intenta aliviar sus penas, luminosas aberraciones producen, gracias a los cambios de materia, a partir de un «jardín encantado» una «arquitectura fantástica». Dice Zara:

> Pues no pueden divertir
> tu tristeza estos jardines
> que a la primavera hermosa
> labran estatuas de rosa
> sobre templos de jazmines
>   (I, vv 56-60)

Entonces Fénix admite haberse dado cuenta de la luminosa especularidad cósmica:

> siendo ya con rizas plumas,
> ya con mezclados colores,
> el jardín un mar de flores,
> y el mar un jardín de espumas.
>   (I, vv 93-96)

Pero como es infiel y no cristiana no puede responder a su esclava Zara más que:

> Pues no me puede alegrar,
> formando sombras y lejos,
> la emulación que en reflejos
> tienen la tierra y el mar,
>
> (I, vv 69-72)

poniendo en marcha, desde el principio del drama, la visión del juego cósmico que para ella es sólo la ilusoria apariencia de la nada, sensación que se ve reforzada por el acostumbrado sistema de recapitulación:

> Sin duda mi pena es mucha,
> no la pueden lisonjear
> campo, cielo, tierra y mar
>
> (I, vv 97-99)

Aparece al final del drama el espíritu de don Fernando que lleva en la mano una antorcha encendida. Resplandece el santo-mártir con «luz propia», puesto que, desafiando las leyes de la naturaleza, aparece en su representación corpórea. Pero también resplandece con «luz reflejada», gracias a la antorcha de la fe que él mismo sostiene: es el misterio mismo de la santidad que se representa siempre llena de gracia. En palabras de Souiller: «Dios "causa de las causas", permite resolver el enigma del hombre, "vivo-cadáver", que vive para morir y muere para vivir, de la vida que "arde, llama helada" *(Pleito, 79b)*»[198]. Por lo tanto la llama es su espejo y él es espejo para la llama. Imagen y llama a su vez se ponen en eje con el ataúd que está expuesto en la parte más alta del escenario —en lo alto del teatro— y donde los fieles espectadores deben creer que están los auténticos restos mortales del santo, como se dice en la acotación[199],

---

[198] D. Souiller, *Calderón et le grand théâtre du monde, cit.*, pág. 278. *[Trad. de la autora.]*.

[199] La acotación dice: «*Tocan cajas destempladas, sale el Infante* don Fernando, *con una hacha alumbrando a* don Alfonso, *y* don Enrique, *que traen cautivos a* Tarudante, Fénix y Muley; *y todos los soldados*». Se trata del espíritu de don Fernando que aparece en la escena mientras su cuerpo yace en el ataúd sostenido por algunos soldados entre los muros de la fortaleza de Fez, como la acotación de la escena precedente había explicado: «*Salen el Rey y* Celín; *y en lo alto del tablado* don Juan *y un cautivo, y el infante en un ataúd, que se vea la caja no más.*» Porqueras Mayo ha estudiado

mientras lo que ven en realidad, animado y representado
por un actor, debe ser creído como inmaterial.

La aberración, corpórea y especular al mismo tiempo,
ya no se encuentra en el error, sino que llega, en fin, a una
verdad de visión más verdadera que lo verdadero: ahora
queda manifiesto el misterio de la especularidad misma entre la muerte y la vida, aquí el ataúd y el espíritu.

IV. LA FORMA

El silogismo como estructura poética

La lengua poética de Calderón se debe analizar en su carácter específico de lengua teatral, es decir, como escritura
verbal en función de la escritura escénica. La mímesis,
como afirma Aristóteles, está en la base de todo procedimiento artístico. Por lo tanto el poeta puede imitar de varios modos, y en el caso de la forma dramática imita a través de palabras y acciones directas de los personajes[200]. Pero
la mímesis artística, si bien mantiene el deleite y la curiosidad cognoscitiva propios de la mímesis en general
—como prescribe Horacio—, tiene características de coherencia lógica y de necesaria concatenación que le permi-
ten construir lo verosímil como mundo poético *(poiein=*
obrar según finalidades artísticas) que aparece más verdadero
que el real. Por lo tanto encontramos en la base del problema la centralidad de la metáfora como pilar sobre el que
se construye un mundo verosímil alternativo al de la reali-

---

un manuscrito del siglo XVII (el 15.159, de la BNM), quizás el único utilizado por los actores para su representación. Este manuscrito presenta
unas importantes indicaciones, añadidas por los actores, y que Porqueras
Mayo ha tenido en cuenta para reconstruir las acotaciones. A. Porqueras Mayo, «En torno al manuscrito del siglo XVII de *El príncipe constante*»,
en *Actas del Congreso Internacional sobre Calderón y el teatro español del Siglo de Oro*, Anejos de la Revista *Segismundo*, 6, Madrid, 1981, págs. 235-
248. F. Cantalapiedra y A. Rodríguez López-Vázquez han publicado, por
primera vez, este manuscrito.

[200] Aristotele, *Poética*, en *Opere*, vol. 10, 3, 1448 a, trad. de Manara
Valgimigli, Roma-Bari, Editori Laterza, 1997, pág. 8.

dad empírica, pero perfectamente coherente y lógico en su estructuración: el mundo del *deber-ser* que trasciende el mundo empírico de la realidad. Según la definición que Aristóteles da de la metáfora en su *Poética* «traslación a un objeto del nombre propio de otro», la construcción de la figura retórica puede llevarse a cabo a través de «cambios de género a especie, de especie a género, de especie a especie, o por analogía»[201]. Luego en la *Retórica*, Aristóteles aclara que la metáfora puede articularse a través de cadenas de falsos silogismos —donde no son necesariamente respetadas las leyes de la concatenación entre sujetos y predicados— y que estos *entimemas* tienen una fuerza persuasiva propia, que produce un efecto de verosimilitud en las afirmaciones del discurso gracias a su estructuración metafórica seudo-lógica[202]. A. L. Cilveti, al estudiar el silogismo en el teatro de Calderón en relación con la imagen poética y la correlación, concluye que el dramaturgo en su teatro «incorpora el silogismo como medio de persuasión, y la correlación, y la imagen poética, aparte la función deleitable participan también de esa finalidad»[203].

La lengua calderoniana, pues, se realiza a través de la metáfora que se desarrolla según la estructura silogística[204]. Observa Hidalgo Serna:

> A nuestro modo de ver la *agudeza de concepto* —que según Gracián consiste más en la sutileza de pensar, que en las palabras», y el lenguaje metafórico forman parte de los instrumentos filosóficos y metodológicos de su arte de in-

---

[201] Aristotele, *Poética*, cit., 21, 1457 b, pág. 69. *[Trad. de la Autora.]*.
[202] Aristotele, *Retórica*, a cargo de A. Plebe, Bari, Editori Laterza, págs.193-197. (en *Opere*, vol. 10, III, 1410b-1411 b).
[203] A. L. Cilveti, «Silogismo, correlación e imagen poética en el teatro de Calderón», en *Romanische Forschungen*, 80, 1968, pág. 461.
[204] A propósito de la «palabra ingeniosa» de Calderón afirma Hidalgo Serna: «Su lenguaje poético desempeña una función lógica al constituir el elemento conceptual indispensable de un proceso cognoscitivo que, sin embargo, difiere fundamentalmente de la lógica racional», E. Hidalgo Serna, «La lógica ingeniosa en el teatro de Calderón», en *Hacia Calderón. Séptimo Coloquio Anglogermano, Cambridge 1984*, al cuidado de H. Flasche, Wiesbaden, F. Steiner Verlag, 1985, pág. 79.

genio. Y es precisamente esta lógica ingeniosa la misma
que magistralmente lleva a la práctica Calderón en su teatro y la que casi siempre permaneció oculta a la filosofía y
a la literatura[205].

Es lógico que Calderón por su formación cultural cons-
truya su obra según los principios de la Escolástica[206] y que
por lo tanto le parezca natural recurrir al silogismo. Pero
nos distanciamos de posiciones netas que van desde la co-
nocida opinión de Antonio Machado a propósito del soneto *A las flores* (II, vv 1652-1665), considerado como pro-
ducto de la «escolástica rezagada»[207], a afirmaciones agudas
pero reductivas como la de Hidalgo Serna que lo considera
como un «puro recurso formal»[208] cuya finalidad es articular según las necesidades, incluso didácticas, imágenes y
símbolos ingeniosos que no tienen nada que ver con la realidad. Pensamos, en cambio, que Calderón a través del silogismo despliega su pensamiento racional en busca de la
verdad escondida en cada elemento de la naturaleza, la verdad, pues, que es origen del hombre y del Universo cuyo
valor reside en la sapiencia del lenguaje como *Logos*. El procedimiento silogístico en la obra del dramaturgo tiene por
lo tanto un valor cognoscitivo y epistemológico que, aun-

---

[205] E. Hidalgo Serna, ibíd.

[206] Este aspecto lo ha puesto de relieve Parker precisando que se trata
de «escolasticismo ecléctico». A. A. Parker, «Calderón, el dramaturgo de
la Escolástica», en *Revista de Estudios Hispánicos,* vol. I, núm. 3, 1935, páginas 273-285; y núm. 4, págs. 393-420. Véase del mismo autor, *The Alle-
gorical Drama of Calderón. An Introduction the Autos Sacramentales,* Oxford, Dolphin, 1943.

[207] «Todo el encanto del soneto de Calderón —si alguno tiene— es-
triba en su corrección silogística. La poesía aquí no canta, razona, discurre en torno a unas cuantas definiciónes. Es —como todo o casi todo
nuestro barroco— escolástica rezagada», A. Machado, *El «Arte Poética» de
Juan de Mairena,* en M. y A. Machado, *Obras Completas,* Madrid, Aguilar, 1952, págs. 957-958.

[208] «El silogismo no constituye en Calderón un instrumento de verdadera búsqueda, no es tampoco un verdadero transmisor de conceptos.
Se trata por el contrario y únicamente de un elemento seudo-racional que
sirve para ordenar y conceder a los argumentos y los hallazgos del ingenio una cierta autoridad y credibilidad didácticas», E. Hidalgo-Serna,
ídem, pág. 84.

que sea hijo de la Escolástica, igualmente otorga a la poesía la más alta función retórica como único conocimiento filosófico que sea sostenido por emoción e imaginación. En palabras de Eugenio Frutos: «La ligadura entre la poesía y la filosofía es, en las obras de Calderón, esencial y necesaria. Se expresan en ellas sus pensamientos, y no carece de sentido buscar en su poesía la filosofía que bajo sus imágenes late»[209]. Importancia subrayada también por Morón-Arroyo cuando afirma:

> Calderón, dramaturgo lírico, es también el «dramaturgo de la Escolástica», es decir, del sistema mejor estructurado que ha existido en la historia de la filosofía, un sistema capaz de esclavizar la mente a fórmulas recibidas (...) para que el estilo personal no se permita modificar la fórmula estereotipada[210].

A. L. Cilveti subraya que

> en el teatro de Calderón hay ejemplos pertenecientes a todas las clases de silogismos de la lógica tradicional (aristotélica-escolástica); categórico e hipotético (condicional, disyuntivo, conjuntivo), más la inducción y la analogía[211].

El entimema o falso silogismo, que en Calderón tiene función estructural «es el silogismo en que se calla una de las premisas (rara vez la conclusión) porque sin expresarla se la sobrentiende». El entimema por lo tanto es frecuente en Calderón, pero según Hidalgo Serna no aporta ninguna novedad a la conclusión, de acuerdo con Cilveti que

---

[209] E. Frutos, *La filosofía de Calderón en sus Autos Sacramentales*, Zaragoza, Institución «Fernando el Católico», 1981, pág. 79.
[210] C. Morón-Arroyo, *Calderón. Pensamiento y teatro*, cit. págs. 35-36. Sobre la influencia de la filosofía escolástica y el racionalismo en el pensamiento de Calderón véanse R. Newman, *Calderón and Aquinas*, Boston, 1956; J. M. de Cossío, «Racionalismo del arte dramático de Calderón», en *Cruz y Raya*, núm. 21, 1934, págs. 37-76; W. J. Entwistle, «Controversy in the Dramas of Calderón», en *Romanische Forschungen*, LX, 1947, págs. 631-646; E. W. Hesse, «La dialéctica y el casuísmo en Calderón», en *Estudios*, IX, 1953, págs. 517-531.
[211] A. L. Cilveti, ídem, pág. 461; y a continuación se citan las páginas 461-462.

afirma: «la estructura del silogismo incompleto que caracteriza al entimema se ajusta a su función: servir de instrumento deductivo en los asuntos de fácil comprensión»[212].

Disentimos de estas opiniones, por lo menos respecto a
la construcción de la metáfora poética y sobre todo en el
ámbito de las lenguas poéticas que se colocan en la preciosa
tradición de la investigación retórica culterana. El entimema, de hecho, posee una particular fuerza de verosimilitud en la construcción de la lengua poética y en su estructuración metafórica puesto que su procedimiento,
articulando las concatenaciones de proposiciones y simu-
lando un correcto razonamiento silogístico, consiente a la
metáfora la proliferación en cadenas metafóricas cuyo último término, muy lejano del de partida, termina por ser
inmediatamente exhibido en su concreta evidencia[213]. Ésta
remite al propio referente semántico, pero se hace cargo
también de las connotaciones de relaciones lógicas, y por
lo tanto semánticas, constitutivas aunque suprimidas. La
imagen a la que se llega está cargada de plurisignificados,
dotada, como dice Aristóteles, de ἐνέργεια[214]. Las proposiciones entimémicas, pues, desarrollan el pensamiento de
Calderón no según procedimientos tautológicos sino a través de falsas concatenaciones que terminan por ser más verdaderas que la realidad misma, ya que traducen la filosofía
del dramaturgo: la visión filosófica del mundo que puede
cambiar el sentido de las imágenes que la representan hasta
llegar a la visión desengañada, o bien al teatro universal de
las sombras. Podemos decir que el entimema ante una visión en perspectiva nos restituye una verdad aparente y que

---

[212] A. L. Cilveti, ídem, págs. 466-467.
[213] Interesante a este propósito la definición que da de la metáfora
Tesauro: «... por cierto más deleitosa que las demás figuras será la metáfora que, haciendo volar nuestra mente de un género a otro, nos llevará a
entrever en una sola palabra más de un objeto», E. Tesauro, *Il cannocchiale
aristotelico*, cit., pág. 68 (la cursiva es nuestra). *[Trad. de la Autora.].*
[214] « Además serán brillantes [los entimemas] si hacen aparecer las cosas ante los ojos [πρὸ ὀμμάθων ποιεῖν] porque es necesario ver las cosas
mientras suceden y no en el futuro. Se deben tener presentes tres objeti-
vos: metáfora, antítesis, evidencia [ἐνέργεια]. Aristotele, *Retórica*, cit.,
págs. 197-198 (en *Opere*, vol. 10, III, 1411 b). *[Trad. de la Autora.].*

en su interna y oblicua visión de falsedad (aberrada) nos
restituye la verdad profunda: la recíproca transformación
de vida en muerte, como en la aberración de la calavera en
el cuadro de Holbein.

Un ejemplo. Tómese el célebre soneto «A las flores» pronunciado por don Fernando en el Segundo Acto. Aquí no
se pretende lógicamente proporcionar un análisis de la estructura poética[215], ni una interpretación de las polisemias
evocadas, ya que el soneto constituye una especie de núcleo
profundo, «ombligo del texto», en el sentido de una entropía que requeriría análisis extensos, una hermenéutica del
tipo instaurado por Porfirio[216] en ocho versos de la *Odisea*
o la de Carmelo Samonà[217] en nuestro tiempo para los primeros dieciséis versos de *La vida es sueño*. Lo que en realidad interesa aquí es poner de relieve el *pattern* lógico mo-
delado según una oculta estructura silogística[218]. Dice don
Fernando:

---

[215] Al hacer una breve reseña de los trabajos sobre el tema de los sonetos en *El príncipe constante* hay que recordar, además de los citados análisis de L. Spitzer, «Die Figur der Fénix in Calderón's Standhaftem Prinzen»; W. M. Whitby, «Calderón's *El príncipe constante:* Fénix Role in the
Ransom of Fernando's Body»; E. Rivers, «Sonnet in Calderón's *Príncipe
constante*», y el comentario que dedica a este tema A. Porqueras Mayo en
su «Introducción a *El príncipe constante»;* los que se publicaron en las dé-
cadas 80 y 90: P. Cabañas, «Los sonetos calderonianos de *El príncipe constante»*, en *Actas del Sexto Congreso Internacional de Hispanistas,* Toronto
1980, págs. 132-135; T. O' Reilly, «The sonnets of Fernando and Fénix in
Calderón's *El príncipe constante»*, en *Forum of Moderne Language Studies,*
16, 1980, págs. 350-357; G. Orduna, «Algo más sobre la función dramática de los sonetos de *El príncipe constante»*, en *Homenaje a H. Flasche,* ed.
de K. H. Korner y G. Z. Zimmermann, Wiesbaden, F. Steiner Verlag,
1991, págs. 162-173. Y en fin de H. Felten-Kirsten Schildknecht, «El soneto a las flores y el soneto a las estrellas en *El príncipe constante de Calderón»*, en *Teatro español de Siglo del Oro,* editado por Christoph Strosetzki, Studia Hispánica, Frankfurt am Main: Vervuert; Madrid:
Iberoamericana, 1998, págs. 112-118. Rafael Osuna en el ya citado, *Los sonetos de Calderón en sus obras dramáticas,* ha publicado la lista y un comentario de los sonetos presentes en la obra calderoniana.
[216] Porfirio, *L'antro delle ninfe,* Introducción, traducción y comentario de L. Simonini, Milano, Adelphi, 1986.
[217] C. Samonà, «Saggio di un commento a *La vida es sueño»,* en *Ip-
pogrifo violento. Studi su Calderón, Lope e Tirso,* cit., págs. 19-108.
[218] Regalado analiza el movimiento silogístico que los dos sonetos

> Éstas, que fueron pompa y alegría
> despertando al albor de la mañana,
> a la tarde serán lástima vana
> durmiendo en brazos de la noche fría.
>   Este matiz, que al cielo desafía,
> iris listado de oro, nieve y grana,
> será escarmiento de la vida humana:
> ¡tanto se emprende en término de un día!
>   A florecer las rosas madrugaron,
> y para envejecerse florecieron:
> cuna y sepulcro en un botón hallaron.
>   Tales los hombres sus fortunas vieron:
> en un día nacieron y expiraron,
> que pasados los siglos horas fueron.
>
>   (II, vv 1652-1665)

En el soneto, el primer término en posición de sujeto, «las flores», evidenciado deícticamente por «éstas»[219], se desliza por connotaciones analógicas hacia otros términos predicativos como «pompa» y «alegría», gracias a un término medio que puede conmutar los unos por los otros y que consiste en la benéfica acción irradiadora de la «mañana» (a su vez connotada en otra serie semántica con «albor», «despertando», etc.). A esta serie, que podemos llamar «A», de predicados analógicos positivos —que son, obviamente, otros sujetos de proposiciones análogas en una cadena entimémica lógicamente sobrentendida, pero no expresada sintácticamente— sigue la serie de términos analógicos negativos que podemos llamar «B», como «durmiendo», «lástima», «vana», siempre que la acción benéfica de la mañana sea sustituida por la maléfica de la «noche», que además es «fría». Al inicio del primer terceto la recapitulación de las series analógicas de las flores recomienza metonímicamente con una serie positiva «A_1», es decir, con «matiz» —al que sigue una serie de colores resplandecien-

---

subtienden en la estructura general de la estrofa. A. Regalado, *Calderón. Los orígenes de la modernidad en la España del Siglo de Oro*, cit., págs. 500-502.

[219] Por lo que se refiere a la función deíctica véase la nota 99. P. Cabañas en su trabajo «Los sonetos calderonianos de *El príncipe constante*», cit., ha puesto de relieve la función demostrativa en el soneto estudiándola también en su evolución diacrónica.

tes— y «cielo», y con el inicio de una serie negativa «B$_1$»,
con «envejecerse» y con el término lógicamente conclusivo
«vida humana», anticipado por el poeta con un procedimiento retórico demostrativo cuya función es el «escarmiento», como el mismo Fernando dice. Pero ahora aun
quedando sobrentendidas las funciones conmutadoras de
los términos medios de la serie «mañana», «noche», se
añade otra proposición que arrastra consigo otra equivalencia, la de la vida y la muerte, como se observa en las flores, de modo que «cuna y sepulcro en un botón hallaron».
Es posible, en fin, concluir, explicitando ahora el sentido
de aquella «vida humana» donde culminaban las primeras
dos series, que «tales los hombres sus fortunas vieron...»

Que se trata de un teorema a demostrar lo ha anunciado
ya don Fernando en el *incipit* del soneto, cuando afirma
oscuramente:

> Para presumir por ellas
> las flores habrán venido.
>
> (vv. 1650-1651)

Al final, pues, se aclara el sentido de esa oscura premisa
gracias a una demostración lógicamente falsa —puesto que
en su proliferación predicados y sujetos no se concatenan
alternándose como términos medios de los silogismos—
pero retóricamente muy eficaz.

Un poco más adelante, y en perfecta simetría lógica en
quiasmo, el soneto «A las estrellas» pronunciado por la
princesa musulmana:

> Esos rasgos de luz, esas centellas,
> que cobran con amagos superiores
> alimentos del sol en resplandores,
> aquello viven que se duele de ellas.
> Flores nocturnas son; aunque tan bellas,
> efímeras padecen sus ardores:
> pues, si un día es el siglo de las flores,
> una noche es la edad de las estrellas.
> De esa, pues, primavera fugitiva
> ya nuestro mal, ya nuestro bien se infiere:
> registro es nuestro, o muera el sol o viva.

¿Qué duración habrá que el hombre espere,
o qué mudanza habrá, que no reciba
de astro que cada noche nace y muere?

(vv 1686-1699)

Inicia el soneto con la equivalencia *flores/estrellas,* expresada otra vez deícticamente, y desarrolla la serie semántica comenzada por «estrellas», con «rasgos», «luz», «centellas», «resplandores» y, saltando los períodos entimémicos ya conocidos por el primer soneto, con la función expresada por el término «amagos»[220]. Pero esta vez la serie positiva está basada en el término medio de la acción de la noche, recordada antes en ausencia con el alejamiento del sol («alimentos del sol en resplandores / aquello viven que se duele de ellas»), y luego con «flores nocturnas». Con el predicado «efímeras» se abre, luego, una serie negativa cuya conclusión es «primavera fugitiva». Esta conclusión no se hace explícita, sino que se apoya en las definiciones negativas del soneto precedente (pero en este caso, invocando la acción del día en sus efectos nefastos). Entonces, si se nace para morir, según la equivalencia establecida por don Fernando, la consecuencia es que el influjo de las estrellas es inconstante puesto que ese influjo sigue el ritmo alterno del día y de la noche, de la muerte y de la vida. A esto se sigue que la princesa musulmana —la mujer que nace «sujeta a muerte y fortuna» y que ha visto los días contados «en esa estrella importuna»— tiene también una visión del mundo hedonística y negadora del «libre albedrío» que contraponer a la visión cristiana del príncipe don Fernando[221]. De hecho Fénix introduce el soneto diciendo: «Escucha, sabráslo» y luego manifiesta la visión abierta en abismo en torno al interrogante sobre la existencia que se opone a la

---

[220] *Amago:* «Acontecimiento, amenaza u demonstración, con la qual se explica y demuestra mucho mas de lo que se quiere hacer, o executar» *(Dicc. Aut.).*

[221] Esta contraposición de las distintas ideologías —la del mártir cristiano y la de la princesa musulmana— en los dos sonetos ha sido puesta de relieve por varios críticos, en particular por L. Spitzer, cit., pág. 322; E. Rivers, cit., págs. 452-454; y A. Regalado, cit., págs. 499-500.

visión determinista que concluía la demostración del príncipe cristiano («Tales los hombres sus fortunas vieron»).

Pero todo esto sería fría simulación de álgebra lógica si no se produjera la ingeniosidad de los deslizamientos analógicos progresivos y del riguroso quiasmo que une y contrapone a los dos sonetos. Así, volviendo al soneto pronunciado por don Fernando, la belleza según la metáfora de las flores, existe sólo en el pasado, puesto que el místico Fernando trasciende cualquier experiencia de deleite, reconociendo en el presente la sentencia del devenir cósmico, y considerando el futuro sólo como dolor e ilusión. La sobrentendida estructura entimémica, pues, se desarrolla en uno y en otro caso según la *Weltanschauung* del sujeto que la pronuncia, llegando a la síntesis de la forma de la expresión y de la forma del contenido en la demostración misma de lo ineluctable del desengaño.

En fin, la andadura binaria de tipo opuesto constituye, en *climax*, la metáfora en oxímoron «cuna-sepulcro», típicamente calderoniana, como interpretación del cosmos, metáfora que en el monólogo final don Fernando hará explícita a través del gesto interpretador de las manos.

En la lengua dramática de Calderón se pueden notar unos indicios que anuncian la construcción del silogismo. Dice Cilveti:

> Cada vez que encontramos en las obras de Calderón expresiones tales, como, por tanto, luego, porque y otras similares, en elocuciones que no presentan la forma de un silogismo explícito, podemos sospechar que allí se está haciendo una deducción y que en la mayoría de los casos ésta se obtiene mediante un entimema[222].

Pero es la estructura métrica la envoltura en la que se desarrolla el silogismo a través de las bimembraciones lógicas y opuestas de los versos, su sucesión proposicional, el ritmo recitativo y aun las analogías suscitadas por las asonancias de la rima. En fin, la racionalidad silogística cons-

---

[222] A. L. Cilveti, ídem, pág. 462.

tituye al mismo tiempo el tejido de la poesía calderoniana,
la evidencia de sus metáforas y el poder emocional que resulta de su densidad polisémica, precisamente su ἐνέργεια.

Esquema métrico

Primera Jornada

Redondillas	*abba-cddc...*	vv 1-168 (interrumpidas por la canción: vv 21-24)
Romance	*ó-a*	vv 169-380
Redondillas	*abba-cddc...*	vv 381-475
Tercetos	*ABA-BCB-CDC...*	vv 476-558
Romance	*é-e*	vv 559-842
Silvas	*heptasílabos y endeca-sílabos en pareados*	vv 843-970

Segunda Jornada

Décimas	*abbaaccddc...*	vv 971-1060
Redondillas	*abba-cddc...*	vv 1061-1172
Romance	*é-a*	vv 1173-1512
Silvas	*heptasílabos y endeca-sílabos en pareados*	vv 1513-1591 (interrunpidas por la canción: vv 1517-1520)
Décimas	*abbaaccddc...*	vv 1592-1651
Soneto	*ABBA-ABBA-CDC-DCD*	vv 1652-1665
Décimas	*abbaaccddc...*	vv 1666-1685
Soneto	*ABBA-ABBA-CDC-DCD*	vv 1686-1699
Romance	*(en verso agudo) é*	vv 1700-1897

Tercera Jornada

Quintillas	*ababa-cdcdc...*	vv 1898-2018
Romance	*é-e*	vv 2019-2205
Quintillas	*ababa-ccddc...*	vv 2206-2300

Romance	*ú-a*	vv 2301-2466
Quintillas	*abaab-ccddc...*	vv 2467-2476
Décimas	*abbaaccddc...*	vv 2477-2546
Silvas	*heptasílabos y endeca-*	vv 2547-2617
	sílabos en pareados	
Romance	*á-e*	vv 2618-2785.

Nuestra edición

El texto que aquí proponemos se basa en la *editio princeps* de 1636, *Primera parte de Comedias de Don Pedro Calderón de la Barca, recogidas por Don José Calderón de la Barca su hermano con privilegio. En Madrid, por María de Quiñones. A costa de Pedro Coello y de Manuel López, Mercader de libros.* Hemos manejado el ejemplar que se conserva en la Biblioteca Vaticana (Stamp. Barb. KKK. IV. 4) que indicamos en las notas con EP. Como el editor es el hermano del autor, es posible conjeturar que éste pudo ejercer de alguna forma su control, lo cual, a nuestro parecer, es motivo suficiente para considerar esta edición como la más cercana a lo escrito por el autor. Sin embargo esto se verifica sólo idealmente. Desde la fecha del estreno, 1629, a la de su publicación, 1636, pasan siete años, durante los cuales los derechos de la obra tocaban al director de compañía, por lo tanto estamos de acuerdo con Reichenberger que afirma: «Al considerar estas circunstancias, entendemos más fácilmente el estado lamentable de gran parte de las creaciones dramáticas»[1]. En efecto, la *editio princeps* presenta omisiones, a veces de versos enteros, y faltas tan evidentes, que desmienten aquel conjeturable control. *El príncipe constante* no ha escapado del destino ordinario de las obras teatrales, que van

---

[1] Véase, K. Reichenberger, «Ediciones críticas de textos dramáticos», en *Crítica textual y anotación filológica en obras del Siglo de Oro*, I. Arellano y J. Cañedo (eds.), Madrid, Ed. Castalia, 1991, pág. 418.

evolucionando de manera concreta en los escenarios. Las obras se editaron frecuentemente en la versión resultante de las manipulaciones, a veces involuntarias, hechas por los comediantes en el manuscrito. A esto hay que añadir los errores de los copistas e incluso de los impresores. De aquí la necesidad de una integración no de tipo filológico —considerando que en este caso, como sucede normalmente, con las obras de teatro no se puede prefigurar un texto ideal que hay que reconstruir— sino de la aproximación a una aceptable coherencia tanto de la forma como del contenido, en las partes en que el texto se ha perdido o estropeado. Esto mismo es lo que por fin han afirmado los exegetas de Shakespeare con respecto al problema suscitado a partir del primer *Folio* que, manifiestamente imperfecto, no exige que se busque el «verdadero origen»[2].

Hemos cotejado la edición del 1636 con la de 1640 (conservada en la Biblioteca Nacional de Madrid): *Primera Parte de Comedias de Don Pedro Calderón de la Barca, con Privilegio en Madrid, por la Viuda de Juan Sánchez. A costa de Gabriel León Mercader de Libros,* que vuelve a imprimir, cuatro años después, la edición de 1636. Sin embargo con respecto a ésta presenta muy pocas variantes y de escaso interés, resultando en general una copia de la *Princeps*. Por este motivo sólo raramente se da cuenta en nota de esta edición que indicamos con VSL[3].

---

[2] Varey hace referencia al debate en torno a las ediciones de Shakespeare y declara su acuerdo con los editores del «Oxford Shakespeare» afirmando que la obra teatral evoluciona, y recordando otra intervención suya dice: «Una obra teatral no puede equipararse a una estatua clásica, que con el paso de los años puede perder un brazo o la nariz, o verse pintada con colores vivos que reflejan el gusto de otra época posterior. No sólo los actores, sino también los mismos dramaturgos, consideran sus textos como artefactos maleables, escritos para ser puestos al día, suprimiendo o añadiendo detalles o episodios enteros, actualizando el texto con referencia tanto a las circunstancias históricas y políticas como a las condiciones escénicas de día», llegando a la conclusión «que en vez de un solo original, pudiera haber varios», J. E. Varey, «Las variantes de autor en la edición de textos dramáticos», en *Crítica textual y anotación filológica en obras del Siglo de Oro,* cit., pág. 559.

[3] Con fecha 1640 existe otra edición que difiere de la primera por no presentar en la portada la indicación «A costa de Gabriel de León Merca-

En 1685 Juan de Vera Tassis decide reeditar la *Primera Parte* de las Comedias de su gran amigo Calderón de la Barca a causa del estado lamentable en que se encontraba el texto. A pesar de los juicios negativos que varios estudiosos han expresado con respecto a la edición de Vera[4], otros han dado pareceres favorables y el profesor Porqueras Mayo basa su edición de *El príncipe constante* en la de Vera Tassis que considera superior a la *princeps* y a la de 1640.

Hemos cotejado, pues, la edición de 1636 con la de Vera Tassis en el ejemplar de microfilme de la Universidad de Pensilvania (Filadelfia, USA) (que indicamos en nota con VT):

Primera Parte de Comedias del célebre poeta español Don Pedro Calderón de la Barca, Que nuevamente corregidas publica Don Juan de Vera Tassis y Villarroel, su mayor amigo. Con Privilegio. En Madrid: por Francisco Sanz, Impresor del Reyno, y Portero de Cámara de Su Magestad. Año 1685.

Hemos tenido en cuenta el ms. 15.159 letra del siglo XVII, de la Biblioteca Nacional de Madrid, según la edición de F. Cantalapiedra y A. Rodríguez López-Vázquez publicada en 1996 en Cátedra (que indicamos en nota con MC). Sin embargo se trata de una copia de una compañía de teatro que muestra el tipo de intervenciones y manipulaciones que hacían los directores y los actores cuando utilizaban los textos cuyos derechos poseían. Respecto a las ediciones impresas, los versos añadidos, que presenta este manuscrito (casi doscientos) interrumpen el *climax* de la acción, como por ejemplo en la primera escena de la Primera Jornada, donde la letra de la canción de los cautivos ya no tiene como tema el pasar inexorable del tiempo sino la nostalgia y tristeza de los cautivos lejos de su patria. Por lo que se refiere a las acotaciones que son abundantes y detalladas no las consideramos fundamentales para la comprensión del texto con respecto a la puesta en escena sino redundantes;

---

der de Libros». En realidad fue compuesta años más tarde, hacia 1670, falsificando la fecha de 1640, como ha demostrado en un importante estudio Wilson. E. M. Wilson, «The two Editions of Calderón's *Primera Parte* of 1640», en *The Library*, XIV, 3, 1959, págs. 175-191.

[4] Cfr. N. D. Shergold, «Calderon and Vera Tassis», *Hispanic Review*, XXX, 1955, págs. 212-218.

como es sabido, el texto se construye como *decorado verbal* o sea como un texto en el cual se dan las acotaciones sin necesidad de hacerlas más explícitas aparte. Por ejemplo la acotación: *(Quítale el pliego al Rey y rómpelos y arrójalos, luego los coge y se los come)* no añade nada a lo que ya está en el texto como acotación interna: «Y así estos vanos poderes, / hoy divididos en piezas / serán átomos del sol, / serán del fuego centellas; / mas no, yo los comeré» (Jornada Segunda, vv 1416-1421)[5].

Entre las ediciones modernas hemos manejado la de A. A. Parker, Cambridge 1938 (en la notas P), concordando muchas veces con ella tanto en la puntuación, como en soluciones textuales. En efecto, aunque la intención de Parker sea la de publicar la edición de 1636 muchas veces opta por las enmiendas de Vera Tassis como lo hicieron varios críticos modernos. Además hemos tenido presente la edición de don Juan Eugenio Hartzenbusch incluida en *Comedias de D. Pedro Calderón de la Barca,* tomo VII, Biblioteca Autores Españoles, Madrid, 1844 (en las nota H); la de A. Valbuena Briones en *Primera Parte de Comedias de Don Pedro Calderón de la Barca*, II, Madrid, CSIC, 1974 (en las notas VB) que se basa en la edición de 1636; y por fin la edición de A. Porqueras Mayo, Madrid, Espasa Calpe, 1975, basada en la de Vera Tassis (en las notas PM)[6].

En conclusión, nuestro propósito en esta edición ha sido reproducir la *editio princeps* integrándola, donde el texto se presentaba corrupto o con evidentes faltas, con la de Vera Tassis no sólo por la declaración de intenciones que expresa el mismo editor, sino porque sus enmiendas resultan casi siempre acertadas. Con esto pensamos restituir al lector de hoy un texto que, partiendo de su primera edi-

---

[5] Citamos de la edición de F. Cantalapiedra y A. Rodríguez López-Vázquez, Madrid, Cátedra, 1996.

[6] Para una reseña completa de la bibliografía relativa a la obra de Calderón remitimos al trabajo fundamental de K. y R. Reichenberger, *Bibliographisches Handbuch der Calderón-Forschung. Manual Bibliográfico Calderoniano*, Teil I - tomo I, Kassel, Verlag Thiele & Schwarz, 1979, páginas 416-428. El repertorio presenta también la lista de las traducciones de *El príncipe constante*.

ción, sea lo más fiel posible a la poética del dramaturgo mismo y a su misma característica fundamental de haber sido un texto escrito para la escena. Hemos registrado en nota la lectura de EP cuando en el texto adoptamos la variante de VT como corrección de cierto relieve; en cambio hemos omitido este tipo de aclaración en el caso en que estábamos en presencia de evidentes errores de imprenta. La motivación de lo que acabamos de afirmar radica en el hecho de que Vera Tassis probablemente tuvo la ocasión de hacer notar a su gran amigo las imperfecciones presentes en la edición de 1636 y quizás sus posibles correcciones.

Sin embargo hay otro motivo que tiene que ver con nuestro enfoque metodológico de análisis del texto teatral, el cual tiene en cuenta su fundamental valor deíctico y, por consiguiente, el remitir a un subtexto no explicitado. Nos parece, pues, que por lo menos en algunos casos, averiguada la objetiva necesidad de una integración, Vera Tassis ha obrado tomando la situación escénica como criterio último de sus correcciones. Esta actitud quizá le resultase natural en cuanto asiduo espectador en los corrales de comedias donde pudo asistir a una o más representaciones de *El príncipe constante*.

En los casos, aunque raros, en que para corregir necesariamente la *editio princeps*, tampoco la variante de Vera Tassis nos ha proporcionado una solución aceptable, hemos tenido en cuenta otra edición indicándolo en nota.

Conforme a los criterios de la colección de Clásicos Biblioteca Nueva hemos modernizado la ortografía y la puntuación. Establecer con atención el sistema de puntuación ha significado muchas veces resolver los aspectos no sólo de la interpretación del texto sino también de la práctica escénica[7]. A este propósito véase la nota a los versos 11-12. O en otros casos restituir la poética de Calderón dentro de

---

[7] Recordemos lo que afirma a este propósito el profesor Arellano: «"Mantener" con rigor la puntuación de un modelo, sea este cual fuere —testimonio textual, sistema abstracto extraído de teorías de un autor determinado— es en la práctica una utopía desde el momento en que puntuar es ya en muchas ocasiones, interpretar un texto, elegir una opción se-

su propio contexto culterano (nota al verso 565). En general las acotaciones corresponden a las que están presentes en la edición de 1636. Abundan, en cambio, los *aparte* unas veces indicados por Vera Tassis, otras veces por los editores modernos.

mántica, y semejantes elecciones son ineludibles para el editor: la puntuación no se puede separar de la hermenéutica», I. Arellano, «Edición crítica y anotación filológica en textos del Siglo de Oro. Notas muy sueltas», en *Crítica textual y anotación filológica en obras del Siglo de Oro,* cit., pág. 573.

BIBLIOGRAFÍA

BIBLIOGRAFIA

ALONSO, Dámaso, «La correlación en la estructura del teatro calderoniano», en D. Alonso y C. Bousoño, *Seis calas en la expresión literaria española,* Madrid, Gredos, 1951, págs. 109-175.
ARELLANO, Ignacio, *Historia del teatro español del Siglo de Oro,*
Madrid, Cátedra, 1995.
— «Valores visuales de la palabra en el espacio escénico del Si-
glo de Oro», en *Revista Canadiense de Estudios Hispánicos,*
vol. XIX, 3, primavera de 1995, págs. 411-443.
ARELLANO, Ignacio y CAÑEDO, Jesús (eds.), *Crítica Textual y ano-
tación filológica en obras del Siglo de Oro,* Madrid, Castalia, 1991.
ARRÓNIZ, Othón, *Teatros y escenarios del Siglo de Oro,* Madrid,
Gredos, 1977.
BACZYNSKA, Beata, «Espacio teatral áureo y prácticas escénicas del siglo
XX. Observaciones al margen de los montajes polacos del *El príncipe
constante* de Calderón», *Studia Aurea. (Actas del III Congreso de la
AISO, Toulouse 1993),* II, *Teatro,* I. Arellano, M. C. Pinillos, F. Se-
rralta, M. Vitse (eds.), Toulouse, GRISO-LEMSO, 1996, págs. 47-55.
BLANCO, Mercedes, «De la tragedia a la comedia trágica», en
Teatro español del Siglo de Oro. Teoría y práctica, ed. de Ch.
Strosetzki, Studia Hispánica, vol. 7, Frankfurt am Main-Madrid,
Ver-vuert-Iberoamericana, 1998, págs. 38-60.
CAMINERO, Juventino, «Una desmitificación del Barroco: Calde-
rón en la estética poética de Antonio Machado», en *Letras de
Deusto. Número extraordinario con ocasión del III Centenario de
Calderón (1681-1981),* núm. 22, julio-diciembre de 1981, págs.
23-53.
CANCELLIERE, Enrica, «Dell'iconología calderoniana», en AAVV,
Colloquium Calderonianum Internationale (al cuidado de
G. de Gennaro), L'Aquila, 1983, págs. 259-267.
— «Strategie simboliche e iconiche del *Thanatos* in *El príncipe
constante* di Calderón», en *A più voci. Omaggio a Dario Puc-*

cini, al cuidado de N. Bottiglieri y G. C. Marras, Milano, V. Scheiwiller Ed., 1994, págs. 77-87.

Cancelliere, Enrica, «Le aberrazioni della vista come tecnica poetica nel teatro di Calderón», en *Meraviglie e orrori dell'aldilà. Intrecci mitologici e favole cristiane nel teatro barocco,* al cuidado de S. Carandini, Roma, Bulzoni Editore, 1995, págs. 175-201.

Carrasco Urgoiti, M.ª Soledad, «Presencia y eco del romance morisco en comedias de Calderón», en *Calderón,* ed. de L. García Lorenzo, Madrid, CSIC, 1983, II, págs. 855-867.

Cerdán, Francis, «Paravicino y Calderón: religión, teatro y cultismo en el Madrid de 1629», en L. García Lorenzo (ed.), 1983, págs. 1259-1269.

Cilveti, Ángel L., «Silogismo, correlación e imagen poética en el teatro de Calderón», en *Romanische Forschungen,* 80, 1968, páginas 459-497.

Cotarelo y Mori, Emilio, *Ensayo sobre la vida y obras de D. Pedro Calderón de la Barca,* Madrid, Tipografía de la Revista de Archivos, 1924.

Cro, Stelio, «La *Deposición* de Calderón y la poética del Barroco», en *Cuadernos para la Investigación de la Literatura Hispánica,* Madrid, FUE, 1988, págs. 35-51.

Cruickshank, D. W. y Varey, J. E. (eds.), *The Comedias of Calderón,* ed. facsímil, 19 vols., Londres, Gregg & Tamesis, 1973.

Cruickshank, D. W., y Wilson, E. M., *The Comedias of Calderón. The Textual Criticism of Calderón's Comedias,* vol. I, Londres, Grepp & Tamesis, 1973.

De Gennaro, Giuseppe (ed.), *Colloquium Calderonianum Internationale* (L'Aquila, 16-19 de septiembre de 1981), L'Aquila, Università dell'Aquila, 1983.

Dunn, Peter N., «*El príncipe constante:* a theatre of the world», en *Studies in Spanish Literature of the Golden Age. Presented to E. M. Wilson,* ed. de R. O. Jones, Londres, Tamesis Books, 1973, págs. 83-101.

Durán, M. y González Echevarría, R., *Calderón y la crítica: Historia y antología,* Madrid, Gredos, 1976.

Felten, Hans y Schildknecht, Kirsten, «El soneto a las flores y el soneto a las estrellas en *El príncipe constante* de Calderón», en *Teatro español del Siglo de Oro. Teoría y práctica,* ed. de Ch. Strosetzki, Studia Hispánica, 7, Frankfurt am Main/Madrid, Vervuert Verlag/Iberoamericana, 1998, págs. 112-118.

Flasche, Hans, «La lengua de Calderón», en *Actas del Quinto Congreso Internacional de Hispanistas,* Burdeos, 1977, págs. 18-48.

— «Sobre la función del acto de mostrar en el acontecer teatral de la escena», en *Über Calderón,* Wiesbaden, F. Steiner Verlag, 1980, págs. 448-462.

FLASCHE, Hans, «El acto de mostrar en el teatro calderoniano», en *Studien zur Romanischen Wortgeschichte,* ed. de G. Ernst y A. Stefenelli, Wiesbaden, F. Steiner, 1989, págs. 82-91.

FOX, Dian, «A Further Source of Calderón's *El príncipe constante*», en *Journal of Hispanic Philology,* 4-2, 1990, págs. 157-166.

FRADEJAS LEBRERO, José, «Notas a un pasaje de *El príncipe constante*», en I. Arellano y J. Cañedo (eds.), *Crítica Textual y anotación filológica en obras del Siglo de Oro,* Madrid, Castalia, 1991, págs. 159-172.

FRUTOS, Eugenio, *La filosofía de Calderón en sus Autos Sacramentales,* Zaragoza, Institución «Fernando el Católico», 1981.

GARCÍA LORENZO, Luciano (ed.), *Calderón. Actas del Congreso Internacional sobre Calderón y el teatro español del Siglo de Oro* (Madrid, 8-13 de junio de 1981), 3 vols., Madrid, CSIC, 1983.

GROTOWSKI, Jerzy, *Towards a Poor Theatre,* Nueva York, 1968.

GUTIÉRREZ ARAUS, María Luz, «Funcionamiento del hipérbaton en *El príncipe constante*», en L. García Lorenzo (ed.), II, 1983, págs. 1109-1124.

GULSOY, Y. y PARKER, J. H., «*El príncipe constante*: Drama barroco de la Contrarreforma», en *Hispanófila,* IX, 1960, págs. 15-23.

HARDY, Swana L., *Goethe, Calderón und die romantische Theorie des Dramas,* Heidelberg, Winter, 1965.

HERNÁNDEZ NIETO, Héctor, «*El príncipe constante* y Edipo», en *Varia Hispánica. Homenaje a A. Porqueras Mayo,* ed. de J. L. Laurenti y V. G. Williamsen, Kassel, Ed. Reichenberger, 1989, págs. 61-80.

— «*Yo lo sé porque en el mar.* Apariencia, desengaño y certeza en el parlamento de Muley», en *Homenaje a A. Navarro González. Teatro del Siglo de Oro,* Kassel, Ed. Reichenberger, 1990, págs. 285-296.

HESSE, Everett W., *Vera Tassis' text of Calderón' plays,* México, 1941.

HIDALGO-SERNA, Emilio, «La lógica ingeniosa en el teatro de Calderón», en *Hacia Calderón. Séptimo Coloquio Anglogermano* (Cambridge 1984), al cuidado de H. Flasche, Wiesbaden, F. Steiner Verlag, 1985.

HILBORN, Harry W., «Calderón's *silvas*», en *Publications of the Modern Language Association of America*, LVIII, 1943, páginas 122-148.

— «Calderón's *quintillas*», en *Hispanic Review,* XVI, 1948, páginas 301-310.

Horror y tragedia en el teatro del Siglo de Oro, Actas del IV Coloquio del GESTE (Toulouse 27-29 de enero de 1983), *Criticón,* 23, 1983.

KAYSER, Wolfgang, «Zur Struktur des *Standhaften Prinzen* von Calderón» en *Gestaltprobleme der Dichtung*, Bonn, Bouvier, 1957, págs. 67-72; y en *Die Vortragsreise: Studien zur Literatur*, Berna, Francke Verlag, 1958, págs. 232-256.

LAPESA, Rafael, «Lenguaje y estilo de Calderón», en L. García Lorenzo (ed.), 1983, págs. 51-101.

LARA GARRIDO, José, «Texto y espacio escénico. El motivo del jardín en el teatro de Calderón», en L. García Lorenzo (ed.), 1983, págs. 939-954.

LOBATO, María Luisa, «Espacio y conflicto del espacio: la puesta en escena de *El hijo del sol, Faetón* de Calderón», en Actas del Congreso *El espacio y sus representaciones en el teatro español del Siglo de Oro*, Toulouse (1-3 de abril de 1998), en prensa.

LUMSDEN-KOUVEL, Audrey, *«El príncipe constante:* drama de la Contrarreforma. La tragedia de un santo mártir», en L. García Lorenzo (ed.), 1983, págs. 495-501.

MAKOWIECKA, Gabriela, «Un aspecto del teatro actual en Polonia: Jerzy Grotowski y su versión de Calderón», en *Filología Moderna*, 15, 1975, págs. 401-406.

MARAVALL, José Antonio, *Velázquez y el espíritu de la modernidad*, Madrid, Alianza Editorial, 1987.

MARÍN, Diego, «Función dramática de la versificación en el teatro de Calderón», en L. García Lorenzo (ed.), 1983, páginas 1139-1146.

MEREGALLI, Franco, *Introduzione a Calderón de la Barca*, Roma-Bari, Laterza, 1993.

MORÓN ARROYO, Ciriaco, *Calderón. Pensamiento y teatro*, Santander, Biblioteca Menéndez Pelayo, 1982.

NARDORFY, Martha y RUANO DE LA HAZA, José María, «Bibliografía básica sobre la tragedia calderoniana», en *Ottawa Hispánica*, VI, 1984, págs. 97-108.

ORDUNA, Germán, «Algo más sobre la función dramática de los sonetos de *El príncipe constante*», en *Homenaje a H. Flasche*, ed. de K. H. Körner y G. Z. Zimmermann, Wiesbaden, F. Steiner Verlag, 1991, págs. 162-173.

O'REILLY, Terence, «The Sonnets of Fernando and Fénix in Calderón's *El príncipe constante*», en *Forum for Modern Language Studies*, 16, 1980, págs. 350-357.

OROZCO DÍAZ, Emilio, «Sentido de continuidad espacial y desbordamiento expresivo en el teatro de Calderón. El soliloquio y el aparte», en L. García Lorenzo (ed.), 1983, págs. 125-164. Publicado en *Introducción al Barroco II*, págs. 209-252.

Orozco Díaz, Emilio, *Manierismo y Barroco,* Madrid, Cátedra, 1988.
— *Introducción al Barroco I, II,* ed. al cuidado de J. Lara Garrido, Granada, Universidad de Granada, 1988.
— *Temas del Barroco,* ed. facsímil, Granada, Universidad de Granada, 1989.
Osuna, Rafael, *Los sonetos de Calderón en sus obras dramáticas,* North Carolina Studies in the Romance Languages and Literatures, núm. 148, Chapel Hill, N. C., 1974.
Ouaknine, Serge, «Alrededor de *El príncipe constante* por Grotowski», en *Primer Acto,* 95, 1968, págs. 28-43.
— «Théatre Laboratoire de Wroclaw. *Le prince constante.* Scénario et mise en scéne par Jerzy Grotowski d'après l'adaptacion par J. Slowacki de la pièce de Calderón», en *Les voies de la création théatrale,* ed. de J. Jaquot, París, CNRS, 1970, I, págs. 19-119.
Parker, Alexander A., «Santos y bandoleros en el teatro español del Siglo de Oro», en *Arbor,* XIII, 1949, págs. 395-416.
— «Towards a definition of Calderonian tragedy», en *Bulletin of Hispanic Studies,* XXXIX, 1962, págs. 222-237.
— «Christian values and drama: *El príncipe constante»,* en *Studia Ibérica. Festschrift für H. Flasche,* Barcelona-München, Francke Verlag, 1973, págs. 441-458.
— «Hacia una definición de la tragedia calderoniana», en AAVV, *Calderón y la crítica. Historia y antología, II,* M. Durán y M. González Echevarría (eds.), Madrid, Gredos, 1976, págs. 541-562.
— *La imaginación y el arte de Calderón,* Madrid, Cátedra, 1991.
Parr, James A., «*El príncipe constante* and the Issue of Christian Tragedy», en *Studies in Honor of W. Mc Crary,* Lincoln, Nebraska, Society of Spanish American Studies, 1980, págs. 165-175.
Paterson, Alan K., «El local no determinado en *El príncipe constante»,* en *Hacia Calderón. (Tercer Coloquio Anglogermano, Londres 1973),* ed. de H. Flasche, Berlín-Nueva York, W. de Gruyter, 1976, págs. 171-184.
— «Justo Lipsio en el teatro de Calderón», en *El mundo del teatro español en su Siglo de Oro: ensayos dedicados a John E. Varey,* ed. de J. M. Ruano de la Haza, Ottawa, Hispanic Studies, 1, Dovehouse, 1989, págs. 275-291.
Pérez Pastor, Cristóbal, *Documentos para la biografía de Don Pedro Calderón de la Barca,* Madrid, Real Academia Española, 1905.
Pietschmann, Kurt R., «Recepción e influencia de Calderón en el teatro alemán del siglo XIX», en *Clavileño,* Año VI, núm. 35, septiembre-octubre de 1955, págs. 15-25.
Porqueras Mayo, Alberto, *Temas y formas de la literatura española,* Madrid, Gredos, 1972.

Porqueras Mayo, Alberto, «Función y significado de Muley en *El príncipe constante*», en *Approches to the Theater of Calderón,* ed. de M. D. McGaha, Washington, University Press of America, 1982, págs. 157-173.

— «En torno al manuscrito del siglo XVII de *El príncipe constante*», en L. García Lorenzo (ed.), 1983, págs. 235-248.

— «Impacto de *El príncipe constante* en la crítica hispanística (1972-1992)», en *Hacia Calderón (Décimo Coloquio Anglogermano, Passau 1993),* ponencias publicadas por H. Flasche, Stuttgart, F. Steiner Verlag, 1994, págs. 213-222.

Pring-Mill, Robert, D. F., «Estructuras lógico-retóricas y sus resonancias: un discurso de *El príncipe constante*», en *Hacia Calderón (Segundo Coloquio Anglogermano. Hamburgo 1970),* ed. de H. Flasche, Berlín-Nueva York, 1972, págs. 109-154.

— «Estructuras lógico-retóricas. Un discurso de *El príncipe constante*. 2.ª Parte: *Hermosa compostura y piedad real*», en *Hacia Calderón (Tercer Coloquio Anglogermano, Londres 1973),* ed. de H. Flasche, Berlín-Nueva York, Editorial W. de Gruyter, 1976, págs. 47-74.

Profeti, Maria Grazia, «Paratesto e contesto: "Il principe costante" di Alberto Arbasino», en M. G. Profeti, *La vil quimera de este monstruo cómico. Estudios sobre el teatro del Siglo de Oro,* Kassel, K. y R. Reichenberger, 1992, págs. 163-169.

Regalado, Antonio, *Calderón. Los orígenes de la modernidad en la España del Siglo de Oro,* Barcelona, Ensayos-Destino, 1995.

Reichenberger, Arnold G., «Calderón's *El príncipe constante,* a tragedy?», en *Modern Language Notes,* LXXV, 1960, páginas 668-670.

Reichenberger Kurt y Roswitha, *Bibliographisches Handbuch der Calderón-Forschung. Manual Bibliográfico Calderoniano,* Teil I-tomo I, Kassel, Verlag Thiele & Schwarz, 1979.

Reichenberger, Kurt y Caminero, Juventino, *Calderón dramaturgo,* Kassel, ed. Reichenberger-Universidad de Deusto, 1991.

Rivers, Elías L., «Fénix's sonnet in Calderón's *Príncipe constante*», en *Hispanic Review,* XXXVII, 1969, págs. 452-458.

Ruano de la Haza, José María, «Hacia una nueva definición de la tragedia calderoniana», en *Bulletin of the Comediantes,* XXXV, 1983, 165-180.

— «Más sobre la tragedia mixta calderoniana», en *Bulletin of the Comediantes,* XXXVII, 1985, págs. 263-266.

Ruano de la Haza, José María y Allen, John J., *Los teatros comerciales del siglo XVII y la escenificación de la comedia,* Madrid, Ed. Castalia, 1994.

RUIZ BARRIONUEVO, Blanca, «Calderón en Bamberg», en L. García Lorenzo (ed.), 1983, págs. 1435-1440.

RUIZ RAMÓN, Francisco, *Calderón y la tragedia,* Madrid, Alhambra, 1984.

SALLEY, W. C., «A possible influence of the Abencerraje story on Calderón's *El príncipe constante»,* en *The Romanic Review,* XXIII, 1932, págs. 331-333.

SANTIAGO, Sebastián, *Contrarreforma y Barroco,* Madrid, Alianza Editorial, 1981.

SHERGOLD, N. D., «Calderón and Vera Tassis», en *Hispanic Review,* XXX, 1955, págs, 212-218.

SLOMAN, Albert E., *The Sources of Calderón's «El príncipe constante». With a Critical Edition of its Immediate Source, «La fortuna adversa del infante don Fernando de Portugal». A Play Attributed to Lope de Vega,* Oxford, Basil Blackwell, 1950.

— *The Dramatic Craftmanship of Calderón: His Use of Earlier Plays,* Oxford, Dolphin, 1958.

SOUILLER, Didier, *Calderón et le grand théâtre du monde,* Paris, Presses Universitaires de France, 1992.

SPITZER, Leo, «Die Figur der Fénix in Calderóns *Standhaftem Prinzen»,* en *Romanistisches Jahrbuch,* X, 1959, págs. 305-335.

SULLIVAN, Henry W., «Un manuscrito desconocido de la refundición por Goethe del *Standhafte Prinz* (Calderón-A. G. Schlegel)», en *Hacia Calderón (Quinto Coloquio Anglogermano Oxford 1978),* ed. de H. Flasche, Wiesbaden, F. Steiner, 1982, págs. 73-82.

— *Calderón in the German Lands and the Low Countries: his Reception and Influence,* 1654-1980, Cambridge, Cambridge University Press, 1983.

— «The art of fugue: inevitability and surprise in the works of Calderón and J. S. Bach», en *Homenaje a Kurt y Roswitha Reichenberger. Estudios sobre Calderón y el Teatro de la Edad de Oro,* ed. a cargo de F. Mundi Pedret, Barcelona, PPU, 1989, págs. 121-128.

— *El Calderón alemán. Recepción e influencia de un genio hispánico (1654-1980),* Frankfurt-Madrid, Vervuert-Iberoamericana, 1998.

TER HORST, Robert, «The economic parable of time in Calderón's *El príncipe constante»,* en *Romanistisches Jahrbuch,* 23, 1972, págs. 294-306.

TRUMAN, R. W., «The Theme of Justice in Calderón's *El príncipe constante»,* en *Modern Language Review,* LIX, 1964, páginas 43-52.

VALBUENA BRIONES, Ángel, «Revisión biográfica de Calderón de

la Barca», en *Calderón y la comedia nueva,* Madrid, Espasa
    Calpe, 1977, págs. 252-268.
VALBUENA PRAT, Ángel, *Calderón,* Barcelona, Juventud, 1941.
— *El teatro español en su siglo de Oro,* Barcelona, Planeta, 1974.
VAREY, John E., *Cosmovisión y escenografía. El teatro español en el
    Siglo de Oro,* Madrid, Castalia, 1987.
VITSE, Marc, *Elements pour une théorie du theatre espagnol du
    XVIIe siecle,* Toulouse, Presses Universitaires du Mirail, 1990.
WARDROPPER, Bruce, W., «Christian and Moor in Calderón's *El
    príncipe constante*», en *Modern Language Review,* LIII, 1958,
    págs. 512-520.
— «Las comedias religiosas de Calderón», en L. García Lorenzo
    (ed.), 1983, págs. 185-198.
WEINER, Jack, «Between Love and Hate: Calderón de la Barca in
    Tsarist Russia and the USSR (1702-1984)», en *Calderón dra-
    maturgo,* ed. de K. Reichenberger y J. Caminero, Kassel, Ed.
    Reichenberger, Universidad de Deusto, 1991, págs. 205-257.
WHITBY, William M., «Calderón's *El príncipe constante* Fénix
    Role in the Ransom of Fernando's Body», en *Bulletin of the
    Comediantes,* VIII, 1, 1956, págs. 1-4.
— «Calderón's *El príncipe constante:* Structure and Ending», en
    Approches to the Theater of Calderón, ed. de M. D. McGaha,
    Washington, University Press of America, 1982, págs. 143-155.
WILSON, Edward M., «Fray Hortensio Paravicino's protest again,
    El príncipe constante», en *Iberida,* 6, 1961, págs. 245-266.
— «An Early Rehash of Calderón's *El príncipe constante*», en *Mo-
    dern Language Notes,* núm. 76, 1961, págs. 785-794.
— «Calderón y el Patriarca», en *Studia Ibérica, Festschrift für
    H. Flasche,* Berna-Múnich, Francke Verlag, 1973, págs. 697-
    703.
WILSON, E. M. y ENTWISTLE, W. J., «Calderón's *El príncipe cons-
    tante*: Two appreciations», en *Modern Language Review,* XXXIV,
    1939, págs. 207-222.
WILLIAMSEN, Vern G., «La asonancia como señal auditiva en el
    teatro de Tirso de Molina», en *Actas del IX Congreso de la Aso-
    ciación Internacional de Hispanistas* (Berlín, 18-23 de agosto de
    1986), Frankfurt am Main, Vervuert Verlag, 1989.
WOOLDRIDGE, John B., «El encabalgamiento en Calderón: rasgo
    determinativo de su estilo», en Actas del X Congreso Interna-
    cional de Hispanistas (Barcelona, 1981), págs. 1221-1230.
— «El encabalgamiento léxico en las comedias de Calderón», en
    Revista de Literatura, XLIX, 97, 1987, págs. 155-168.

CRONOLOGÍA*

* Cronología establecida por Coronada Pichardo (Universidad Carlos III de Madrid).

Datos en torno al autor	Referencias históricas y políticas	Arte, ciencia y cultura
1600 — Pedro Calderón de la Barca nace en Madrid, el 17 de enero.	**1600** — Inicio de la recesión económica.	**1600** — Giordano Bruno muere en la hoguera en Roma.
		1605 — Cervantes, *Don Quijote de la Mancha* (primera parte). — Shakespeare, *El Rey Lear; Macbeth*.
1608 — Ingresa en el Colegio Imperial de los Jesuitas, en el que se formará hasta 1613.	**1609** — Expulsión de los moriscos.	**1609** — Lope de Vega, *Arte nuevo de hacer comedias*. — Antonio de Eslava, *Noches de invierno*.
1610 — Muere su madre, doña Ana M.ª de Henao.	**1610** — Asesinato de Enrique IV. — Toma de Larache.	**1613** — Lope de Vega, *El perro del hortelano; La dama boba*.

DATOS SOBRE EL AUTOR	REFERENCIAS HISTÓRICAS Y POLÍTICAS	ARTE, CIENCIA Y CULTURA
		— Góngora, *Soledad I*; *El Polifemo*.
		— Cervantes, *Novelas ejemplares*.
1614		
— Su padre contrae matrimonio con doña Juana Freyre.		
— Ingresa en la Universidad de Alcalá para estudiar Lógica y Retórica.		
		1615
		— Tirso de Molina, *Don Gil de las calzas verdes*.
		— Cervantes, *Don Quijote de la Mancha* (2ª parte); *Ocho comedias y ocho entremeses*.
1615		
— Pasa a la Universidad de Salamanca.		
— Muere su padre.		
	1616	**1616**
	— Los Países Bajos juran fidelidad a Felipe III.	— Jerónimo Gracián, *Obras* (ed. póstuma).
		— La Inquisición prohíbe a Galileo la enseñanza de sus teorías.
	1618	**1618**
	— Comienzo de la guerra de los Treinta años	— Guillén de Castro, Primera parte de sus *Comedias*.

1620

— Obtiene el título de bachiller en Cánones.
— Regresa a Madrid y abandona la carrera eclesiástica.
— Inicia su actividad literaria: participa en el Certamen de Beatificación de San Isidro.

1622

— Participa en el Certamen de Canonización de San Isidro.

1623

— Estrena su primera comedia *Amor, honor y poder* en el Palacio Real.

1620

— Intervención de España en la guerra de los Treinta años.
— Los ingleses ocupan Quebec (Canadá).

1621

— Muerte de Felipe III: Felipe IV, Rey.
— Fin de la tregua de los Doce años.
— Tratado de Madrid.

— Vicente Espinel, *Vida del escudero Marcos de Obregón*.

1620

— Lope de Vega, *El caballero de Olmedo*.
— Bacon, *Novum Organum Scientiarum*.

1621

— Tirso de Molina, *Los cigarrales de Toledo*.
— Lope de Vega, *Las fortunas de Diana*.
— Salas Barbadillo, *La sabia Flora Malsabidilla*.

1622

— Lope de Vega, *Fuenteovejuna*.
— Francisco Lugo y Dávila, *Novelas Morales; Teatro popular*.

1623

— Salas Barbadillo, *Don Diego de Noche*.
— Velázquez, *El Conde-Duque de Olivares*.

DATOS SOBRE EL AUTOR	REFERENCIAS HISTÓRICAS Y POLÍTICAS	ARTE, CIENCIA Y CULTURA
	1624	**1624**
	— Guerra con Inglaterra.	— Lope de Vega, *La desdicha por la honra*; *La prudente venganza*; *Guzmán el bravo*.
		— Juan Pérez de Montalbán, *Sucesos y prodigios de amor en ocho novelas ejemplares*.
		— Velázquez, *Los borrachos*.
	1625	**1625**
	— Se prohíbe la impresión de novelas y comedias en Castilla.	— Guillén de Castro, *Segunda parte de las comedias*.
		— Castillo Solórzano, *Tardes entretenidas*.
		1628
		— Ruiz de Alarcón, *Primera parte de las comedias*.
		— Castillo Solórzano, *Escarmientos de amor moralizados*.
1628		
— *El purgatorio de San Patricio*.		
— *Hombre pobre todo es trazas*.		
1629	**1629**	
— *El príncipe constante*.	— Nace el príncipe Baltasar Carlos (1629-1646). Paz de Lübeck: fin del período danés de la guerra de los Treinta años.	
— *La dama duende*.		
— *Casa con dos puertas, mala es de guardar*.		

1634
— *La cena del rey Baltasar.*
— Escribe el auto *El nuevo Palacio del Retiro* para celebrar la inauguración del Teatro del Coliseo.

1635
— Inauguración del Palacio del Buen Retiro (Madrid) con su comedia *El mayor encanto, Amor.*
— *La vida es sueño; El médico de su honra.*
— Es nombrado director de las representaciones en Palacio.

1636
— Se le concede el hábito de Santiago.
— *El escondido y la tapada.*
— *El gran teatro del mundo.*
— Aparece la *Primera parte de Comedias*, recogidas por su hermano José.

1634
— Se vuelven a conceder las licencias de impresión de novelas y comedias.

1635
— Richelieu declara la guerra a España y a Austria.

1632
— Castillo Solórzano, *La niña de los embustes, Teresa del Manzanares.*

1634
— Ruiz de Alarcón, *Segunda parte de las comedias.*
— Castillo Solórzano, *Fiestas del Jardín que contiene tres comedias y cuatro novelas.*

1635
— Tirso de Molina, *Deleitar aprovechando.*
— Ginés Carrillo y Cerón, *Novelas de varios sucesos en varios discursos morales.*
— Muere Lope de Vega.

DATOS SOBRE EL AUTOR	REFERENCIAS HISTÓRICAS Y POLÍTICAS	ARTE, CIENCIA Y CULTURA
1637	**1637**	**1637**
— *El mágico prodigioso.*	— Motín de Evora.	— Castillo Solórzano, *Aventuras del Bachiller Trapaza.*
— *Segunda parte de Comedias.*		— María de Zayas, *Novelas amorosas y exemplares.*
		— Descartes, *El discurso del Método.*
1640	**1640**	**1640**
— Participa en la guerra de Cataluña a partir de septiembre. A su vuelta sirve al duque de Alba.	— Comienza la guerra de Cataluña.	— Rojas Zorrilla, *Primera parte de las comedias.*
— *El alcalde de Zalamea; Ni amor se libra de amor.*	— Portugal se separa de la Corona española.	— Castillo Solórzano, *Los alivios de Casandra.*
	1641	**1641**
	— Luis XIII, conde de Barcelona. Batalla de Montjuich.	— Vélez de Guevara, *El diablo cojuelo.*
	— Conspiración de Andalucía.	— Descartes, *Las Meditaciones.*
	1642	
	— Muerte de Richelieu: Mazarino, primer ministro.	
	— Se funda Montreal en Canadá.	

1648

— Aparece en Zaragoza la colección *Novelas Amorosas de los mejores ingenios de España*, con novelas de Lope de Vega y algunas de Castillo Solórzano.

— Fundación de Academia de Bellas Artes en París.

1650

— Reedición de la colección *Novelas Amorosas de los mejores in genios de España*, en Barcelona.

1648

— Paz de Westfalia. Fin de la guerra de los Treinta años.

1649

— *Guárdate del agua mansa.*
— *La segunda esposa.*

1650

— Vuelve a la carrera eclesiástica, ingresando en la Orden Tercera de San Francisco.

1651

— Se ordena Sacerdote.

1652

— *La fiera, el rayo y la piedra.*
— *No hay más fortuna que Dios.*

Datos sobre el autor	Referencias históricas y políticas	Arte, ciencia y cultura
1653 — Es nombrado Capellán de los Reyes Nuevos en Toledo. — Se dedica a componer autos que le encargan con regularidad los municipios de Madrid y Toledo.		
		1654 — Lizarazu y Berbinzana, *Acasos de fortuna y triunfos de amor.* — Aguirre del Pozo, *Navidad de Zaragoza.* — F. Jacinto de Zurita y Haro, *Méritos disponen premios.*
	1659 — Paz de los Pirineos. Se confirma el hundimiento español.	
	1661 — Luis XIV asume la plenitud del poder.	

1662

— Molière, *Escuela de mujeres.*

1663

— Cristóbal Lozano, *Soledades de la vida y desengaños del mundo; Novelas y Comedias exemplares.*
— Andrés de Prado, *Meriendas del Ingenio y entretenimientos del gusto.*

1665

— Molière, *El Tartufo; Don Juan.*

1665

— Muerte de Felipe IV. Carlos II, rey. Mariana de Austria actuará como regente.

1663

— Es nombrado Capellán de Honor del rey y vuelve definitivamente a la corte.

1664

— *Tercera Parte de Comedias.*

1672

— Aparece la *Cuarta Parte de Comedias.*

1677

— *Quinta Parte de Comedias,* que coincide con la *Primera parte de sus autos.*

DATOS SOBRE EL AUTOR	REFERENCIAS HISTÓRICAS Y POLÍTICAS	ARTE, CIENCIA Y CULTURA
1680		**1680**
— *Andrómeda y Perseo.*		— Fundación de la *Comédie Française.*
— *Hado y divisa de Leónido y Marfisa* se estrena en el Coliseo del Buen Retiro.		— Simón de Castelblanco, *Trabajos del vicio, afanes del amor vicioso, monstruos de la ingratitud.*
1681		
— Muere el 25 de mayo.		
— Melchor de León termina el auto *La divina Filotea,* que quedó incompleto.		

EL PRÍNCIPE CONSTANTE

Comedia Famosa
de Don Pedro Calderón de la Barca

PERSONAJES

DON FERNANDO, *príncipe*
DON ENRIQUE, *príncipe*
DON JUAN COUTIÑO
REY MORO, *viejo*
MULEY, *general*
BRITO, *gracioso*
DON ALFONSO, *rey de Portugal*
FÉNIX, *infanta*
ROSA
ZARA
ESTRELLA
CELIMA
TARUDANTE, *rey de Marruecos*
SOLDADOS
CAUTIVOS

PRIMERA JORNADA

(Salen dos cautivos cantando lo que quisieren,
Zara.)

Zara

Cantad aquí, que ha gustado,
mientras toma de vestir
Fénix hermosa, de oír
las canciones, que ha escuchado
   tal vez en los baños, llenas   5
de dolor y sentimiento.

---

1 Hasta el verso 168 el metro usado es la *redondilla.* Nuestro dramaturgo la emplea «preferentemente para diálogos de tipo conflictivo, donde
los personajes muestran tristeza de ánimo, desventuras amorosas». D. Marín, «Función dramática de la versificación en el teatro de Calderón», en
L. García Lorenzo (ed.), 1983, cit., pág. 1142. Aquí es usada en la escena
del jardín donde aparece la melancólica Fénix. Luego estructura el diálogo de tipo conflictivo entre la princesa y su padre, a causa del retrato de
Tarudante, que suscita los celos de Muley.
   5 *baño:* «Una como mazmorra de que se sirven los Moros para tener
los cautivos principales, que son de rescate, llamado así por ellos» *(Dicc.
Aut.).*

Cautivo 1

Música, cuyo instrumento
son los hierros y cadenas
   que nos aprisionan, ¿puede
haberla alegrado?

Zara

         Sí.   10
Ella escucha desde aquí,
cantad.

Cautivo 1

      Esa pena excede,
   Zara hermosa, a cuantas son,
pues sólo un rudo animal
sin discurso racional   15
canta alegre en la prisión.

Zara

   ¿No cantáis vosotros?

Cautivo 2

              Es
para divertir las penas
propias, mas no las ajenas.

Zara

Ella escucha, cantad pues.   20

11-12 VT: «Ella escucha, desde aquí / cantad». La variante de VT es interesante porque aclara, a mi parecer, un tipo de intervención de este editor que lee el texto no sólo como texto escrito sino como texto representado. En efecto el significado del parlamento de Zara se construye a partir de la función deíctica del adverbio de lugar *aquí*. Según EP Zara está indicando el lugar donde se encuentra Fénix; en cambio según VT Zara indica a los cautivos dónde deben colocarse para empezar a cantar. Y esto porque probablemente lo había visto concretamente en la escena.

Cantan

Al peso de los años
lo eminente se rinde,
que a lo fácil del tiempo
no hay conquista difícil.

(*Sale* ROSA.)

ROSA

Despejad, cautivos; dad   25
a vuestras canciones fin,
porque sale a este jardín
Fénix, a dar vanidad
    al campo con su hermosura,
segunda Aurora del prado.   30

(*Vanse los cautivos*. Salen las moras vistiendo*
a FÉNIX.)

ESTRELLA

Hermosa te has levantado.

21-24 El tema cristiano de la fugacidad del tiempo, que los cautivos
introducen con un lenguaje al cual el manierismo, de influjo neoplató-
nico, atribuye valencias cósmicas, es decir el lenguaje de la música, crea
por contraste el fondo en que aparece en todo su esplendor la efímera hermosura: Fénix en el maravilloso jardín que da al mar. Se trata del *leitmotiv* del drama al cual hemos dedicado un extenso comentario en la introducción. Sin embargo esta interpretación explica por qué en la nota a los
vv 11-12 hemos optado por la lectura de EP que alude deícticamente al lugar por donde aparecerá la princesa.

28-30 *Fénix, a dar vanidad...,* como el *Deus-pictor* hace hermoso el
mundo, la belleza divina de Fénix irradia dando hermosura al jardín. Es
segunda aurora porque la primera es la aurora de la mañana . En el v 32
es incluso preferida a la aurora matinal.

* Esta acotación se lee en VT.

31 El personaje que pronuncia este parlamento en EP es *Fénix;* VT
corrige con *Estrella.* Se trata de un error de EP porque es evidente que
está hablando una criada refiriéndose a la princesa.

ZARA

No blasone el alba pura,
    que la debe este jardín
la luz y fragancia hermosa,
ni la púrpura la rosa,   35
ni la blancura el jazmín.

FÉNIX

El espejo.

ESTRELLA

            Es excusado
querer consultar con él
los borrones que el pincel
sobre la tez no ha dejado.   40

(Danle un espejo.)

FÉNIX

    ¿De qué sirve la hermosura,
(cuando lo fuese la mía)   *(Aparte.)*
si me falta la alegría,
si me falta la ventura?

CELIMA*

¿Qué sientes?

---

40 EP: «sobre la tez ha dejado». Puesto que se trata de belleza de la
naturaleza, aunque efímera, es evidente la alusión al *Deus-pictor* del cual
Calderón trata ampliamente en su informe sobre la pintura: *Deposición en
favor de los Profesores de la pintura* (1677) y al cual hace referencia en muchas piezas.
    42 Seguimos a VT que lo considera un *Aparte.*
    * EP: Zara; VT corrige Celima.
    45 EP: «¿Qué tienes?» Seguimos la variante de VT porque funciona
como introito al parlamento de Fénix donde el personaje de la bella princesa se construye como sujeto melancólico. Y la melancolía es enfermedad del alma que «se siente».

FÉNIX

Si yo supiera,   45
¡ay Celima!, lo que siento,
de mi mismo sentimiento
lisonja al dolor hiciera.
Pero de la pena mía
no sé la naturaleza,   50
que entonces fuera tristeza
lo que hoy es melancolía.
Sólo sé que sé sentir,
lo que sé sentir no sé,
que ilusión del alma fue.   55

ZARA

Pues no pueden divertir
tu tristeza estos jardines
que a la primavera hermosa
labran estatuas de rosa
sobre templos de jazmines,   60
hazte al mar, un barco sea
dorado carro del Sol.

ROSA

Y cuando tanto arrebol
errar por sus ondas vea,
con grande melancolía   65
el jardín al mar dirá:
«Ya el sol en su centro está,
muy breve ha sido este día.»

FÉNIX

Pues no me puede alegrar,

56 EP: «Pues puédente divertir.»
58-59 EP: «cual la Primavera hermosa / labra estatuas de rosa».
64 EP: «entrar por sus ondas vea». Seguimos la variante de VT porque connota el vagar del sujeto melancólico y el «errar» propio de quien vive en el pecado como la bella princesa mora.
69 EP: «Pues no me puedo alegrar.» La presencia de la primera persona es claramente un error.

formando sombras y lejos,   70
la emulación que en reflejos
tienen la tierra y el mar,
    cuando con grandezas sumas
compiten entre esplendores
las espumas a las flores,   75
las flores a las espumas;
    porque el jardín, envidioso
de ver las ondas del mar,
su curso quiere imitar;
y así, al céfiro amoroso   80
    matices rinde y olores
que soplando en ellas bebe,
y hacen las hojas que mueve
un océano de flores;
    cuando el mar, triste de ver   85
la natural compostura
del jardín, también procura
adornar y componer
    su playa, su pompa pierde,
y, a segunda ley sujeto,   90
compite con dulce efeto
campo azul y golfo verde,
    siendo ya con rizas plumas,
ya con mezclados colores,

75-76 Los dos versos bimembres construidos en quiasmo restituyen
la confusión entre los elementos «Tierra/Agua» —a través de las metáfo-
ras-metonimias *espumas/flores*. Predominan en todo el parlamento imágenes oximóricas y sinestéticas, como por ejemplo «océano de flores», que
culminan en el verso perfectamente bimembre en que la contraposición
se produce por la inversión de colores: «campo azul y golfo verde»: muestra evidente del influjo de Góngora. A este propósito véase D. Alonso,
«Estudios y ensayos gongorinos», en *Obras completas,* Gredos, Madrid, páginas 341-460. La diseminación de los elementos —aquí Agua, Tierra,
Aire— se cierra, como de costumbre, con la recapitulación final. Véase,
D. Alonso, «La correlación en la estructura del teatro calderoniano», en
D. Alonso y C. Bousoño, *Seis calas en la expresión literaria española,* cit.,
págs. 109-175.
    82 EP: «en él las bebe».

el jardín un mar de flores,   95
y el mar un jardín de espumas.
     Sin duda mi pena es mucha,
no la pueden lisonjear
campo, cielo, tierra y mar.

ZARA

Gran pena contigo lucha.   100

(Sale el REY *con un retrato.)*

REY

     Si acaso permite el mal,
cuartana de tu belleza,
dar treguas a tu tristeza,
este bello original,
     (que no es retrato el que tiene   *(Aparte)*   105

---

102 *cuartana:* «Calentura que responde al quarto día, *latine quartana,*
que suele causarse del humor melancólico» *(Cov.).*

104-106 En este pasaje Calderón, según nuestro parecer, alude al debate en torno a la nueva manera de pintar retratos, que es preciso colocar
dentro del problema de lo verosímil pictórico, mostrándose partidario,
una vez más, de la técnica pictórica velazqueña. Frente al modo de considerar el retrato en los teorizantes del Renacimiento para los cuales el retrato más semejante al modelo es el que reproduce el tipo , según los principios de la fisonomía, para Velázquez, como para Tiziano o Rembrandt,
consiste en captar la individualidad del modelo: «La verdad y la vida la
pone Velázquez porque las encuentra en sí como experiencia que ha suscitado la presencia del otro. [...] De este modo el retrato no es ni copia,
ni confesión, sino testimonio personal de un objeto ajeno que en su singular realidad ha existido ante el pintor.» J. A. Maravall, *Velázquez y el es-*
píritu de su tiempo, Madrid, Alianza, 1987, págs. 76- 79. Para un análisis
del retrato en el teatro de Calderón véase M. T. Cattaneo, «Il Re di pro-
filo. Note a *Darlo todo y no dar nada»,* en *Colloquium Calderonianum Iter-*
nationale, cit., págs. 405-413.
     Es preciso subrayar también que el retrato como objeto escénico des-
empeña en esta pieza una función diegética importante: causa los celos de
amor de Muley hacia Fénix, y por consiguiente su enfermedad de amor.
Será ésta la que suscitará piedad en don Fernando induciéndole a dejar libre a Muley, vencido en el campo de batalla. De ahí la amistad que va a
nacer entre los dos.

alma y vida) es del Infante
de Marruecos, Tarudante,
que a rendir a tus pies viene
   su corona. Embajador
es de su parte, y no dudo   110
que embajador que habla mudo
trae embajadas de amor.
   Favor en su amparo tengo:
diez mil jinetes alista
que enviar a la conquista   115
de Ceuta, que ya prevengo.
   Dé la vergüenza esta vez
licencia: permite amar
a quien se ha de coronar
rey de tu hermosura en Fez.   120

FÉNIX

   ¡Válgame Alá!

REY

                        ¿Qué rigor
te suspende de esa suerte?

FÉNIX

La sentencia de mi muerte.

REY

¿Qué es lo que dices?

FÉNIX

                        Señor,
   si sabes que siempre has sido   125
mi dueño, mi padre y Rey,
¿qué he de decir? (¡Ay Muley,   *(Aparte)*
grande ocasión has perdido!)
   El silencio (¡ay infelice!)   *(Aparte)*

hace mi humildad inmensa,   130
(miente el alma si lo piensa,   *(Aparte)*
miente la voz si lo dice).

REY

Toma el retrato.

FÉNIX
                            (Forzada   *(Aparte)*
la mano le tomará,
pero el alma no podrá).   135

(Disparan una pieza.)

ZARA

Esta salva es a la entrada
   de Muley, que hoy ha surgido
del mar de Fez.

REY

                   Justa es.

(Sale MULEY con bastón de general.)

MULEY

Dame, gran señor, los pies.

REY

Muley, seas bien venido.   140

MULEY

   Quien penetra el arrebol

131-132 Seguimos la acotación de VT (igualmente por lo que se refiere al
verso 129, y a los versos 133-135). Se trata del caso en que la sugerencia de Vera
quizá depende del haber visto la pieza realizada en la puesta en escena.

141 y sigs.: Muley habla con un lenguaje exaltado. Se trata de un en-
comio de la belleza según el código retórico de la época. Recordemos a
Segismundo que elogia la hermosura de Estrella empleando las mismas
metáforas. Segismundo: «Dime tú agora ¿quién es / esta beldad soberana?
/ ¿Quién es esta diosa humana, / a cuyos divinos pies / postra el cielo su
arrebol? /…Mejor dijeras el sol». *La vida es sueño,* Jornada Segunda,

de tan soberana esfera,
y a quien en el puerto espera
tal Aurora, hija del Sol,
   fuerza es que venga con bien;   145
dame, señora, la mano,
que este favor soberano
puede mereceros quien
   con amor, lealtad y fe
nuevos triunfos te previene,   150
y fue a serviros, y viene
tan amante como fue.
   (¡Válgame el cielo! ¿Qué veo?)   *(Aparte)*

Fénix

Tú, Muley (¡estoy mortal!)   *(Aparte)*
vengas con bien.

Muley

       (No, con mal   *(Aparte)*   155
será, si a mis ojos creo.)

Rey

En fin, Muley, ¿qué hay del mar?

Muley

Hoy tu sufrimiento pruebas,
de pesar te traigo nuevas,
porque ya todo es pesar.   160

Rey

   Pues cuanto supieres di,
que en un ánimo constante

---

vv 1384-1391. ed. de C. Morón Arroyo, Madrid, Cátedra, 1977. Como allí
Estrella, aquí Fénix amaina la exaltación, aunque por razones diferentes.
   153 Nos parece acertada la indicación del *Aparte* que ofrecen H y P.
   155-156 La acotación está en VT.
   162 y sigs. Krenkel comenta: «El Rey pronuncia, sin darse cuenta, una
verdad que constituye el pensamiento fundamental de la obra y de la cual
tendrá pronto triste experiencia por el príncipe constante.»

siempre se halla igual semblante
para el bien y el mal. —Aquí
te sienta, Fénix.

                    FÉNIX
            Sí haré.   165

                    REY
Todos os sentad. —Prosigue,
y nada a callar te obligue.

                    MULEY
Ni hablar, ni callar podré.
    Salí, como me mandaste,
con dos galeazas solas,   170
gran señor, a recorrer
de Berbería las costas.
Fue tu intento que llegase
a aquella ciudad famosa,
llamada en un tiempo Elisa,   175

---

166 La escena representa una sala de audiencias que hay que imaginar, según la arquitectura árabe, como un aula que se abría en un pórtico
inmerso en los jardines. Véase C. Meldolesi, *Spettacolo feudale in Sicilia*,
Palermo, Flaccovio, 1973.
    Es preciso considerar, además, que entre los árabes era costumbre usar
como sala de audiencias un lugar exterior. A éste se alude de forma evidente en dos escenas (II, vv 1233-1236; III, vv. 2130-2137).
    169 Empieza aquí el *romance* que terminará al v 380. Se trata del «ro-
mance de relación» del cual habla Lope en *El arte nuevo*. Muley en forma
de monólogo narrativo informa al Rey de Fez de lo que ocurrió fuera de
la escena, o sea de la batalla en mar con la armada portuguesa. Calderón
mostró una particular preferencia por este metro que, por consiguiente,
usa con frecuencia en su teatro atribuyéndole varias funciones escénicas.
    172 Este tipo de hipérbaton determinado por la anteposición del sin-
tagma determinativo con *de* se repite varias veces a lo largo del drama.
D. Alonso lo considera el tipo más difundido a partir de Herrera hasta llegar
a Góngora. En *El príncipe constante* el uso de este cultismo sintáctico es muy
frecuente en toda clase de tipo por el valor expresivo que proporciona al verso.
Véase D. Alonso, *Góngora y el Polifemo*, Madrid, Gredos, 1974, págs. 150-156;
y M. L. Gutiérrez Araus, «Funcionamiento del hipérbaton en *El príncipe constante*», en L. García Lorenzo (ed.), II, 1983, cit., págs. 1109-1124.
    175 *Elisa*: «Según Génesis 10, 4, y I Crónicas 1, 7, nombre de un biz-
nieto de Noé, no fue el nombre de una ciudad sino de un pueblo que, según Ezequiel 27, 7, habitó la costa del Mediterráneo. Quizá el error (con-

aquella que está en la boca
del Preto Eurelio fundada,
y de Ceido nombre toma,
—que Ceido, Ceuta en hebreo
vuelto el árabe idïoma,   180
quiere decir hermosura,
y ella es ciudad tan hermosa—
aquella, pues, que los cielos
quitaron a tu corona,
quizá por justos enojos   185
del gran profeta Mahoma,
y en oprobio de las armas
nuestras ya vemos ahora
que pendones portugueses
en sus torres se enarbolan,   190

---

fundir la ciudad con un pueblo) surgiera de que en los dos primeros lugares
citados Elisa se sitúa junto a Tarsis, la ciudad fenicia de Tartesos en el suro-
este de España.» Nota de Krenkel. Para él la asociación de Ceido con «ciudad
hermosa» puede venir de la expresión «hermosa Zaida» en el Romancero.

177 Krenkel, seguido por H., ofrece: «Freto Hercúleo», y considera
«Preto Eurelio» una clara corrupción. El estrecho de Gibraltar separa las
dos columnas de Hércules. VB «Puerto Hercúleo». MC «Puerto Eurelio».

La EP, igualmente VSL y VT, ofrecen «Preto Eurelio» mientras H y P
«Freto Hercúleo». Seguimos EP porque la cuestión está muy lejos de una
posible solución. Citemos a este propósito a Porqueras Mayo: «Todos los
editores modernos prefieren Freto Hercúleo que se refiere al estrecho de
Gibraltar. Todas las ediciones del siglo XVII llevan Preto Eurelio y el manuscrito C «Puerto Eurelio». Es curioso que si fue error (como parece) pa-
sase inadvertido a todos los editores contemporáneos de Calderón, como
su hermano José y su gran amigo Vera Tassis y el propio Calderón que
parece haber intervenido en corregir algunos errores. De aquí que respe-
temos en nuestra edición, de momento, «error» sancionado por todo el
siglo XVII. La etimología de Ceuta que aquí se aplica no tiene fundamento
filológico. Krenkel y Maccoll nos recuerdan que Ceuta viene del latín *septa*
= lugar cerrado», pág. 12, nota a los vv 175-176.

179-181 Lucharon por Ceuta por su posición en el Mediterráneo los Bi-
zantinos. Justiniano mandó construir en aquel lugar un alcázar encima de
unos montes llamados *Septem Fratres* (lo cual pudiera ofrecer otra posibilidad etimológica); más tarde serán los Árabes de Marruecos y España, y por
fin los Portugueses. En 1580 fue conquistada por los Españoles. Sin embargo
es nuestra opinión que Calderón no se equivocaba: su etimología, aunque
de pura invención, es funcional desde el punto de vista poético.

188 *ya vemos:* seguimos la edición de P. EP «avemos»; VT «miramos».
Porqueras Mayo, a pesar de que acepta la corrección de VT afirma: «[Par-

teniendo siempre a los ojos
un padrastro que baldona
nuestros aplausos, un freno
que nuestro orgullo reporta,
un Cáucaso que detiene   195
al Nilo de tus victorias
la corriente, y puesta en medio,
el paso a España le estorba.
Iba con órdenes, pues,
de mirar e inquirir todas   200
sus fuerzas para decirte
la disposición y forma
que hoy tiene, y cómo podrás
a menos peligro y costa
emprender la guerra. El cielo   205
te conceda la victoria
con esta restitución,
aunque la dilate ahora
mayor desdicha, pues creo
que está su empresa dudosa   210
y con más necesidad
te está apellidando otra:
pues, las armas prevenidas
para la gran Ceuta, importa
que sobre Tánger acudan,   215
porque amenazada llora
de igual pena, igual desdicha,
igual ruina, igual congoja.
Yo lo sé, porque en el mar
una mañana —a la hora   220

---

ker] No indica la fuente o el criterio, aunque no nos parece desacertado
como otra posible corrección de "avemos"». pág. 13 nota.
    191 EP: «tenidos».
    192 *padrastro*: «El estorbo y el impedimento que tiene alguna fuerza,
o villa o ciudad, de donde sobreviniendo enemigos pueden ser ofendidos
dellos. Díjose así porque le está siempre delante de los ojos, como ame-
nazándoles, aludiendo al recelo que tiene el antenado de que su padrastro, si puede, le hará daño» *(Cov.)*.
    194 EP: «que nuestro orgullo reposa».
    220 En H y P se lee: «una mañana vi —a la hora». El procedimiento

que, medio dormido el sol,
atropellando las sombras
del ocaso, desmaraña
sobre jazmines y rosas
rubios cabellos, que enjuga   225
con paños de oro a la aurora
lágrimas de fuego y nieve
que el sol convirtió en aljófar—
que a largo trecho del agua
venía una gruesa tropa   230
de naves; si bien entonces
no pudo la vista absorta
determinarse a decir
si eran naos o si eran rocas,
porque como en los matices   235
sutiles pinceles logran
unos visos, unos lejos,
que en perspectiva dudosa
parecen montes tal vez,
y tal ciudades famosas   240
—porque la distancia siempre

de la visión en que se basa todo el parlamento de Muley, sea en su valor
gnoseológico, sea en su función retórica de *deixis en phantasma,* no nece-
sita de ser subrayado por el sintagma verbal «vi», porque se construye dentro de la técnica poético-pictórica de nuestro dramaturgo.
    221 y sigs.: «Ya el sol las doradas trenzas / extiende desmarañadas / so-
bre los montes y selvas» *(El purgatorio de San Patricio,* I, vv 157-159).
    234 El verso, perfectamente bimembre, contrapone el elemento de la
realidad *naos* al elemento de la fantasía, en sentido aristotélico, *rocas.* Sin
embargo no se trata de una simple correlación porque la conjución dis-
yuntiva funciona como espejo capaz de restituir una imagen arbitraria:
naos/rocas; una imagen en abismo como demuestran las sucesivas aberraciones en que este elemento de realidad ya no aparecerá.
    235 EP: «en las raíces», se trata de un error. La corrección de VT, que
seguimos, es coherente con el planteamiento pictórico del parlamento.
    237 *visos:* «Se llama la superficie de las cosas lisas o tersas, que mue-
ven particularmente la vista con algún especial color, o reflexión de la luz»,
(Dicc. Aut.). Lejos: «En la Pintura se llama lo que está pintado en dismi-
nución, y representa a la vista estar apartado de la figura principal» *(Dicc.
Aut.).* Calderón se refiere aquí al juego de perspectiva entre figura y fondo.
    241-242 En estos versos Calderón se hace intérprete de las teorías pic-
tóricas sobre la perspectiva en relación con la filosofía escolástica, por la
cual los pintores para realizar un paisaje tienen que tener en cuenta la dis-

monstruos imposibles forma—
así en países azules
hicieron luces y sombras,
confundiendo mar y cielo   245
con las nubes y las ondas,
mil engaños a la vista;
pues ella entonces curiosa
sólo percibió los bultos
y no distinguió las formas.   250
Primero nos pareció,
viendo que sus puntas tocan
con el cielo, que eran nubes
de las que al mar se arrojan
a concebir en zafir   255
lluvias que en cristal abortan;
y fue bien pensado, pues
esta innumerable copia
pareció que pretendía

---

tancia del objeto en relación con quien observa. El problema radica en el
hecho de que un cuadro puede ser pintado según un método conceptual
que tenga en cuenta la verdad óptica. Dice Gombrich: «En cuanto se nos
da la posibilidad de conjeturar no podemos conseguir tener por cierto la
distinción entre el ver y el conocer, o mejor entre el ver y la espectación
del saber», *Arte e illusione*, cit., pág. 266. *[Trad. de la Autora.]*. Esos prodigios ópticos determinados por los efectos de la perspectiva, de los cuales habla Calderón, corresponden al concepto de «aberración». En efecto,
en la voz *monstruo* así reza el *Dicc. Aut.:* «Parto o producción contra el orden de la naturaleza […] pecado de la naturaleza, con que, por defecto o
sobra, no adquiere la perfección.» Esta definición nos remite a la ofrecida
por Baltrušaitis a propósito de las aberraciones de la anamorfosis (véase la
Introducción, págs. 78 y sigs.). Es interesante, además, que estas imágenes aberradas —*monstruos*— se definen *imposibles*, es decir: «un ente fingido que consta de contradicciones y repugnancias» *(Dicc. Aut.)*.
   249-250 *Percibir:* «recibir por alguno de los sentidos las especies del
objeto que le corresponde»; *distinguir:* «ver claramente diferenciando unas
cosas de otras, especialmente las que se miran a lo lejos» *(Dicc. Aut.)*.
A través de la negación se pone más de relieve la mirada falaz de Muley.
Domina en este campo semántico del «ver» el verbo *parecer*.
   256 EP: «lluvias que el cristal aborta».
   257-259 *«pues… pareció»*, y a lo largo de todo el parlamento: *pues sólo
percibió; pues vio; pues vi*. Por una parte el procedimiento de la adquisición de la realidad pasa a través de la acción falaz de la vista, por otra, en
cambio está regido por un pensamiento racional, como demuestra la re-

sorberse el mar gota a gota.   260
Luego de marinos monstruos
nos pareció errante copia,
que a acompañar a Neptuno
salían de sus alcobas;
pues sacudiendo las velas,   265
que son del viento lisonja,
pensamos que sacudían
las alas sobre las olas.
Ya parecía más cerca
una inmensa Babilonia,   270
de quien los pensiles fueron
flámulas que el viento azotan.
Aquí, ya desengañada,
la vista mejor se informa
de que era armada, pues vio   275
a los surcos de las proas,

---

petición de conjunciones causales, *pues, porque* como ha notado V. Hernández Nieto, «"Yo lo sé porque en el mar". Apariencia, desengaño y certeza en el parlamento de Muley», cit., pág. 289. El discurso sigue, pues,
el razonamiento de causa y de finalidad propio de la filosofía escolástica.

267-268 A la extraordinaria visión de los barcos/monstruos marinos
agitando las velas/alas, siguen ahora esos dos versos que dejan percibir la
intensidad del viento, a través de la connotación del verbo *sacudir*, y sobre todo, a través del verso bimembre donde la aliteración de la líquida
asimila las velas al mar, el viento al agua. Esta insistente presencia de versos bimembres con connotaciones figurativas y sonoras muestran una vez
más la influencia de Góngora.

270 *Babilonia*: «Ciudad famosísima, que tuvo su asiento a orillas del
río Eufrates, cabeza y metrópoli en aquel tiempo de toda Caldea y gran
parte de la Mesopotamia y Assyria, edificada por Nembrod, según los he-
breos, reedificada después por Nino o por Semíramis» *(Cov.)*. En *La hija
del aire*, cuando Semíramis habla de su ciudad, encontramos no sólo la referencia a sus pensiles sino también a sus columnas: «Babilonia, esa ciudad
/ que desde el primer cimiento / fabriqué, lo diga; hablen / sus muros, de
quien pendiendo / jardines están, a quien / llaman pensiles por eso, / sus
altas torres, que son / columnas del firmamento» (Segunda Parte, Jornada
I, vv 359-366. Cito de la edición de F. Ruiz Ramón, Madrid, Cátedra, 1987).

272 *Flámulas*: «Una cierta forma de bandera pequeña, que por estar
cortada en los remates a forma de llamas torcidas, le dieron este nombre,
como gallardete, por imitar la cola del gallo. Bandereta es la cuadrada, y
de la que ordinariamente usan los marineros sobre el estanterol o a un
lado de la popa, que señala el viento que corre» *(Cov.)*.

cuando batidas espumas
ya se encrespan, ya se entorchan,
rizarse montes de plata,
de cristal cuajarse rocas.   280
Yo que vi tanto enemigo,
volví a su rigor la proa,
—que también saber huir
es linaje de victoria—
y así, como más experto   285
en estos mares, la boca
tomé de una cala adonde,
al abrigo y a la sombra
de dos montecillos, pude
resistir la poderosa   290
furia de tan gran poder,
que mar, cielo y tierra asombra.
Pasan sin vernos, y yo
deseoso —¿quién lo ignora?—
de saber dónde seguía   295
esta armada su derrota,
a la campaña del mar
salí otra vez, donde logra
el cielo mis esperanzas
en esta ocasión dichosa,   300
pues vi que de aquella armada
se había quedado sola
una nave, y que en el mar
mal defendida zozobra,

---

278 El verso perfectamente bimembre restituye la tormenta del mar
cuyas olas gigantescas parecen columnas y montes. El término *entorcharse,*
que viene de *antorcha,* significa: «Fabricar alguna cosa torciéndola como
se hace con las llamadas hachas o antorchas, compuestas de tres o cuatro
velas grandes torcidas o como se fabrican las columnas que llaman Salomónicas, que por esto, como dice Carducho, se llaman Entorchadas»
(Dicc. Aut). Las columnas salomónicas, de origen hebraico, vuelven a ser
usadas en época renacentista y barroca. La exégesis de la Biblia nos revela
que se trata de la columna de fuego, de la Gracia divina, que Dios envió
a Moisés para detener a los Egipcios. El Rey profeta Salomón se inspiró
en ésta para construir el templo.

292 EP: «que mar, cielo, tierra asombro.»

304 *Zozobrar:* viene de *zozobra:* «La contradición y oposición del

porque, según después supe,   305
de una tormenta que todas
corrieron, había salido
deshecha, rendida y rota;
y así llena de agua estaba,
sin que bastasen las bombas   310
a agotarla, y titubeando
ya a aquella parte, ya a estotra,
estaba a cada vaivén
si se ahoga o no se ahoga.
Llegué a ella y, aunque moro,   315
les di alivio a sus congojas,
que el tener en las desdichas
compañía de tal forma
consuela, que el enemigo
suele servir de lisonja.   320
El deseo de vivir
tanto a alguno le provoca,
que haciendo animoso escalas
de gúmenas y maromas

---

viento, que impide la navegación, y pone en gran riesgo el bajel, haciendo
que vaya dando saltos, como si caminara por piedras. Es voz española antigua» *(Dicc. Aut.)*.

310 *bomba*: «Instrumento para sacar agua, que sube de lo hondo para
arriba. Díjose del verbo griego βομβέω, *resono*, por el sonido que hace y
sirve para desaguar los navíos» *(Cov.)*.

315 La concesiva «aunque» subraya el hecho de que Muley no obstante sea de parte adversa va a ayudar a los cristianos. Y si en Calderón la
categoría social condiciona al individuo, aquí el dramaturgo extiende el
concepto al individuo en general, de cualquier raza o religión. Muley es
un noble, por lo tanto su misma sangre lo incita a actuar honradamente.

320 «Lisonja» en este caso no es halago, sino consuelo que induce a
la benevolencia.

322-325 *Tanto a alguno... se vinieron.* EP (y también VT) ofrecen esta
lectura que es correcta porque «animoso» se refiere a «enemigo» que,
siendo nombre colectivo, admite el verbo en plural: «se vinieron». Por
consiguiente resultaría arbitraria la variante «al intento» que se encuentra
en H. y P.

324 *gúmena*: «Maroma gruesa del navío; del verbo griego, γομόω, *go-
moo, onero*, porque en ella suben en la nave los pesos y cargas». *Maroma*:
«Las cuerdas gruesas, de las cuales principalmente usan los marineros, y
así tomó el nombre de la mar» *(Cov.)*.

a la prisión se vinieron;   325
si bien otros les baldonan
diciéndoles que el vivir
eterno es vivir con honra;
y aun así se resistieron:
¡portuguesa vanagloria!   330
De los que salieron, uno
muy por extenso me informa.
Dice, pues, que aquella armada
ha salido de Lisboa
para Tánger, y que viene   335
a sitiarla con heroica
determinación, que veas
en sus almenas famosas
las quinas que ves en Ceuta
cada vez que el sol se asoma.   340
Duarte de Portugal,
cuya fama vencedora
ha de volar con las plumas
de las águilas de Roma,
envía a sus dos hermanos,   345
Enrique y Fernando, gloria
de este siglo que los mira
coronados de victorias.
Maestres de Cristo y de Avis
son; los dos pechos adornan   350
cruces de perfiles blancos,
una verde y otra roja.
Catorce mil portugueses
son, gran señor, los que cobran

327-328 Dice Segismundo: «Acudamos a lo eterno, / que es la fama
vividora» (*La vida es sueño,* ed. de C. Morón Arroyo, cit., III, vv 2982-
2983). Sólo quien vive con honra vive eternamente, y sólo quien sacrifica
esta vida por la eterna tiene verdadera vida.

339 *quinas:* «Armas de los reyes de Portugal, las cuales dejó a sus su-
cesores Don Alonso, primer Rey de Portugal, en memoria de haber vencido a cinco reyes moros y haberles tomado cinco banderas y cinco escu-
dos» *(Cov.).*

349 Las órdenes de Cristo y de Avis eran dos órdenes militares portugueses. Cfr. v 867.

sus sueldos, sin los que vienen   355
sirviéndolos a su costa.
Mil son los fuertes caballos
que la soberbia española
los vistió para ser tigres,
los calzó para ser onzas.   360
Ya a Tánger habrán llegado,
y ésta, señor, es la hora
que, si su arena no pisan,
al menos sus mares cortan.
Salgamos a defenderla,   365
tú mismo las armas toma,
baje en tu valiente brazo
el azote de Mahoma,
y del libro de la muerte
desate la mejor hoja,   370
que quizá se cumple hoy
una profecía heroica
de Morábitos, que dicen
que en la margen arenosa
del África ha de tener   375
la portuguesa corona
sepulcro infeliz; y vean
que aquesta cuchilla corva
campañas verdes y azules
volvió con su sangre rojas.   380

REY

Calla, no me digas más,

---

360 *onza:* «Animal fiero conocido, cuya piel está manchada de varias
colores» (*Cov.*).
370 *La mejor hoja* es también la de la espada.
372 Los espectadores podían recordar en esta profecía la derrota del
Rey Sebastián de Portugal en Alcazarquivir (1578).
380 EP: «bebió con su sangre roja».
381-476 *Redondillas.* Se trata de diálogos muy animados y dramáticos:
primero la reacción del Rey de Fez a la noticia de que los portugueses están para sitiar a Tánger; luego el diálogo de amor y celos entre Fénix y
Muley a causa del retrato de Tarudante.

que de mortal furia lleno,
cada voz es un veneno
con que la muerte me das.
    Mas sus bríos arrogantes   385
haré que en África tengan
sepulcro, aunque armados vengan
sus Maestres los Infantes.
    Tú, Muley, con los jinetes
de la costa parte luego,   390
mientras yo en tu amparo llego;
que si, como me prometes,
    en escaramuzas diestras
le ocupas, porque tan presto
no tomen tierra, y en esto   395
la sangre heredada muestras,
    yo tan veloz llegaré
como tú, con lo restante
del ejército arrogante
que en ese campo se ve;   400
    y así la sangre concluya
tantos duelos en un día,
porque Ceuta ha de ser mía,
y Tánger no ha de ser suya.

    (Vase.)

MULEY

Aunque de paso, no quiero   405

---

387 EP: «sepulcros». VT corrige.
393 EP: «diestro».
394 EP: «… pues que tan presto».
401 EP: «porque». Hemos preferido la lectura de VT: «y así», porque
subraya, a nuestro parecer, la estructura silogística que organiza el pensamiento de Calderón. Flasche ha notado que es usado muchísimo por
nuestro dramaturgo junto a las formas que restituyen «tan que» y «tan
como», su pensamiento lógico. En particular de la expresión consecutiva
«y así», que en este drama se repite veintiocho veces, el estudioso ha subrayado su procedencia del *itaque* de la filosofía tomista. H. Flasche, «La
lengua de Calderón», en *Actas del Quinto Congreso Internacional de Hispanistas,* Buerdeos, 1977, pág. 45.

dejar, Fénix, de decir,
ya que tengo de morir,
la enfermedad de que muero;
    que aunque pierdan mis recelos
el respeto a tu opinión,   410
si celos mis penas son,
ninguno es cortés con celos.
    ¿Qué retrato, (¡ay enemiga!)
en tu blanca mano vi?
¿Quién es el dichoso, di?   415
¿Quién? Mas espera, no diga
    tu lengua tales agravios;
basta, sin saber quién sea,
que yo en tu mano le vea,
sin que le escuche en tus labios.   420

FÉNIX

    Muley, aunque mi deseo
licencia de amar te dio,
de ofender e injuriar, no.

MULEY

Es verdad, Fénix, ya veo
    que no es estilo ni modo   425
de hablarte; pero los cielos
saben que en habiendo celos
se pierde el respeto a todo.
    Con grande recato y miedo
te serví, quise y amé;   430
mas si con amor callé,
con celos, Fénix, no puedo,
    no puedo.

413-414 En la nota a los vv 104-106 aludimos a la función del retrato
como objeto escénico en cuanto mueve la acción a través de la pasión de
los personajes. Aquí Muley manifiesta sus celos a Fénix a causa del retrato. Por el fuerte *pathos* que deriva de esto Calderón lo emplea frecuentemente, recordemos la escena de *La vida es sueño* en que Estrella se
queja con Astolfo por el retrato que le pende del pecho (I, vv 570-574;
II, vv 1884-1955).

FÉNIX

No ha merecido
tu culpa satisfacción;
pero yo por mi opinión   435
satisfacerte he querido,
que un agravio entre los dos
disculpa tiene; y así
te la doy.

MULEY

¿Pues hayla?

FÉNIX

Sí.

MULEY

¡Buenas nuevas te dé Dios!   440

FÉNIX

Este retrato ha enviado…

MULEY

¿Quién?

FÉNIX

Tarudante el Infante.

MULEY

¿Para qué?

FÉNIX

Porque ignorante
mi padre de mi cuidado…

---

436 EP: «satisfacerme».

MULEY

Bien…

FÉNIX

       Pretende que estos dos   445
reinos…

MULEY

    No me digas más.
¿Esa disculpa me das?
¡Malas nuevas te dé Dios!

FÉNIX

    Pues, ¿qué culpa habré tenido
de que mi padre lo trate?   450

MULEY

De haber hoy, aunque te mate,
el retrato recibido.

FÉNIX

¿Pude excusarlo?

MULEY

¿Pues no?

451-459 Este diálogo entre Fénix y Muley se estructura según el ritmo que le proporciona la *esticomitia:* parte dialógica del drama griego o latino en que dos actores recitan alternativamente un verso cada uno; aquí se trata precisamente de *hemisticomitia* por el hecho de que cada actor pronuncia la mitad de un verso. La *hemisticomitia* hay que analizarla dentro de las «relaciones prosémicas», de las cuales habla Hall (E. T. Hall, *The Hidden Dimension,* Nueva York, Doubleday, 1966), es decir, las que organizan el espacio escénico e interpersonal de los actores en la escena. Calderón recurre frecuentemente al uso de la *hemisticomitia,* en particular cuando estallan las pasiones de los personajes, con fuertes efectos dramáticos.

FÉNIX

¿Cómo?

MULEY

Otra cosa fingir.

FÉNIX

Pues, ¿qué pude hacer?

MULEY

Morir,   455
que por ti lo hiciera yo.

FÉNIX

Fue fuerza.

MULEY

Más fue mudanza.

FÉNIX

Fue violencia.

MULEY

No hay violencia.

FÉNIX

Pues, ¿qué pudo ser?

MULEY

Mi ausencia,
sepulcro de mi esperanza.   460
Y para no asegurarme
de que te puedes mudar,
ya yo me vuelvo a ausentar,
vuelve, Fénix, a matarme.

FÉNIX

Forzosa es la ausencia, parte.

MULEY

Ya lo está el alma primero.   465

FÉNIX

A Tánger, que en Fez te espero
donde acabes de quejarte.

MULEY

Sí haré, si mi mal dilato.

FÉNIX

Adiós, que es fuerza el partir.

MULEY

Oye, ¿al fin me dejas ir   470
sin entregarme el retrato?

FÉNIX

Por el Rey no le he deshecho.

MULEY

Suelta, que no será en vano
que saque yo de tu mano
a quien me saca del pecho.   475

    (Vanse.)

    *(Tocan un clarín, hay ruido de desembarcar,
    y van saliendo el Infante* DON FERNANDO, DON
    ENRIQUE, *y* DON JUAN COUTIÑO.)*

───────────

468 EP: «si el mar dilató».

DON FERNANDO

Yo he de ser el primero, África bella,
que he de pisar tu margen arenosa,
porque oprimida al peso de mi huella
   sientas en tu cerviz la poderosa   480
fuerza que ha de rendirte.

DON ENRIQUE

                       Yo en el suelo
africano la planta generosa
   el segundo pondré. ¡Válgame el cielo!,   *(Cae)*
hasta aquí los agüeros me han seguido.

DON FERNANDO

Pierde, Enrique, a esas cosas el recelo,   485
   porque el caer ahora antes ha sido
que ya, como a señor, la misma tierra
los brazos en albricias te ha pedido.

DON ENRIQUE

Desierta esta campaña y esta sierra
los Alarbes, al vernos, han dejado.   490

---

478 Hay un cambio de escena: de la sala de las audiencias se pasa a
una escena a orillas del mar donde, según la acotación, acaban de desembarcar los portugueses. «La variedad de decorados sinecdóticos que
trasformaban el tablado vacío en un lugar exterior sólo tenía como límite
la imaginación del dramaturgo, los recursos del autor de comedias y la ca-
pacidad intelectual del público de comedias», J. M. Ruano de la Haza,
«La escena exterior» en *Los teatros comerciales del siglo XVII y la escenificación de la comedia,* cit., pág. 434. Sin embargo, el cambio de escena está
marcado también por el cambio métrico con respecto a la escena que pre-
cede. El uso de los *tercetos* aquí se conforma con lo que decía Lope: «son
los tercetos para las cosas graves».
481-484 La caída de Enrique se ve como agüero de desgracia.
490 *Alarbe:* «Vale tanto como hombre bárbaro, áspero, bestial o su-
mamente ignorante. Dícese por comparación a la brutalidad y fiereza que
se experimentó en los Árabes o Alárabes que poseyeron a España, de suerte
que Alarbes es una síncopa de Alárabe» *(Dicc. Aut.).* Calderón con esta
elección, sugerida probablemente por un verso del romance de Góngora,

Don Juan

Tánger las puertas de sus muros cierra.

Don Fernando

Todos se han retirado a su sagrado.
Don Juan Coutiño, conde de Miralva,
reconoced la tierra con cuidado;
    antes que el sol, reconociendo el alba,   495
con más furia nos hiera y nos ofenda,
haced a la ciudad la primer salva;
    decid que defenderse no pretenda,
porque la he de ganar a sangre y fuego,
que el campo inunde, el edificio encienda.   500

Don Juan

    Tú verás que a sus mismas puertas llego,
aunque volcán de llamas y de rayos
le deje al sol con pardas nubes ciego.

(Vase.)

    (Sale el gracioso Brito, *de soldado.)*

Brito

    ¡Gracias a Dios que abriles piso y mayos,
y en la tierra me voy por donde quiero,   505
sin sustos, sin vaivenes ni desmayos!
    Y no en el mar, adonde, si primero
no se consulta un monstruo de madera,
que es juez de palo en fin, el más ligero

El español de Orán: «Triste camina el alarbe», va construyendo la perso-
nalidad de los moros connotándolos negativamente. Además de eso, el
término se pone en relación con el resto del parlamento, o sea con «la desierta campaña y sierra» mostrando cómo el dramaturgo construye los personajes a partir de sus étimos, y en este caso llegando a ser una misma
cosa con su propia tierra, que es tierra de muerte. En efecto, «en hebreo
haraba, vale lo mesmo de *solitudo, desertum*» (Vox: *Arabia; Cov.).*
    508-509 La expresión *monstruo de madera* probablemente alude a la
brújula, definida aquí *monstruo* por el hecho de ser un «juez de palo»: es
decir, un instrumento de madera de asombrosas propiedades en el cual

      no se puede escapar de una carrera   510
      en el mayor peligro. ¡Ah, tierra mía!
      ¡No muera en agua yo, como no muera
      tampoco en tierra hasta el postrero día.
      *[Don Fernando**
      *¿Qué dices, Brito?]**
      Brito

                  Una oración se fragua
    *fúnebre, que es sermón de Berbería**:*
      panegírico es que digo al agua,
      *y en emponomio horténsico me quejo;**

---

confían los marineros. Pero, ¿con qué seguridad? La alusión polémica del gracioso, «juez de palo», o como se dice también, «alcalde de palo» puede significar «juez inútil, e ignorante» con referencia a los riesgos de la navegación.

    * Estos versos con los cuales Calderón se burló de fray Hortensio de Paravicino, poéta enfático y grandiloquente fueron censurados. (Véase la Introducción, págs. 11-12.) Los proponemos aquí, sin numeración, tomándolos de la edición de Parker de 1938, para restituir a la obra su integridad.

    * F. Cerdán ofrece una lectura distinta del parlamento de Brito: «¿Qué es esto?», y comenta: «Parece curioso que A. A. Parker en su edición de *El príncipe constante* [...] haya inventado una parte de este verso cuando el Memorial de Paravicino da el pasaje íntegro», F. Cerdán, «Paravicino y Calderón: religión, teatro y cultismo en el Madrid de 1629», en L. García Lorenzo (ed.), 1983, cit., pág. 1263 nota.

    * La autora pasa a explicar las palabras más oscuras del pasaje censurado, por ejemplo a propósito de «sermón de Berbería» y afirma: «Lo primero que se explica muy bien son las palabras «sermón de Berbería», ya que Brito, con los príncipes Portugueses, acaba de desembarcar en las costas de Marruecos cerca de Fez. Pero, desde luego, el doble sentido es obvio, con la acusación de «algarabía de allende, que el que la habla no la entiende», para satirizar el carácter afectado del lenguaje de Paravicino», ibíd.

    * «Lo único que no se ha podido aclarar, es el origen y empleo de *emponomio,* que junto a *horténsico* suena como muy logrado acierto. El primer comentador, el cardenal de Trejo, traduce así: «que es como se dixesse en lenguaje encarecido y exagerado», F. Cerdán, ídem, pág. 1264.

    Intentaremos una posible interpretación: *horténsico* además de aludir al nombre de Paravicino hace referencia a Quintus Hortensius, nacido en el año 114 a.C. en Roma, que fue el más significativo representante del «estilo asiático», que fue la más importante escuela de elocuencia romana. Se trata, pues, casi seguramente del famoso rétor que pronunció el sermón fúnebre en honor de Sila. A partir de esta coincidencia entre Hortensio Paravicino y Quintus Hortensius, *emponomio* podría entenderse como un neologismo (muy apropiado al carácter de burla de todo el pa-

porque este enojo, desde que se fragua
con ella el vino, me quedó, y ya es viejo.

Don Enrique

¡Qué escuches este loco!

Don Fernando

                              Y que tu pena,
sin razón, sin arbitrio y sin consuelo,   515
¡tanto de ti te priva y te divierte!

Don Enrique

El alma traigo de temores llena;
echada juzgo contra mí la suerte,
   desde que de Lisboa al salir, sólo
imágenes he visto de la muerte.   520
Apenas, pues, al berberisco polo
   prevenimos los dos esta jornada,
cuando de un parasismo el mismo Apolo,

---

saje) cuyo significado podemos construirlo conectándolo con el término *epó-nimo*, con el cual mantiene una relación de paronomasia. Por consiguiente, Paravicino representa a partir de su nombre la más pomposa elocuencia.

517 Enrique interpreta los agüeros en sentido naturalista, mientras Fernando sostiene la vaciedad de tales anuncios desde el punto de vista cristiano. Sin embargo, el resultado le da la razón a don Enrique. Sus temores anticipan la tragedia de su hermano. La anticipación profética redondea la obra desde el punto de vista estructural.

520 El verso está construido en hipérbaton. Este cultismo sintáctico se encuentra frecuentemente en todo el drama, sin duda como influencia del amado poeta cordobés, e igual que Góngora, Calderón lo usa para construir imágenes figurativas, plásticas, sonoras, rítmicas. Aquí la separación de los constituyentes dilata la vista que llega a captar el gran espectáculo de la muerte.

523-524 Calderón restituye el oscurecimiento del sol a través de una estupenda imagen: Apolo (sol, Dios) sufre su parasismo, envuelto en su mortaja, o sea en su sudario —aquí las nubes— que esconde su dorado rostro. La connotación pictórica de estos versos nos parece evocar dos famosos cuadros de El Greco, *La santa faz,* de la cual existen dos versiones, una de 1577-1579 y otra de 1577-1580, que representan el rostro de Cristo impreso en el velo de la Verónica.

De este v 524 en EP se lee «amor tajando».

amortajado en nubes, la dorada
   faz escondió, y el mar sañudo y fiero   525
deshizo con tormentas nuestra armada.
Si miro al mar, mil sombras considero;
   si al cielo miro, sangre me parece
su velo azul; si al aire lisonjero,
aves nocturnas son las que me ofrece;   530
   si a la tierra, sepulcros representa,
donde mísero yo caiga y tropiece.

DON FERNANDO

Pues disfrazarte aquí mi amor intenta
   causa de un melancólico accidente:
sorbernos una nave una tormenta,   535
es decirnos que sobra aquella gente
   para ganar la empresa a que venimos;
verter púrpura el cielo transparente
es gala, no es horror, que si fingimos
   monstruos al agua y pájaros al viento,   540
nosotros hasta aquí no los trajimos;
pues, si ellos aquí están ¿no es argumento
   que a la tierra que habitan inhumanos
pronostican el fin fiero y sangriento?
Estos agüeros viles, miedos vanos,   545
   para los moros vienen, que los crean,
no para que los duden los cristianos.
Nosotros dos lo somos; no se emplean
   nuestras armas aquí por vanagloria
de que en los libros inmortales lean   550
ojos humanos esta gran victoria.

---

525 EP: «ceñudo y fiero».
526 EP: «tormentos».
530 Cfr. Góngora: «infame turba de nocturnas aves», *Fábula de Polifemo y Galatea*, ed. de A. A. Parker, Madrid, Cátedra, 1983, v 39. Como en Góngora las aves nocturnas (los murciélagos) connotan no sólo una sensación de oscuridad sino también el significado de mal agüero. *Nocturno* es un cultismo.
533 VT, seguido por otros editores modernos, corrige «descifrarte».
546 EP: «para los Moros bien, en que los crean».

La fe de Dios a engrandecer venimos,
suyo será el honor, suya la gloria,
si vivimos dichosos, pues morimos;
    el castigo de Dios justo es temerle,   555
éste no viene envuelto en miedos vanos;
a servirle venimos, no a ofenderle;
cristianos sois, haced como cristianos.
    Pero, ¿qué es esto?

(Sale Don Juan.)

Don Juan

        Señor,
yendo al muro a obedecerte,   560
a la falda de ese monte
vi una tropa de jinetes
que de la parte de Fez
corriendo a esta parte vienen
tan veloces que a la vista,   565
aves, no brutos, parecen:
el viento no los sustenta,
la tierra apenas los siente;
y así la tierra ni el aire
sabe si corren o vuelen.   570

Don Fernando

Salgamos a recibirlos,
haciendo primero frente

---

558 EP: «cristianos somos, haced como cristianos.»
559 En la forma del *romance(é-e)* se desarrollan los momentos de la batalla entre los portugueses y los moros. Seguirá el encuentro de Don Fernando con Muley. Aquí el uso del romance tiene una función emotiva con respecto al público gracias a la evocación del romance gongorino.
566 EP: «aves no, brutos parecen». VT corrige la puntuación de una forma muy pertinente. En efecto, una de las dos partes en que se divide el verso bimembre restituye el objeto de la realidad que ha perdido su naturaleza (no brutos) y la otra, la nueva naturaleza (sí aves); la causa eficiente es la velocidad.
570 EP: «vuelan».

los arcabuceros; luego
los que caballos tuvieren
salgan también a su usanza, 575
con lanzas y con arneses.
¡Ea, Enrique, buen principio
esta ocasión nos ofrece!
¡Ánimo!

DON ENRIQUE

Tu hermano soy:
no me espantan accidentes 580
del tiempo, ni me espantara
el semblante de la muerte.

(Vanse.)

BRITO

El cuartel de la salud
me toca a mí guardar siempre.
¡Oh qué brava escaramuza! 585
Ya se embisten, ya acometen.
¡Famoso juego de cañas!
Ponerme en cobro conviene.

(Vase y tocan al arma, salen peleando de dos
en dos. DON JUAN y DON ENRIQUE.)

DON ENRIQUE

A ellos, que ya los moros
vencidos la espalda vuelven. 590

DON JUAN

Llenos de despojos quedan
de caballos y de gentes
estos campos.

___
576 EP: «con sus lanzas y arneses».

DON ENRIQUE

¿Don Fernando
dónde está, que no parece?

DON JUAN

Tanto se ha empeñado en ellos   595
que ya de vista se pierde.

DON ENRIQUE

Pues a buscarle, Coutiño.

DON JUAN

Siempre a tu lado me tienes.

(Vanse, y salen DON FERNANDO, *con la espada de* MULEY, *y* MULEY, *con adarga.)*

DON FERNANDO

En la desierta campaña,
que tumba común parece   600
de cuerpos muertos, si ya
no es teatro de la muerte,
sólo tú, moro, has quedado,
porque rendida tu gente
se retiró, y tu caballo,   605
que mares de sangre vierte,
envuelto en polvo y espuma,
que él mismo levanta y pierde,
te dejó, para despojo
de mi brazo altivo y fuerte,   610
entre los sueltos caballos

---

611 Así empieza el famoso romance de Góngora, *El español de Orán,*
que Calderón va insertando a lo largo del parlamento de don Fernando.
La técnica de intercalar romances, viejos o nuevos, en el teatro del siglo XVII es muy significativa por el efecto que suscita en el público. Constituye, pues, una señal auditiva de fuerte emotividad, sea en el caso, como

de los vencidos jinetes.
Yo ufano con tal victoria,
que me ilustra y desvanece
más que el ver esta campaña   615
coronada de claveles,
pues es tanta la vertida
sangre con que se guarnece,
que la piedad de los ojos
fue tan grande, tan vehemente,   620
de no ver siempre desdichas,
de no mirar ruinas siempre,
que por el campo buscaban
entre lo rojo lo verde.
En efecto, mi valor,   625
sujetando tus valientes
bríos, de tantos perdidos,
un suelto caballo prende,
tan monstruo, que siendo hijo
del viento, adopción pretende   630
del fuego, y entre los dos
lo desdice y lo desmiente
el color, pues siendo blanco
dice el agua: «Parto es éste
de mi esfera, sola yo   635
pude cuajarle de nieve».

éste, en que se trata del homenaje al venerado poeta cordobés que había
muerto en 1627; sea en el caso en que funciona como memoria del patri-
monio de la lírica popular castellana. Procedimiento que conocía muy
bien Lope de Vega y para el cual constituía una técnica poética bien ex-
perimentada, sobre todo en las comedias de asunto histórico nacional.
Véase E. Cancelliere, «Lope de Vega e il Romancero: varianti d'autore sulla tradizione», en *Quaderni dell'Istituto di Lingue e Letterature Straniere*,
núms. 8-9, della Facoltà di Magistero, Università di Palermo, 1984-1985,
págs. 9-21.

617 EP: «pues es tanta la perdida»

628 y sigs: Una de tantas descripciones calderonianas de un caballo
torbellino donde se condensan los cuatro elementos. Calderón ironiza sobre la repetición de este motivo. Véase *La vida es sueño* (III, vv 2672-2685):
«En un veloz caballo… perdóname que fuerza es el pintallo / en vinién-
dome a cuento…»).

En fin, en lo veloz, viento,
rayo, en fin, en lo eminente,
era por lo blanco cisne,
por lo sangriento era sierpe,   640
por lo hermoso era soberbio,
por lo atrevido, valiente,
por los relinchos, lozano,
y por las cernejas, fuerte.
En la silla y en las ancas,   645
puestos los dos juntamente,
mares de sangre rompimos,
por cuyas ondas crueles
este bajel animado,
hecho proa de la frente,   650
rompiendo el globo de nácar
desde el codón al copete,
pareció entre espuma y sangre,
ya que bajel quise hacerle,
de cuatro espuelas herido,   655
que cuatro vientos le mueven.
Rindióse al fin, si hubo peso
que tanto Atlante oprimiese;
si bien el de las desdichas
hasta los brutos lo sienten;   660
o ya fue que, enternecido,
allá en su instinto dijese:
«Triste camina el alarbe
y el español parte alegre;
¿luego yo contra mi patria   665
soy traidor y soy aleve?
No quiero pasar de aquí.»

637-644 Se trata de un sistema paralelístico de nueve versos construidos en una simetría bilateral y cuyos miembros se constituyen en una
relación de causa y finalidad en un *clímax* de fuerte intensidad.

647 Hipérbole que construye una de las muchas imágenes de la muerte.

652 *codón:* «Pedazo de cuero que cubre la cola de un caballo.» *copete:*
«Pedazo de crin o mechón que les cae a los caballos de la frente» *(Dicc.
Aut.).*

658 EP: «que tanto Atlante siguiese».

        Y puesto que triste vienes,
        tanto, que aunque el corazón
        disimula cuanto puede,   670
        por la boca y por los ojos,
        volcanes que el pecho enciende,
        ardientes suspiros lanza
        y tiernas lágrimas vierte;
        admirado mi valor   675
        de ver, cada vez que vuelve,
        que a un golpe de la fortuna
        tanto se postre y sujete
        tu valor, pienso que sea otra
        la causa que te entristece,   680
        porque por la libertad
        no era justo ni decente
        que tan tiernamente llore
        quien tan duramente hiere.
        Y así, si el comunicar   685
        los males alivio ofrece
        al sentimiento, entre tanto
        que llegamos a mi gente,
        mi deseo a tu cuidado,
        si tanto favor merece,   690
        con razones le pregunta,
        comedidas y corteses:
        ¿qué sientes?, pues ya yo creo,
        que el venir preso no sientes.
        Comunicado el dolor   695
        se aplaca, si no se vence;
        y yo, que soy el que tuvo
        más parte en este accidente
        de la fortuna, también
        quiero ser el que consuele   700
        de tus suspiros la causa,
        si la causa lo consiente.

_____

668 EP: «conviene, pues triste vienes».
669 EP: «tanto, que aun el corazón».
677-678 EP: «que un golpe»;«tanto le postre».

MULEY

Valiente eres, español,
y cortés como valiente;
también vences con la lengua   705
como con la espada vences.
Tuya fue la vida, cuando
con la espada entre mi gente
me venciste; pero ahora
que con la lengua me prendes   710
es tuya el alma, porque
alma y vida se confiesen
tuyas, de ambas eres dueño;
pues ya cruel, ya clemente,
por el trato y por las armas   715
me has cautivado dos veces.
Movido de la piedad
de oírme, español, y verme,
preguntado me has la causa
de mis suspiros ardientes.   720
Y aunque confieso que el mal
repetido y dicho suele
templarse, también confieso
que quien le repite quiere
aliviarse, y es mi mal   725
tan dueño de mis placeres,
que por no hacerles disgusto,
y que aliviado me deje,
no quisiera repetirle;
mas ya es fuerza obedecerte,   730
y quiérotela decir
por quien soy y por quien eres.
· Sobrino del Rey de Fez
soy; mi nombre es Muley Jeque,
familia que ilustran tantos   735
bajaes y belerbeyes.

---

729 EP: «repetirse». Esta variante la tomamos de P que probablemente conocía MC.

736 *bajaes*: «Bassá o baxá vale en lengua turquesca tanto como gran

Tan hijo fui de desdichas
desde mi primer oriente,
que en el umbral de la vida
nací en manos de la muerte.   740
Una desierta campaña,
que fue sepulcro eminente
de españoles, fue mi cuna;
pues, para que lo confieses,
en los Gelves nací el año   745
que os perdisteis en los Gelves.
A servir al Rey mi tío
vine infante; pero empiecen
las penas y las desdichas;
cesen las venturas, cesen.   750
Vine a Fez, y una hermosura,
a quien he adorado siempre,
junto a mi casa vivía,
porque más cerca muriese.
Desde mis primeros años,   755
porque más constante fuese
este amor, más imposible
de acabarse y de romperse,
ambos nos criamos juntos,
y amor en nuestras niñeces   760
no fue rayo, pues hirió
en lo humilde, tierno y debil

_____

personaje del consejo de estado y de guerra» *(Cov.)*. *Belerbeyes* es palabra
de origen árabe: *bey ler bey* que significa «comandante en jefe».

745-746 A propósito de esta cita comenta Porqueras Mayo: «Todos los
editores y comentaristas modernos han resaltado el anacronismo en que
incurre Calderón, por seguir exactamente en estos versos el romance de
Góngora. En la isla de Gelves en 1560 (por tanto mucho después del fondo
histórico en que se desarrolla el drama calderoniano) el ejército español que
había ocupado la isla fue derrotado por la flota turca. También ocurrió allí
en 1510 otro desastre histórico, que costó la vida a don García de Toledo,
y a ello se refiere Garcilaso en su segunda égloga» pág. 36, nota.

Hay constancia de dos batallas de Los Gelves (actual Djerba): 1510
y 1560. Calderón no se refiere, pues, a ninguna batalla histórica, aunque
utiliza el nombre de Los Gelves como el único posible recuerdo que sus
oyentes podían tener de derrotas cristianas en África.

754 EP: «porque yo cerca muriese».

con más fuerza que pudiera
en lo augusto, altivo y fuerte,
tanto, que para mostrar   765
sus fuerzas y sus poderes,
hirió nuestros corazones
con arpones diferentes.
Pero como la porfía
del agua en las piedras suele   770
hacer señal, por la fuerza
no, sino cayendo siempre,
así las lágrimas mías,
porfiando eternamente,
la piedra del corazón,   775
más que los diamantes fuerte,
labraron; y no con fuerza
de méritos excelentes,
pero con mi mucho amor
vino al fin a enternecerse.   780
En este estado viví
algún tiempo, aunque fue breve,
gozando en auras süaves
mil amorosos deleites.
Ausentéme, por mi mal: 785
harto he dicho en ausentéme,
pues en mi ausencia otro amante
ha venido a darme muerte.
Él dichoso, yo infelice;
él asistiendo, yo ausente;   790
yo cautivo, y libre él,
me contrastará mi suerte
cuando tú me cautivaste,
¡mira si es bien me lamente!

Don Fernando

Valiente moro y galán,   795

---

767 EP: «rindió sus corazones».
770 EP: «con iguales piedras suele».
787 EP: «pues en ausencia...»

si adoras como refieres,
si idolatras como dices,
si amas como encareces,
si celas como suspiras,
si como recelas temes,   800
y si como sientes amas,
dichosamente padeces.
No quiero por tu rescate
más precio de que le aceptes:
vuélvete, y dile a tu dama   805
que por su esclavo te ofrece
un portugués caballero;
y si obligada pretende
pagarme el precio por ti,
yo te doy lo que me debes,   810
cobra la deuda en amor,
y logra tus intereses.
Ya el caballo, que rendido
cayó en el suelo, parece
con el ocio y el descanso   815
que restituido vuelve;
y porque sé qué es amor,
y qué es tardanza en ausentes,
no te quiero detener:
sube en tu caballo y vete.   820

MULEY

Nada mi voz te responde,
que a quien liberal ofrece,
sólo aceptar es lisonja.
Dime, portugués, ¿quién eres?

DON FERNANDO

Un hombre noble, y no más.   825

803-807 Resonancia de la *Historia del moro Abencerraje y de la hermosa Jarifa,* pero don Fernando es incluso más generoso que Rodrigo de Narváez, pues éste le obliga al moro a volver y don Fernando no.
813 EP: «Y el caballo.»

Muley

Bien lo muestras, seas quien fueres.
Para el bien y para el mal
soy tu esclavo eternamente.

Don Fernando

Toma el caballo, que es tarde.

Muley

Pues si a ti te lo parece,   830
¿qué hará a quien vino cautivo
y libre a su dama vuelve?

(Vase.)

Don Fernando

Generosa acción es dar,
y más la vida.

Muley   *(Dentro.)*

            ¡Valiente
portugués!

Don Fernando

            Desde el caballo   835
habla. —¿Qué es lo que me quieres?

Muley   *(Dentro.)*

Espero que he de pagarte
algún día tantos bienes.

Don Fernando

Gózalos tú.

MULEY   *(Dentro.)*

Porque al fin,
hacer bien nunca se pierde.   840
Alá te guarde, español.

DON FERNANDO

Si Alá es Dios, con bien te lleve.

(Suena dentro ruido de trompetas y cajas.)

Mas, ¿qué trompeta es ésta
que el aire turba y la región molesta?
Y por estotra parte   845
cajas se escuchan: música de Marte
son las dos.

(Sale DON ENRIQUE.*)*

DON ENRIQUE

¡Oh, Fernando!
Tu persona, veloz vengo buscando.

---

840 Principio de ética natural que un hombre noble descubre por sí
mismo, aunque sea moro. Véase nota v 315. Un interesante paralelo se encuentra en *La vida es sueño*: «... que aun en sueños / no se pierde el hacer bien» (II, vv 2146-2147).

843-970 *Silvas*. El uso de los metros italianos es menos frecuente en
Calderón que prefiere los metros tradicionales. Hilborn ha estudiado cuatro tipos de *silvas* a lo largo de la producción calderoniana. A partir del
año 1628 empieza a prevalecer el tipo que presenta una mezcla irregular
de versos endecasílabos y heptasílabos con rima en los pares; los versos libres casi no existen. H. W. Hilborn, «Calderón's *silvas*», en *Publications of
the Modern Language Association of America*, LVIII, 1943, págs. 122-125.
Calderón emplea la *silva* sea para monólogos de todo tipo, sea para el diálogo en particular de tipo conflictivo (D. Marín, ídem., pág. 1143) como
en esta escena en que se enfrentan los dos ejércitos enemigos. Al fin los
portugueses son cercados por el ejército árabe y don Fernando queda
preso por el Rey de Fez.

Don Fernando

Enrique, ¿qué hay de nuevo?

Don Enrique

                       Aquellos ecos,
ejércitos de Fez y de Marruecos   850
son, porque Tarudante
al Rey de Fez socorre, y arrogante
el Rey con gente viene.
En medio cada ejército nos tiene,
de modo que cercados   855
somos los sitiadores y sitiados.
Si la espalda volvemos
al uno, mal del otro nos podemos
defender: pues por una y otra parte
nos deslumbran relámpagos de Marte.   860
¿Qué haremos, pues, de confusiones llenos?

Don Fernando

¿Qué? Morir como buenos,
con ánimos constantes.
¿No somos dos Maestres, dos Infantes,
cuando bastara ser dos portugueses   865
particulares para no haber visto
la cara al miedo? Pues, Avis y Cristo
a voces repitamos,
y por la fe muramos,
pues a morir venimos.   870

    (Sale Don Juan.)

Don Juan

Mala salida a tierra dispusimos.

---

867 EP: «el miedo de la cara».

Don Fernando

Ya no es tiempo de medios:
a los brazos apelen los remedios,
pues uno y otro ejército nos cierra
en medio. ¡Avis y Cristo!

Don Juan

             ¡Guerra, guerra!   875

   (*Éntranse sacando las espadas, dase la batalla
y sale* Brito.)

Brito

Ya nos cogen en medio
un ejército y otro sin remedio.
¡Qué bellaca palabra!
La llave eterna de los cielos abra
un resquicio siquiera,   880
que de aqueste peligro salga afuera
quien aquí se ha venido
sin qué ni para qué. Pero fingido
muerto estaré un instante,
y muerto lo tendré para adelante.   885

   (*Cáese en el suelo, y sale un moro acuchi-
llando a* Don Enrique.)

Moro

¿Quién tanto se defiende,
siendo mi brazo rayo que desciende
desde la cuarta esfera?

Don Enrique

Pues, aunque yo tropiece, caiga y muera

887-888 La cuarta esfera es el sol, del cual desciende el rayo.

en cuerpos de cristianos,   890
no desmaya la fuerza de las manos,
que ella de quien yo soy mejor avisa.

Brito

¡Cuerpo de Dios con él, y qué bien pisa!

(Písanle, y éntranse, y salen Muley *y* Don
Juan Coutiño *riñendo.)*

Muley

Ver, portugués valiente,
en ti fuerza tan grande, no lo siente   895
mi valor, pues quisiera
daros hoy la victoria.

Don Juan

                    ¡Pena fiera!
Sin tiento y sin aviso
son cuerpos de cristianos cuantos piso.

Brito

Yo se lo perdonara,   900
a trueco, mi señor, que no pisara.

(Vanse los dos, y salen por la otra puerta Don
Enrique *y* Don Juan *retirándose de los moros,
y luego el* Rey *y* Don Fernando.)

Rey

Rinde la espada, altivo
portugués; que si logro el verte vivo
en mi poder, prometo
ser tu amigo. ¿Quién eres?   905

Don Fernando

Un caballero soy; saber no esperes
más de mí. Dame muerte.

(Sale Don Juan y pónese a su lado.)

Don Juan

Primero, gran señor, mi pecho fuerte,
que es muro de diamante,
tu vida guardará puesto delante.   910
¡Ea, Fernando mío,
muéstrese ahora el heredado brío!

Rey

Si esto escucho, ¿qué espero?
Suspéndanse las armas, que no quiero
hoy más felice gloria;   915
que este preso me basta por victoria.
Si tu prisión o muerte
con tal sentencia decretó la suerte,
da la espada, Fernando,
al Rey de Fez.

(Sale Muley*.)

Muley

                    ¿Qué es lo que estoy mirando?   920

Don Fernando

Sólo a un rey la rindiera,
que desesperación negarla fuera.

---

907 EP: «Dame la muerte.» También en VT encontramos «dame la
muerte». H, P y PM: «dame muerte»; igual que en MC, para respetar el
heptasílabo.
* Esta acotación la introduce VT corrigiendo la falta de EP.
921-922 Cuando el noble no ha muerto luchando y ha sido derrotado, el no rendirse fuera desesperación, o sea, buscar el suicidio, lo cual
le está prohibido a un cristiano.

(Sale DON ENRIQUE.)

DON ENRIQUE

¡Preso mi hermano!

DON FERNANDO

    Enrique,
tu voz más sentimiento no publique;
que en la suerte importuna   925
éstos son los sucesos de fortuna.

REY

Enrique, Don Fernando
está hoy en mi poder; y aunque, mostrando
la ventaja que tengo,
pudiera daros muerte, yo no vengo   930
hoy más que a defenderme,
que vuestra sangre no viniera a hacerme
honras tan conocidas
como podrán hacerme vuestras vidas.
Y para que el rescate   935
con más puntualidad al Rey se trate,
vuelve tú, que Fernando
en mi poder se quedará, aguardando
que vengas a librarle.
Pero dile a Duarte que en llevarle   940
será su intento vano,
si a Ceuta no me entrega por su mano.
Y ahora Vuestra Alteza,
a quien debo esta honra, esta grandeza,
a Fez venga conmigo.   945

DON FERNANDO

Iré a la esfera cuyo rayo sigo.

MULEY

(Porque yo tenga, ¡Cielos!, *(Aparte.)*
más que sentir entre amistad y celos).

DON FERNANDO

Enrique, preso quedo;
ni al mal ni a la fortuna tengo miedo.   950
Dirásle a nuestro hermano
que haga aquí como príncipe cristiano
en la desdicha mía.

DON ENRIQUE

Pues, ¿quién de sus grandezas desconfía?

DON FERNANDO

Esto te encargo y digo: 955
que haga como cristiano.

DON ENRIQUE

               Yo me obligo
a volver como tal.

DON FERNANDO

               Dame esos brazos.

DON ENRIQUE

Tú eres el preso, y pónesme a mí lazos.

DON FERNANDO

Don Juan, adiós.

DON JUAN

               Yo he de quedar contigo,
de mí no te despidas.

951-956 Hacer como príncipe cristiano significaba no ceder a los musulmanes un palmo de tierra cristiana. Por consiguiente, dejar morir a don
Fernando antes de entregar Ceuta.

Don Fernando

¡Leal amigo!   960

Don Enrique

¡Oh infelice jornada!

Don Fernando

Dirásle al Rey… mas no le digas nada,
si con gran silencio el miedo vano
estas lágrimas lleva al Rey mi hermano.

(Vanse, y salen dos moros, y ven a Brito *como muerto.)*

Moro 1

Cristiano muerto es éste.   965

Moro 2

Porque no causen peste
echad al mar los muertos.

Brito

En dejándoos los cascos bien abiertos
a tajos y a reveses;   *(Acuchíllalos.)*
que ainda mortos somos portugueses.   970

---

962 EP: «Dile.» VT corrige la métrica.
970 Calderón cierra la Primera Jornada con una expresión en portugués, *ainda mortos,* que significa 'aunque muertos', para suscitar un común sentimiento de la Nación ya que en aquella época (hasta 1640) España y Portugal estaban unidas.

SEGUNDA JORNADA

(Sale FÉNIX.*)*

FÉNIX

¡Zara! ¡Rosa! ¡Estrella! ¿No
hay quien me responda?

(Sale MULEY.*)*

MULEY

        Sí,
que tú eres Sol para mí
y para ti sombra yo,
y la sombra al Sol siguió.   975
El eco dulce escuché
de tu voz, y apresuré
por esta montaña el paso.
¿Qué sientes?

FÉNIX

       Oye, si acaso

971-1060 La Segunda Jornada empieza en *décimas*. Calderón amplía
el uso de este metro que resulta funcional a toda clase de monólogo y de
diálogo. En una «escena de jardín» se encuentran Muley y Fénix. Los
acentos líricos de la descripción del lugar ameno, donde la princesa rindió el alma al sueño, se alternan con otros de fuerte tensión dramática (la
profecía de la «caduca Africana»).

puedo decir lo que fue.   980
    Lisonjera, libre, ingrata,
dulce, süave una fuente
hizo apacible corriente
de cristal y undosa plata.
Lisonjera se desata,   985
porque hablaba y no sentía;
süave, porque fingía;
libre, porque claro hablaba;
dulce, porque murmuraba;
e ingrata, porque corría.   990
    Aquí cansada llegué,
después de seguir ligera
en ese monte una fiera,
en cuya frescura hallé
ocio y descanso; porque   995
de un montecillo a la espalda,
de quien corona y guirnalda
fueron clavel y jazmín,
sobre un catre de carmín
hice un foso de esmeralda.   1000
    Apenas en él rendí
el alma al susurro blando
de las soledades, cuando
ruido en las hojas sentí.
Atenta me puse, y vi   1005
una caduca africana,
espíritu en forma humana,
ceño arrugado y esquivo,

981-990 Primero la descripción de la fuente, a través de sus atributos,
estructurada en un sistema de acumulación en contacto y coordinada en
asíndenton, construye la imagen en forma dilatada gracias al hipérbaton que
separa el sustantivo del adjetivo atributo que D. Alonso define. «hipérbaton
de distensión o distensivo». D. Alonso, *Góngora y el Polifemo*, cit., pág. 155.
Luego las imágenes, en un sistema de causa y finalidad, se repiten a través
de la acumulación a distancia. Se viene a determinar, así, un *climax* que restituye a la vista de la mente este lugar, connotándolo como la «escena del
sueño», sobre todo si consideramos que esta fuente es «süave», o sea blanda
y apacible a los sentidos —en particular al oído por ser melodiosa—, y que
el sintagma «fingir» evoca engaño, apariencia, fingimiento, en fin, «sueño».

que era un esqueleto vivo
de lo que fue sombra vana,   1010
   cuya rústica fiereza,
cuyo aspecto esquivo y bronco
fue escultura hecha de un tronco
sin pulirse la corteza.
Con melancolía y tristeza,   1015
pasiones siempre infelices,
para que te atemorices,
una mano me tomó,
y entonces ser tronco yo
afirmé por las raíces.   1020
   Hielo introdujo en mis venas
el contacto, horror las voces,
que discurriendo veloces,
de mortal veneno llenas,
articuladas apenas,   1025
esto les pude entender:
«¡Ay infelice mujer!
¡Ay forzosa desventura!

1009 Esta forma de oxímoron, que atribuye cualidades contradicto-
rias al mismo objeto, es muy frecuente en Calderón. En particular la metáfora del «esqueleto vivo» se encuentra en distintas variantes. Recordemos que en *La vida es sueño* Segismundo es definido «vivo cadáver»,
animado muerto». Esta dicotomía remite a otras como «vida/muerte»,
«cuna/sepulcro» constituyendo el nivel simbólico del drama. La referencia a las artes figurativas es evidente, citemos, entre muchos, el ejemplo
del «Cristo» de Velázquez (1632), hoy en el Museo de Prado.
1027-1030 Fénix tiene en sueño el presentimiento del futuro. Es un
motivo básico en Calderón y motivo central de su obra maestra, *La vida
es sueño* (II, vv 2064-2067; 2072-2077); pero se encuentra en muchas de
sus obras, recordemos también *La hija del aire* (I Parte, III, vv 3287-3303).
Aquí el sueño abre la pieza al misterio de fuerzas que actúan sobre los
hombres sin quitarles el libre albedrío y la responsabilidad de sus acciones. Además hay que recordar que las profecías tienen una función estructural de tipo deíctico. Se trata de la «*deixis* del tiempo» que a través
de la predicción, pone en relación el presente de la acción escénica con el
futuro. La profecía, pues, construye a través del *decorado verbal* una escena que aún ha de acaecer y por lo tanto que puede imaginarse sólo con
los ojos de la mente. Aquí la escena se realiza ya en el sueño y por lo tanto
se construye como «escena virtual».

¡Que en efecto esta hermosura
precio de un muerto ha de ser!»   1030
    Dijo; y yo tan triste vivo
que diré mejor que muero;
pues, por instantes espero
de aquel tronco fugitivo
cumplimiento tan esquivo,   1035
de aquel oráculo yerto
el presagio y fin tan cierto
que mi vida ha de tener.
¡Ay de mí! ¡Que yo he de ser
precio vil de un hombre muerto!   1040

    (Vase.)

                        MULEY

    Fácil es de descifrar
ese sueño, esa ilusión,
pues las imágenes son
de mi pena singular.
A Tarudante has de dar   1045
la mano de esposa; pero
yo, que en pensarlo me muero,
estorbaré mi rigor;

Según EP y VT los versos 1029-1030 deben leerse con el punto de interrogación. Preferimos seguir la sugerencia de P, y que encontramos también en PM y MC, que entiende estas palabras dentro del punto de admiración por el carácter de profecía que tienen.

1034 *Fugitivo:* cultismo lexical frecuente en Góngora. D. Alonso lo cita entre los cultismos que sufrieron la censura anticultista. Véase D. Alonso, «La lengua poética de Góngora», cit., págs. 49-128.

1039 EP: «Que hoy he de ser.»

1041-1060 Muley se ha quedado solo en el tablado, por lo tanto este parlamento es un soliloquio, dado que Muley está razonando consigo mismo aunque disimule un diálogo con Fénix. De todas formas estamos aún muy lejos de la complejidad de los soliloquios por ejemplo de *La vida es sueño.*

1048 *estorbaré mi rigor:* 'impediré mi dolor o derrota a manos del rival'. El término «rigor» se utiliza en la comedia como modificante de la justicia: la justicia es el medio o la virtud, pero puede inclinarse a dos extremos: la clemencia y el «rigor» o crueldad. Cfr. v 1081, 1470, 1491, 1516.

que él no ha de gozar tu amor
si no me mata primero.   1050
    Perderte yo, podrá ser;
mas no perderte y vivir;
luego, si es fuerza el morir,
antes que lo llegue a ver,
precio mi vida ha de ser   1055
con que ha de comprarte, ¡ay Cielos!,
y tú en tantos desconsuelos
precio de un muerto serás,
pues que morir me verás
de amor, de envidia y de celos.   1060

(Salen tres cautivos y el Infante Don Fernando.)

Cautivo 1

Desde aquel jardín te vimos,
donde estamos trabajando,
andar a caza, Fernando,
y todos juntos venimos
    a arrojarnos a tus pies.   1065

Cautivo 2

Solamente este consuelo
aquí nos ofrece el cielo.

Cautivo 3

Piedad como suya es.

Don Fernando

Amigos, dadme los brazos;
y sabe Dios si con ellos   1070
quisiera de vuestros cuellos

1061 Las *redondillas* (que se prolongan hasta el v 1172) restituyen la
tristeza de ánimo de don Fernando cautivo. A la pena que siente el Infante por su condición de esclavo se asocia la de Muley, esclavo de amor.
    1062 Este verso falta en EP. Seguimos a VT que lo añade para com-
pletar la redondilla.

romper los nudos y lazos
   que os aprisionan; que a fe
que os darían libertad
antes que a mí; mas pensad   1075
que favor del cielo fue
   esta piadosa sentencia:
él mejorará la suerte,
que a la desdicha más fuerte
sabe vencer la prudencia.   1080
   Sufrid con ella el rigor
del tiempo y de la fortuna:
deidad bárbara, importuna,
hoy cadáver y ayer flor,
   no permanece jamás,   1085
y así os mudará de estado.
¡Ay Dios!, que al necesitado
darle consejo no más
   no es prudencia; y en verdad,
que aunque quiera regalaros,   1090
no tengo esta vez qué daros:
mis amigos, perdonad.
   Ya de Portugal espero
socorro, presto vendrá;
vuestra mi hacienda será,   1095
para vosotros la quiero.
   Si me vienen a sacar
del cautiverio, ya digo
que todos iréis conmigo.
Id con Dios a trabajar,   1100
   no disgustéis vuestros dueños.

Cautivo 1

Señor, tu vista y salud

1100-1101 Aunque los amos sean musulmanes, los cristianos tienen obligación de cumplir con la ley natural y trabajar honradamente; excepto cuando el señor manda algo injusto, como sería practicar el culto musulmán.
1102 y sigs: Este pasaje está corrupto en EP: «Tu vista / hace nuestra esclavitud / dichosa.» VT corrige: «Señor, tu vida y salud / hace nuestra

hace nuestra esclavitud
dichosa.

CAUTIVO 2

Siglos pequeños
son los del fénix, señor,   1105
para que vivas.

(Vanse.)

DON FERNANDO

El alma
queda en lastimosa calma,
viendo que os vais sin favor
de mis manos. ¡Quién pudiera
socorrerlos! ¡Qué dolor!   1110

MULEY

Aquí estoy viendo el amor
con que la desdicha fiera
de esos cautivos tratáis.

DON FERNANDO

Duélome de su fortuna,
y en la desdicha importuna,   1115
que a esos esclavos miráis,
aprendo a ser infelice;
y algún día podrá ser
que los haya menester.

---

esclavitud / dichosa.» En nuestra lectura seguimos a P que a la lectura de
EP añade sólo la parte que falta al octosílabo.

1109-1111 Seguimos la corrección de VT que reconstruye el pasaje. En
EP se lee: «de mis manos». Mul.: «Aquí estoy / viendo la llaneza y amor».

1117 Aprendo a tolerar mi mala fortuna. *feliz* e *infeliz* no tenían en
general durante el Siglo de Oro el sentido subjetivo de hoy, sino el objetivo de «afortunado» o «desafortunado» como resultado de fuerzas exteriores.

MULEY

¿Eso Vuestra Alteza dice?   1120

DON FERNANDO

        Naciendo Infante, he llegado
a ser esclavo; y así
temo venir desde aquí
a más miserable estado;
        que si ya en aqueste vivo,   1125
mucha más distancia trae
de Infante a cautivo, que hay
de cautivo a más cautivo.
        Un día llama a otro día,
y así llama y encadena   1130
llanto a llanto y pena a pena

MULEY

¡No fuera mayor la mía!
        Que Vuestra Alteza mañana,
aunque hoy cautivo está,
a su patria volverá;   1135
pero mi esperenza es vana,
        pues no puede alguna vez
mejorarse mi fortuna,
mudable más que la luna.

DON FERNANDO

Cortesano soy de Fez,   1140
        y nunca de los amores
que me contaste te oí
novedad.

MULEY

        Fueron en mí

1131 EP: «llanto a llanto y pena a pena».

recatados los favores.
   El dueño juré encubrir;   1145
pero a la amistad atento,
sin quebrar el juramento,
te lo tengo de decir.
   Tan solo mi mal ha sido
como solo mi dolor,   1150
porque el fénix y mi amor
sin semejante han nacido.
   En ver, oír y callar,
fénix es mi pensamiento;
fénix es mi sufrimiento   1155
en temer, sentir y amar;
   fénix mi desconfianza
en llorar y en padecer;
en merecerla y temer
aun es fénix mi esperanza,   1160
   fénix mi amor y cuidado;
y pues que fénix te digo,
como amante y como amigo,
ya lo he dicho y lo he callado.

   (Vase.)

DON FERNANDO

   Cuerdamente declaró   1165
el dueño amante y cortés:
si Fénix su pena es,
no he de competirla yo,
   que la mía es común pena.
No me doy por entendido;   1170
que muchos la han padecido
y vive de enojos llena.

1165-1166 El precepto más estricto del amor cortés es mantener en secreto el nombre de la amada. Muley ha declarado que es Fénix, pero de
manera indirecta: «ya lo he dicho y lo he callado», v 1164.
1172 Don Fernando quiere decir que su pena está llena de disgustos.

(Sale el Rey.)

REY

Por la falda de este monte
vengo siguiendo a tu Alteza
porque, antes que el sol se esconda   1175
entre corales y perlas,
te diviertas en la lucha
de un tigre que ahora cercan
mis cazadores.

DON FERNANDO

Señor,
gustos por puntos me inventas   1180
para agradarme: si así
a tus esclavos festejas,
no echarán menos la patria.

REY

Cautivos de tales prendas
que honran al dueño, es razón   1185
servirlos de esta manera.

(Sale DON JUAN.)

DON JUAN

Sal, gran señor, a la orilla

1173 Ejemplo de *deixis en phantasma*. El actor a través del deíctico «este» indica un monte que en la escena no se puede ver sino con los ojos de la mente. Este tipo de decorado verbal es típico de las obras que se estrenaban en los corrales. Los 339 versos siguientes son un *romance* en *é-a*. Se pueden distinguir tres momentos de la diegesis que corresponden a tres funciones de este metro. Para «relación»: don Enrique, al volver de su patria, informa sobre la trágica muerte del rey don Alfonso; para el monólogo de carácter grave y altamente dramático de don Fernando que rechaza su libertad; y, finalmente, para el concitado diálogo entre don Fernando y el Rey.

1184 y sigs: El rey pagano trata al príncipe cristiano con todo respeto. Son enemigos como rey musulmán y cristiano respectivamente, pero en lo natural se respetan la sangre y naturaleza de rey e infante.

del mar, y verás en ella
el más hermoso animal
que añadió naturaleza   1190
al artificio; porque
una cristiana galera
llega al puerto, tan hermosa,
aunque toda oscura y negra,
que al verla se duda cómo   1195
es alegre su tristeza.
Las armas de Portugal
vienen por remate de ella;
que como tienen cautivo
a su Infante, tristes señas   1200
visten por su esclavitud
y a darle libertad llegan,
diciendo su sentimiento.

DON FERNANDO

Don Juan, amigo, no es esa
de su luto la razón,   1205
que si a librarme vinieran,
en fe de mi libertad,
fueran alegres las muestras.

(Sale DON ENRIQUE, *de luto, con un pliego.)*

DON ENRIQUE

Dadme, gran señor, los brazos.

REY

Con bien venga Vuestra Alteza.   1210

DON FERNANDO

¡Ay Don Juan, cierta es mi muerte!

1207 EP y VT: «en fe de su libertad». H, P y MC: «en fe de mi libertad».

Rey

¡Ay Muley, mi dicha es cierta!

Don Enrique

Ya que de vuestra salud
me informa vuestra presencia,
para abrazar a mi hermano   1215
me dad, gran señor, licencia.
¡Ay Fernando!

Don Fernando

      Enrique mío,
¿qué traje es ése? Mas cesa:
harto me han dicho tus ojos,
nada me diga tu lengua.   1220
No llores, que si es decirme
que es mi esclavitud eterna,
eso es lo que más deseo:
albricias pedir pudieras,
y en vez de dolor y luto   1225
vestir galas y hacer fiestas.
¿Cómo está el Rey mi señor?
Porque, como él salud tenga,
nada siento. ¿Aun no respondes?

Don Enrique

Si repetidas las penas   1230
se sienten dos veces, quiero
que sola una vez las sientas.
Tú escúchame, gran señor,
que aunque una montaña sea
rústico palacio, aquí   1235
te pido me des audiencia,
a un preso la libertad,
y atención justa a estas nuevas.
Rota y deshecha la armada,
que fue con vana soberbia   1240

pesadumbre de las ondas,
dejando en África presa
la persona del Infante,
a Lisboa di la vuelta.
Desde el punto que Duarte   1245
oyó tan trágicas nuevas,
de una tristeza cubrió
el corazón, de manera
que pasando a ser letargo
la melancolía primera,   1250
desmintió muriendo a cuantos
dicen que no matan penas.
Murió el Rey, que esté en el cielo.

DON FERNANDO

¡Ay de mí! ¿Tanto le cuesta
mi prisión?

REY

       De su desdicha   1255
sabe Alá lo que me pesa.
Prosigue.

DON ENRIQUE

       En su testamento
el Rey mi señor ordena
que luego por la persona
del Infante se dé a Ceuta.   1260
Y así yo con los poderes
de Alfonso, que es quien le hereda,
porque sólo este lucero
supliera del Sol la ausencia,

1262 Alfonso V (1438-1481) que sería llamado «El Africano» por sus
conquistas de Tánger y Arcila (1471). Sus conquistas en África fueron per-
petuadas en extraordinarios tapices flamencos que hoy se conservan en el
Museo de Pastrana.

vengo a entregar la ciudad;   1265
y así…

DON FERNANDO

No prosigas, cesa,
cesa, Enrique; porque son
palabras indignas éstas,
no de un portugués Infante,
de un Maestre que profesa   1270
de Cristo la religión;
pero aun de un hombre lo fueran
vil, de un bárbaro sin luz
de la fe de Cristo eterna.
Mi hermano, que está en el cielo,   1275
si en su testamento deja
esa cláusula, no es
para que se cumpla y lea,
sino para mostrar sólo
que mi libertad desea,   1280
y ésa se busque por otros
medios y otras conveniencias,
o apacibles o crueles.
Porque decir: «Dése a Ceuta»,
es decir: «Hasta eso haced   1285
prodigiosas diligencias.»
Que a un Rey católico y justo,
¿cómo fuera, cómo fuera
posible entregar a un moro
una ciudad que le cuesta   1290
su sangre, pues fue el primero
que con sola una rodela

1266 y sigs: El príncipe cristiano no debe entregar tierra cristiana a los
musulmanes por ningún individuo (vv 1287-1317). Dejar convertir una
iglesia en mezquita sería la mayor deshonra para un rey católico. Por eso
don Fernando elige morir antes que entregar Ceuta. Ceuta «es de Dios y
no es mía» (v. 1455).Y si las Iglesias de Cristo son razón para no entregar
la plaza, la razón suprema es que hay una iglesia consagrada a la Concepción Inmaculada de la Virgen (vv. 1415-1422). Desde Felipe II España
se convirtió en nación defensora de la Inmaculada.

y una espada enarboló
las quinas en sus almenas?
Y esto es lo que importa menos.   1295
Una ciudad que confiesa
católicamente a Dios,
la que ha merecido iglesias
consagradas a sus cultos
con amor y reverencia,   1300
¿fuera católica acción,
fuera religión expresa,
fuera cristiana piedad,
fuera hazaña portuguesa
que los templos soberanos,   1305
Atlantes de las esferas,
en vez de doradas luces,
adonde el sol reverbera,
vieran otomanas sombras;
y que sus lunas opuestas   1310
en la iglesia, estos eclipses
ejecutasen tragedias?
¿Fuera bien que sus capillas
a ser establos vinieran,
sus altares a pesebres,   1315
y cuando aqueso no fuera,
volvieran a ser mezquitas?
Aquí enmudece la lengua,
aquí me falta el aliento,
aquí me ahoga la pena: 1320
porque en pensarlo no más
el corazón se me quiebra,
el cabello se me eriza
y todo el cuerpo me tiembla.
Porque establos y pesebres   1325
no fuera la vez primera
que hayan hospedado a Dios;

1294 EP: «de sus almenas». *quinas*: cfr. v 339.
1310 EP: «luces opuestas».

pero en ser mezquitas, fueran
un epitafio, un padrón,
de nuestra inmortal afrenta,   1330
diciendo: «Aquí tuvo Dios
posada, y hoy se la niegan
los cristianos para darla
al demonio.» Aun no se cuenta
—acá moralmente hablando—   1335
que nadie en casa se atreva
de otro a ofenderle: ¿era justo
que entrara en su casa mesma
a ofender a Dios el vicio,
y que acompañado fuera   1340
de nosotros, y nosotros
le guardáramos la puerta,
y para dejarle dentro
a Dios echásemos fuera?
Los católicos que habitan   1345
con sus familias y haciendas
hoy, quizá prevaricaran
en la fe, por no perderlas.
¿Fuera bien ocasionar
nosotros la contingencia   1350
de este pecado? Los niños
que tiernos se crían en ella,
¿fuera bueno que los moros
los cristianos indujeran
a sus costumbres y ritos   1355
para vivir en su secta
en mísero cautiverio?
¿Fuera bueno que murieran
hoy tantas vidas por una
que no importa que se pierda?   1360
¿Quién soy yo? ¿Soy más que un hombre?

1329 *padrón:* «columna de piedra, con una lápida o inscripción de alguna cosa que conviene que sea perpetua y pública. Metafóricamente se
llama la nota pública de infamia o desdoro, que queda en la memoria, por
alguna acción mal hecha» *(Dicc. Aut.).*

Si es número que acrecienta
el ser Infante, ya soy
un cautivo: de nobleza
no es capaz el que es esclavo;   1365
yo lo soy, luego ya yerra
el que Infante me llamare.
Si no lo soy: ¿quién ordena
que la vida de un esclavo
en tanto precio se venda?   1370
Morir es perder el ser,
yo le perdí en una guerra;
perdí el ser, luego morí;
morí, luego ya no es cuerda
hazaña que por un muerto   1375
hoy tantos vivos perezcan.
Y así, estos vanos poderes,
hoy divididos en piezas,
serán átomos del sol,
serán del fuego centellas.   1380
Mas no, yo los comeré
porque aun no quede una letra
que informe al mundo que tuvo

1365 EP: «el que esclavo».

1371-1376 Dada la premisa, el razonamiento de don Fernando procede según un sistema silogístico en que una vida/no vida es muerte.

1377 El tema de la precariedad del poder humano es frecuente en Calderón. Segismundo en *La vida es sueño* dice: «Sueña el rey que es rey /...y este aplauso, que recibe / prestado, en el viento escribe / y en cenizas le convierte / la muerte» (II, vv 2160-2164). Aquí los vanos poderes son las cartas con la orden de entregar Ceuta por rescatar al Infante.

1378 VT ofrece la acotación: *Rómpelos,* que a nuestro parecer, es superflua. En efecto, el texto está diseminado de acotaciones internas que remiten a un «subtexto» mímico gestual que constituye el decorado verbal de las comedias de los corrales. A este propósito nos parece interesante considerar la acotación que se lee en MC: *Quítale el pliego al Rey y rómpelos y arrójalos, luego los coge y se los come.* En éste, como en muchos otros casos, la abundancia de información demuestra que no se trata de acotaciones al texto sino de notas para los actores. En general pensamos que el manuscrito 15.159 de la Biblioteca Nacional de Madrid con sus variantes no puede en absoluto aclarar EP sino demostrar solamente lo que pasaba cuando el texto dramático lo adquiría una compañía de comediantes.

la lusitana nobleza
este intento. —Rey, yo soy   1385
tu esclavo, dispón, ordena
de mí; libertad no quiero,
ni es posible que la tenga.
Enrique, vuelve a tu patria;
di que en África me dejas   1390
enterrado; que mi vida
yo haré que muerte parezca.
Cristianos, Fernando es muerto;
moros, un esclavo os queda;
cautivos, un compañero   1395
hoy se añade a vuestras penas;
cielos, un hombre restaura
vuestras divinas iglesias;
mar, un mísero con llanto
vuestras ondas acrecienta;   1400
montes, un triste os habita
igual ya de vuestras fieras;
viento, un pobre con sus voces
os duplica las esferas;
tierra, un cadáver os labra   1405
en las entrañas su huesa:
porque Rey, hermano, moros,
cristianos, sol, luna, estrellas,
cielo, tierra, mar y viento,
montes, fieras, todos sepan,   1410
que hoy un Príncipe Constante
entre desdichas y penas
la fe católica ensalza,
la ley de Dios reverencia.
Pues, cuando no hubiera otra   1415
razón más que tener Ceuta

1391-1392 «... que mi vida / yo haré que muerte parezca». Con esta pe-
ráfrasis que oximóricamente pone en contacto vida/muerte Calderón pone
en boca de don Fernando la profecía de su martirio. A partir de este momento el universo entero —*cielos, mar, montes, viento*—, a través del conocido sistema diseminativo recapitulativo, es llamado como testigo de
este extremo sacrificio para ensalzar la fe católica.

una iglesia consagrada
a la Concepción eterna
de la que es Reina y Señora
de los cielos y la tierra,   1420
perdiera, vive ella misma,
mil vidas en su defensa.

REY

Desagradecido, ingrato
a las glorias y grandezas
de mi reino, ¿cómo así   1425
hoy me quitas, hoy me niegas
lo que más he deseado?
Mas si en mi reino gobiernas
más que en el tuyo, ¿qué mucho
que la esclavitud no sientas?   1430
Pero ya que esclavo mío
te nombras y te confiesas,
como a esclavo he de tratarte:
tu hermano y los tuyos vean
que como un esclavo vil   1435
los pies ahora me besas.

DON ENRIQUE

¡Qué desdicha!

MULEY

¡Qué dolor!

DON ENRIQUE

¡Qué desventura!

DON JUAN

¡Qué pena!

REY

¡Mi esclavo eres!

Don Fernando
        Es verdad,
y poco en eso te vengas,   1440
que si para una jornada
salió el hombre de la tierra,
al fin de varios caminos,
es para volver a ella.
Más tengo que agradecerte   1445
que culparte, pues me enseñas
atajos para llegar
a la posada más cerca.

                Rey
Siendo esclavo, tú no puedes
tener títulos ni rentas.   1450
Hoy Ceuta está en tu poder:
si cautivo te confiesas,
si me confiesas por dueño,
¿por qué no me das a Ceuta?

            Don Fernando
Porque es de Dios y no es mía.   1455

                Rey
¿No es precepto de obediencia
obedecer al señor?
Pues yo te mando con ella
que la entregues.

            Don Fernando
        En lo justo
dice el Cielo que obedezca   1460
el esclavo a su señor,
porque si el señor dijera
a su esclavo que pecara,

1458 *Con ella,* 'con la obediencia'.

obligación no tuviera
de obedecerle, porque   1465
quien peca mandando, peca.

                    REY

Daréte muerte.

                        DON FERNANDO
                        Esa es vida.

                    REY

Pues para que no lo sea,
vive muriendo; que yo
rigor tengo.

                        DON FERNANDO
                        Y yo paciencia.   1470

                    REY

Pues no tendrás libertad.

                        DON FERNANDO
Pues no será tuya Ceuta.

                    REY

¡Hola!
    (Sale CELÍN.)

                        CELÍN
        ¿Señor?

                    REY

                Luego al punto
aquese cautivo sea
igual a todos: al cuello
y a los pies le echad cadenas;   1475
a mis caballos acuda,

y en baño y jardín, y sea
abatido como todos;
no vista ropas de seda,   1480
sino sarga humilde y pobre;
coma negro pan, y beba
agua salobre; en mazmorras
húmedas y oscuras duerma;
y a criados y a vasallos   1485
se extienda aquesta sentencia.
Llevadle todos.

              DON ENRIQUE
              ¡Qué llanto!

                MULEY
¡Qué desdicha.

               DON JUAN
              ¡Qué tristeza!

                 REY
Veré, bárbaro, veré
si llega a más tu paciencia   1490
que mi rigor.

              DON FERNANDO
              Sí verás,
porque ésta en mí será eterna.

          (Llévanle.)

1483 *mazmorra:* «Nombre arábigo, significa lugar subterráneo, como silo,
cisterna o aljibe seco. Es la prisión y cárcel en lo profundo debajo de tierra,
donde comúnmente los moros recogen de noche a los esclavos. Trae su origen del nombre hebreo *mizmarra, id est custodia,* del verbo *samar, custodire*»
(Cov.). El encabalgamiento sirremático, es decir, separación del núcleo sustantivo-adjetivo *(sirrema),* prolonga la connotación de oscuridad y atmósfera
malsana subrayada en el verso siguiente por los adjetivos calificativos. Véase
J. B. Wooldridge, «El encabalgamiento en Calderón: rasgo determinativo de
su estilo», en L. García Lorenzo (ed.), 1983, II, cit., págs. 1221-1230.

Rey

Enrique, por el seguro
de mi palabra que vuelvas
a Lisboa te permito: 1495
el mar africano deja.
Di en tu patria que el Infante,
que su Maestre de Avis, queda
curándome los caballos;
que a darle libertad vengan.   1500

Don Enrique

Sí harán, que si yo le dejo
en su infelice miseria,
y me sufre el corazón
el no acompañarle en ella,
es porque pienso volver   1505
con más poder y más fuerza
para darle libertad.

Rey

Muy bien harás, como puedas.

Muley

(Ya ha llegado la ocasión   *(Aparte.)*
de que mi lealtad se vea: 1510
la vida debo a Fernando,
yo le pagaré la deuda).

    (Vanse.)

    (Salen Celín *y el Infante con cadena, y ves-
tido de cautivo.)*

_____

1509 Seguimos a VT que indica el parlamento de Muley como
Aparte.

CELÍN

El Rey manda que asistas
en aqueste jardín, y no resistas
su ley a tu obediencia.   1515

DON FERNANDO

Mayor que su rigor es mi paciencia.

*(Salen los cautivos, y uno canta mientras los
otros cavan en un jardín.)*

CAUTIVO 1

A la conquista de Tánger,
contra el bárbaro Muley,
al Infante Don Fernando
envió su hermano el Rey.   1520

DON FERNANDO

¿Que un instante mi historia
no deje de cansar a la memoria?
Triste estoy y turbado.

CAUTIVO 2

Cautivo, ¿cómo estáis tan descuidado?
No lloréis, consolaos; que ya el Maestre   1525
dijo que volveremos
presto a la patria, y libertad tendremos.
Ninguno ha de quedar en este suelo.

DON FERNANDO

(¡Qué presto perderéis ese consuelo!)   *(Aparte.)*

1513-1591 *Silvas.* El metro se ajusta a la tristeza de Fernando que, cultivando el jardín de la princesa mora, reflexiona sobre la precariedad de
la vida humana.
    1518 VT corrige: «contra el tirano de Fez». Seguimos la lectura de EP
que mantiene la asonancia aunque no tenga sentido.
    1529 La acotación falta en EP y VT pero se encuentra en H y P.

CAUTIVO 2

Consolad los rigores,   1530
y ayudadme a regar aquestas flores.
Tomad los cubos, y agua me id trayendo
de aquel estanque.

DON FERNANDO

       Obedecer pretendo.
Buen cargo me habéis dado,
pues agua me pedís, que mi cuidado,   1535
sembrando penas, cultivando enojos,
llenará en la corriente de mis ojos.

(Vase.)

CAUTIVO 1

A este baño han echado
más cautivos.

(Sale DON JUAN *y otro de los cautivos.)*

DON JUAN

       Miremos con cuidado
si estos jardines fueron   1540
donde vino, o si acaso éstos le vieron;
porque en su compañía
menos el llanto y el dolor sería,
y mayor el consuelo.
Dígasme, amigo, que te guarde el cielo,   1545
si viste cultivando
este jardín al Maestre Don Fernando.

1538-1539 EP: CAUT.1: «Al baño han echado, y con cuidado / más cautivos.» *Sale don Juan y otro cautivo.* DON JUAN: «No sabremos / si estos
jardines fueron.» EP texto corrupto; VT corrige y añade el verso 1540.

CAUTIVO 2

No, amigo, no le he visto.

DON JUAN

Mal el dolor y lágrimas resisto.

CAUTIVO 3

Digo que el baño abrieron,   1550
y que nuevos cautivos a él vinieron.

(Sale DON FERNANDO con los cubos de
agua.)

DON FERNANDO

Mortales, no os espante
ver un Maestre de Avis, ver un Infante,
en tan mísera afrenta,
que el tiempo estas miserias representa.   1555

DON JUAN

Pues, señor, ¿Vuestra Alteza,
en tan mísero estado? De tristeza
rompa el dolor el pecho.

DON FERNANDO

¡Válgate Dios, qué gran pesar me has hecho,
Don Juan, en descubrirme!   1560
Que quisiera ocultarme y encubrirme
entre mi misma gente,
sirviendo pobre y miserablemente.

CAUTIVO I

Señor, que perdonéis, humilde os ruego,
haber andado yo tan loco y ciego.   1565

_____

1548 EP: «hemos».
1557 EP: «en tan mísero estado de tristeza?»
1564 EP: «Señor, que perdonéis, os ruego.» VT corrige la métrica.
1565 EP: «de haber andado...»

CAUTIVO 2

Dadnos, señor, tus pies.

DON FERNANDO

                              Alzad, amigo,
no hagáis tal ceremonia ya conmigo
ved que yo humilde vivo,
y soy entre vosotros un cautivo.

DON JUAN

Vuestra Alteza…

DON FERNANDO

                              ¿Qué Alteza   1570
ha de tener quien vive en tal bajeza?
Ninguno así me trate,
sino como a su igual.

DON JUAN

                              ¡Que no desate
un rayo el cielo para darme muerte!

DON FERNANDO

Don Juan, no ha de quejarse de esa suerte   1575
un noble. ¿Quién del cielo desconfía?
La prudencia, el valor, la bizarría
se ha de mostrar ahora.

(Sale ZARA.)

ZARA

Al jardín sale Fénix mi señora,
y manda que matices y colores   1580
borden este azafate de sus flores.

1567 Falta este verso en EP, lo añade VT. Los editores modernos siguen la corrección de VT.

Don Fernando

Yo llevársele espero,
que en cuanto sea servir seré el primero.

Cautivo 1

Ea, vamos a cogellas.

Zara

Aquí os aguardo mientras vais por ellas.   1585

Don Fernando

No me hagáis cortesías;
iguales vuestras penas y las mías
son; y pues nuestra suerte,
si hoy no, mañana ha de igualar la muerte,
no será acción liviana   1590
no dejar hoy que hacer para mañana.

*(Vanse todos, haciendo cortesías al Infante,
quédase* Zara *y salen* Fénix *y* Rosa.)

Fénix

¿Mandaste que me trajesen
las flores?

Zara

Ya lo mandé.

1588 EP: «son; pues nuestra suerte».
1589 EP: «sino hoy».
1592-1651 *Décimas.* El uso de la décima para el diálogo es menos frecuente en Calderón que en Lope. Aquí se trata de un diálogo de tipo conflictivo que sigue el ritmo de la *esticomitia.* Véase D. Martín, ídem., página 1142.

FÉNIX

Sus colores deseé
para que me divirtiesen. 1595

ROSA

¡Que tales, señora, fuesen,
creyendo tus fantasías,
tus graves melancolías!

ZARA

¿Qué te obligó a estar así?

FÉNIX

No fue sueño lo que vi, 1600
que fueron desdichas mías.
    Cuándo sueña un desdichado
que es dueño de algún tesoro,
ni dudo, Zara, ni ignoro
que entonces es bien soñado; 1605
mas si a soñar ha llegado
en fortuna tan incierta
que desdicha le concierta,
y aquello sus ojos ven,
pues soñando el mal y el bien, 1610
halla el mal cuando despierta;
    piedad no espero (¡ay de mí!)
porque mi mal será cierto.

ZARA

¿Y qué dejas para el muerto
si tú lo sientes así? 1615

FÉNIX

Ya mis desdichas creí:

1596 EP: «fueran».
1597 EP carece de este verso; lo añade VT.
1607 Este verso falta en EP y lo añade VT.

¡precio de un muerto! ¡Quién vio
tal pena! No hay gusto, no,
a una infelice mujer.
¿Que al fin de un muerto he de ser?   1620
¿Quién será este muerto?

(Sale Don Fernando, *con las flores.)*

Don Fernando

Yo.

Fénix

¡Ay cielos! ¿Qué es lo que veo?

Don Fernando

¿Qué te admira?

Fénix

De una suerte
me admira el oírte y verte.

Don Fernando

No lo jures, bien lo creo.   1625
Yo pues, Fénix, que deseo
servirte humilde, traía

1621 Fernando al salir al tablado está para empezar un parlamento diciendo «Yo», y nunca conoceremos por qué Fénix lo interrumpe. Lo interesante es que en la actuación escénica sigue a la pregunta que se hacía a sí misma la princesa mora. Nos parece acertado el comentario de Parker que dice: «El "Yo" de Fernando contestando la pregunta que Fénix se hace a sí misma es una coincidencia y no la réplica consciente de Fernando a una pregunta, puesto que él no la oye. Los presagios accidentales de este tipo no son infrecuentes en Calderón», A. A. Parker, «Religión y guerra: *El príncipe constante»,* cit., pág. 370, nota 19.
1622 EP: «Que veo.»
1624 EP: «oírte, verte».

flores, de la suerte mía
jeroglíficos, señora,
pues nacieron con la aurora   1630
y murieron con el día.

FÉNIX

A la maravilla dio
ese nombre al descubrilla.

DON FERNANDO

¿Qué flor, di, no es maravilla
cuando te la sirvo yo?   1635

FÉNIX

Es verdad. Di, ¿quién causó
esta novedad?

DON FERNANDO

Mi suerte.

1629 *jeroglífico*: «Expresión del concepto, y lo que se quiere decir, por figuras de otras cosas que se ofrecen a la vista, como la palma de la victoria, y la paloma del candor del ánimo» *(Dicc. Aut.)*.

1632 *maravilla*: «Se llama una hierba que produce una flor azul listada de rayos rojos, de figura de una campanilla: los tallos son muy altos y de agradable vista, las flores se marchitan inmediatamente que las da el Sol; y aunque suelen volver a revivir nunca pasa su duración de tres días. También se llaman flor de noche las *Maravillas,* porque salen entonces y y se marchitan con la venida del Sol» *(Dicc. Aut.)*. El término *maravilla* es ambiguo aludiendo sea a un «suceso extraordinario que causa admiración y spasmo» *(Dicc. Aut.),* alusión a la aparición de Fernando, sea a la flor así llamada. El mismo *Dicc.* cita los siguientes versos de Góngora: «La flor de la maravilla / esta verdad nos declara, / porque le hurta la tarde / lo que le dio la mañana.» Parker identificó esta flor primero con la llamada *Mirabilis Jalapa* sucesivamente con la *Ipomenea* con flores en forma de campana y «cuya especie es nativa del Trópico americano. El género se introdujo por primera vez en 1597. Hay varias especies que varían entre el azul y el rojo-violeta. *Ipomoea rubracaerulea* es una probable candidata», A. A. Parker, «Religión y guerra: *El príncipe constante*», cit., pág. 370, nota 20.

1634 EP: «¿Qué flor no es maravilla?»

FÉNIX

¿Tan rigurosa es?

DON FERNANDO

Tan fuerte.

FÉNIX

Pena das.

DON FERNANDO

Pues no te asombre.

FÉNIX

¿Por qué?

DON FERNANDO

    Porque nace el hombre   1640
sujeto a fortuna y muerte.

FÉNIX

¿No eres Fernando?

DON FERNANDO

Sí soy.

FÉNIX

¿Quién te puso así?

DON FERNANDO

    La ley
de esclavo.

FÉNIX

¿Quién la hizo?

DON FERNANDO

El Rey.

FÉNIX

¿Por qué?

DON FERNANDO

Porque suyo soy.   1645

FÉNIX

¿Pues no te ha estimado hoy?

DON FERNANDO

Y también me ha aborrecido.

FÉNIX

¿Un día posible ha sido
a desunir dos estrellas?

DON FERNANDO

Para presumir por ellas   1650
las flores habrán venido.
   Éstas, que fueron pompa y alegría
despertando al albor de la mañana,
a la tarde serán lástima vana
durmiendo en brazos de la noche fría.   1655

1652 A este primer *soneto* «a las flores» pronunciado por don Fernando sigue, a través de un momento de pasaje en *décimas,* el *soneto* «a
las estrellas» pronunciado por Fénix. El soneto es una forma métrica poco
frecuente en el teatro de Calderón. Según Marín «su función queda res-
tringida a monólogos de tono grave y estilo culto a menudo en forma
paralelística» para expresar «reflexiones tristes sobre el amor, la vida o el
destino», D. Marín, ídem., pág. 1144.

Este matiz, que al cielo desafía,
iris listado de oro, nieve y grana,
será escarmiento de la vida humana:
¡tanto se emprende en término de un día!
  A florecer las rosas madrugaron,   1660
y para envejecerse florecieron:
cuna y sepulcro en un botón hallaron.
  Tales los hombres sus fortunas vieron:
en un día nacieron y expiraron;
que pasados los siglos horas fueron.   1665

Fénix

  Horror y miedo me has dado,
ni oírte ni verte quiero;
sé el desdichado primero
de quien huye un desdichado.

Don Fernando

¿Y las flores?

Fénix

          Si has hallado   1670
jeroglíficos en ellas,
deshacellas y rompellas
sólo sabrán mis rigores.

Don Fernando

¿Qué culpa tienen las flores?

1658 *escarmiento:* «Advertencia, aviso, desengaño y cautela motivada
de la consideración del error, daño o perjuicio que uno en sí ha experi-
mentado, o reconocido en otros» *(Dicc. Aut.).* El término constituye un
indicio del valor didáctico y moral que tiene el soneto. En efecto, como
hemos explicado en la Introducción, el tema de la brevedad y precariedad
de la vida humana en esta época sufre el influjo de la filosofía escolástica.
  1666-1685 *Décimas.*

FÉNIX

Parecerse a las estrellas.   1675

DON FERNANDO

¿Ya no las quieres?

FÉNIX

                              Ninguna
estimo en su rosicler.

DON FERNANDO

¿Cómo?

FÉNIX

                  Nace la mujer
sujeta a muerte y fortuna,
y en esa estrella importuna   1680
tasada mi vida vi.

DON FERNANDO

¿Flores con estrellas?

FÉNIX

                        Sí.

DON FERNANDO

Aunque sus rigores lloro,
esa propiedad ignoro.

1676 EP: «¿Quejas?»
1680 Es posible leer una referencia a Saturno cuya nefasta influencia
es la causa de la enfermedad de Fénix. Sin embargo la princesa alude a la
condición de mala suerte a que están destinadas todas las mujeres.

FÉNIX

Escucha, sabráslo.

DON FERNANDO

Di.   1685

FÉNIX

Esos rasgos de luz, esas centellas,
que cobran con amagos superiores
alimentos del sol en resplandores,
aquello viven que se duele de ellas.

Flores nocturnas son; aunque tan bellas,   1690
efímeras padecen sus ardores:
pues, si un día es el siglo de las flores,
una noche es la edad de las estrellas.

De esa, pues, primavera fugitiva
ya nuestro mal, ya nuestro bien se infiere;   1695
registro es nuestro, o muera el sol o viva.

¿Qué duración habrá que el hombre espere,
o qué mudanza habrá, que no reciba
de astro que cada noche nace y muere?

(Vase, y sale MULEY.)

MULEY

A que se ausentase Fénix   1700
en esta parte esperé;
que el águila más amante

1686-1699 *Soneto.*

1687 *amago:* «Acometimiento, amenaza o demostración con la cual se
explica y demuestra mucho más de lo que se quiere hacer ejecutar.» Sobre *Superiores* dice el *Dicc. Aut.:* «Llaman los astrólogos a los Planetas Saturno, Júpiter y Marte porque en la realidad los consideran así en la esfera celeste.» Fénix sigue aludiendo a la influencia negativa de Saturno que
es la causa de su melancolía.

1700 La forma del *romance*, en verso agudo *é*, se prolonga hasta el final del Acto. Es muy frecuente en Calderón esta técnica de terminar el
acto o la comedia en *romance.*

huye de la luz tal vez.
¿Estamos solos?

DON FERNANDO

Sí.

MULEY

Escucha.

DON FERNANDO

¿Qué quieres, noble Muley?   1705

MULEY

Que sepas que hay en el pecho
de un moro lealtad y fe.
No sé por donde empezar
a declararme, ni sé
si diga cuánto he sentido   1710
este inconstante desdén
del tiempo, este estrago injusto
de la suerte, este cruel
ejemplo del mundo, y este
de la fortuna vaivén.   1715
Mas a riesgo estoy si aquí
hablar contigo me ven,
que tratarte sin respeto

1706-1707 Exaltación de la lealtad natural que es propia de un hombre noble a pesar de su religión.

1709 EP: «a declararme, no sé».

1710-1715 Muley manifiesta su dolor por el estado de esclavitud en que vive don Fernando, al cual intentará librar. El tumulto de su pasión se expresa a través de una serie de proposiciones que connotan el tema de la inconstancia del tiempo y de la fortuna, construidas en encabalgamientos sirremáticos del tipo sustantivo-adjetivo atributo y sustantivo-complemento determinativo, que en la última proposición se complica por medio del hipérbaton. El valor expresivo que Calderón atribuye al cultismo sintáctico del hipérbaton y al encabalgamiento son una muestra de su estilo culterano y del influjo de Góngora.

es ya decreto del Rey.
Y así, mi dolor dejando   1720
la voz, que él podrá más bien
explicarse, como esclavo
vengo a arrojarme a esos pies.
Yo lo soy tuyo, y así
no vengo, Infante, a ofrecer   1725
mi favor, sino a pagar
deuda que un tiempo cobré.
La vida que tú me diste
vengo a darte; que hacer bien
es tesoro que se guarda   1730
para cuando es menester.
Y porque el temor me tiene
con grillos de miedo al pie,
y está mi pecho y mi cuello
entre el cuchillo y cordel,   1735
quiero, acortando discursos,
declararme de una vez:
y así, digo que esta noche
tendré en el mar un bajel
prevenido; en las troneras   1740
de las mazmorras pondré
instrumentos que desarmen
las prisiones que tenéis;
luego, por parte de afuera,
los candados romperé.   1745
Tú, con todos los cautivos
que Fez encierra, hoy en él
vuelve a tu patria, seguro
de que yo lo quedo en Fez,
pues es fácil el decir   1750
que ellos pudieron romper
la prisión; y así los dos
habremos librado bien,

1740 *tronera:* «Ventanilla pequeña y angosta, por donde entra escasa-
mente la luz» *(Dicc. Aut.).*
1747 EP: «que Fez encierra, y en él».

yo el honor y tú la vida,
pues es cierto que a saber   1755
el Rey mi intento, me diera
por traidor con justa ley;
que no sintiera el morir.
Y porque son menester
para granjear voluntades   1760
dineros, aquí se ve
a estas joyas reducido
innumerable interés.
Éste es, Fernando, el rescate
de mi prisión, ésta es   1765
la obligación que te tengo;
que un esclavo noble y fiel
tan inmenso bien había
de pagar alguna vez.

DON FERNANDO

Agradecerte quisiera   1770
la libertad, pero el Rey
sale al jardín.

MULEY

                    ¿Hate visto
conmigo?

DON FERNANDO

          No.

MULEY

                    Pues no des
que sospechar.

DON FERNANDO

                    De estos ramos

1762 EP: «destas».

haré rústico cancel   1775
que me encubra mientras pasa.

(Vase, y sale el Rey.)

Rey

(¿Con tal secreto Muley   *(Aparte.)*
y Fernando? E irse el uno
en el punto que me ve,
y disimular el otro?   1780
Algo hay aquí que temer.
Sea cierto, o no sea cierto,
mi temor procuraré
asegurar.) Mucho estimo...

Muley

Gran señor, dame tus pies.   1785

Rey

Hallarte aquí.

Muley

              ¿Qué me mandas?

Rey

Mucho he sentido el no ver
a Ceuta por mía.

Muley

              Conquista,
coronado de laurel,
sus muros; que a tu valor   1790
mal se podrá defender.

1777 La acotación se lee en VT.
1787 EP: «He sentido / mucho no llegarme a ver / señor de Ceuta.»
Seguimos la corrección de VT que recupera la estructura métrica.

Rey

Con más doméstica guerra
se ha de rendir a mis pies.

Muley

¿De qué suerte?

Rey

De esta suerte:
con abatir y poner   1795
a Fernando en tal estado
que él mismo a Ceuta me dé.
Sabrás pues, Muley amigo,
que yo he llegado a temer
que del Maestre la persona   1800
no está muy segura en Fez.
Los cautivos que en estado
tan abatido le ven,
se lastiman, y recelo
que se amotinen por él.   1805
Fuera de esto, siempre ha sido
poderoso el interés;
que las guardas con el oro
son fáciles de romper.

Muley

(Yo quiero apoyar ahora   *(Aparte.)*   1810
que todo esto puede ser,
porque de mí no se tenga
sospecha.) Tú temes bien,
fuerza es que quieran librarle.

1793-1794 EP: «se ha de rendir» Mul: «¿De qué suerte?» Rey: «con
abatir y poner». Véase nota anterior.
1800 EP: «la persona del Maestre».

REY

Pues sólo un remedio hallé,   1815
porque ninguno se atreva
a atropellar mi poder.

MULEY

¿Y es, señor?

REY

          Muley, que tú
le guardes, y a cargo esté
tuyo; a ti no ha de torcerte   1820
ni el temor ni el interés.
Alcaide eres del Infante,
procura guardarle bien,
porque en cualquiera ocasión
tú me has de dar cuenta de él.   1825

     (Vase.)

MULEY

Sin duda alguna que oyó
nuestros conciertos el Rey.
¡Válgame Alá!

     (Sale DON FERNANDO.*)*

DON FERNANDO
¿Qué te aflige?

MULEY

¿Has escuchado?

DON FERNANDO
Muy bien.

MULEY

¿Pues para qué me preguntas   1830
qué me aflige, si me ves
en tan ciega confusión,
y entre mi amigo y el Rey,
el amistad y el honor
hoy en batalla se ven?   1835
Si soy contigo leal,
he de ser traidor con él;
ingrato seré contigo,
si con él me juzgo fiel.
¿Qué he de hacer (¡valedme, cielos!),   1840
pues al mismo que llegué
a rendir la libertad
me entrega, para que esté
seguro en mi confianza?
¿Qué he de hacer si ha echado el Rey   1845
llave maestra al secreto?
Mas para acertarlo bien
te pido que me aconsejes;
dime tú: ¿qué debo hacer?

DON FERNANDO

Muley, amor y amistad   1850
en grado inferior se ven
con la lealtad y el honor.
Nadie iguala con el Rey,
él sólo es igual consigo;
y así mi consejo es   1855

1830 y sigs.: La causa de la confusión de Muley es el conflicto que lo
aflige entre la lealtad y la amistad. Pero la lealtad al Rey —la ley del homenaje— debe prevalecer sobre el amor y la vida. Clotaldo se debate en
la misma confusión, si dejar condenar a su hija o salvarla: «De una parte
el amor propio, / y la lealtad de otra parte me rinden» (*La vida es sueño*,
I, vv 433-435). Aquí será don Fernando el que convencerá a Muley a respetar la lealtad al Rey. La lucha entre el amor propio y el amor hacia el
Rey es un problema con el cual Calderón se enfrenta frecuentemente.
1837 EP: «he de ser traidor al Rey».

que a él le sirvas y me faltes.
Tu amigo soy; y porque
esté seguro tu honor
yo me guardaré también;
y aunque otro llegue a ofrecerme   1860
libertad, no aceptaré
la vida, porque tu honor
conmigo seguro esté.

                    MULEY

Fernando, no me aconsejas
tan leal como cortés.   1865
Sé que te debo la vida,
y que pagártela es bien;
y así lo que está tratado
esta noche dispondré.
Líbrate tú, que mi vida   1870
se quedará a padecer
tu muerte; líbrate tú,
que nada temo después.

                  DON FERNANDO

¿Y será justo que yo
sea tirano y cruel   1875
con quien conmigo es piadoso,
y mate al honor, cruel,
que a mí me está dando vida?
No, y así te quiero hacer
juez de mi causa y mi vida;   1880
aconséjame también.
¿Tomaré la libertad
de quien queda a padecer
por mí? ¿Dejaré que sea
uno con su honor cruel   1885
por ser liberal conmigo?
¿Qué me aconsejas?

MULEY

No sé;
que no me atrevo a decir
sí, ni no: el no, porque
me pesará que lo diga;   1890
y el sí, porque echo de ver
si voy a decir que sí,
que no te aconsejo bien.

DON FERNANDO

Sí aconsejas, porque yo,
por mi Dios y por mi ley,   1895
seré un Príncipe Constante
en la esclavitud de Fez.

1892 EP «si digo al decir que sí».

TERCERA JORNADA

(Salen MULEY *y el* REY.)

MULEY

(Ya que socorrer no espero,   *(Aparte.)*
por tantas guardas del Rey,
a Don Fernando, hacer quiero   1900
sus ausencias, que ésta es ley
de un amigo verdadero.)
  Señor, pues yo te serví
en tierra y mar, como sabes,
si en tu gracia merecí   1905
lugar, en penas tan graves,
atento me escucha.

REY

Di.

MULEY

Fernando…

1898-2018 *Quintillas.* El tránsito a esta forma métrica subraya el carácter patético del parlamento de Muley en que describe el terrible estado
al cual ha llegado don Fernando.

Rey

No digas más.

Muley

¿Posible es que no me oirás?

Rey

No, que en diciendo Fernando   1910
ya me ofendes.

Muley

¿Cómo o cuándo?

Rey

Como ocasión no me das
    de hacer lo que me pidieres,
cuando me ruegas por él.

Muley

Si soy su guarda, ¿no quieres,   1915
señor, que dé cuenta de él?

Rey

Di; pero piedad no esperes.

Muley

    Fernando, cuya importuna
suerte sin piedad alguna
vive, a pesar de la fama,   1920
tanto que el mundo le llama
el monstruo de la fortuna,

1912 EP: «me des».
1913 EP: «me ruegues».

examinando el rigor,
mejor dijera el poder
de tu corona, señor,   1925
hoy a tan mísero ser
le ha traído su valor
   que en un lugar arrojado,
tan humilde y desdichado
que es indigno de tu oído,   1930
enfermo, pobre y tullido
piedad pide al que ha pasado;
   porque como le mandaste
que en las mazmorras durmiese,
que en los baños trabajase,   1935
que tus caballos curase,
y nadie a comer le diese,
   a tal extremo llegó,
como era su natural
tan flaco, que se tulló;   1940
y así, la fuerza del mal
brío y majestad rindió.
   Pasando la noche fría
en una mazmorra dura,
constante en su fe porfía;   1945
y al salir la lumbre pura
del sol, que es padre del día,
   los cautivos, (¡pena fiera!)
en una mísera estera
le ponen en tal lugar,   1950
que es, ¿dírelo?, un muladar,

1949 Los signos de la condición de esclavitud en que yace don Fernando son, antes la «mazmorra» y ahora la «estera «pieza cosida de plei-
tas de esparto o de juncos, o de palma» según el *Dicc. Aut.*, que además
se presenta con una connotación más de pobreza. Probablemente es sobre todo este verso el que ha inspirado a Peter Brook a teorizar la idea de
Grotowski de un «teatro pobre» según el cual al actor, es suficiente una
estera donde nacer, morir y representar el mundo en presencia del público.

1951 *muladar:* «El lugar fuera de los muros de la villa o ciudad, donde
se echa el estiércol y la basura; y porque es fuera de los muros, se dijo mu-
radal, y de allí muladar, trocando las letras» *(Cov.).*

porque es su olor de manera
   que nadie puede sufrirle
junto a su casa, y así
todos dan en despedirle,   1955
y ha venido a estar allí
sin hablarle y sin oírle,
   ni compadecerse de él.
Sólo un criado y un fiel
caballero en pena extraña   1960
le consuela y le acompaña.
Estos dos parten con él
   su porción, tan sin provecho,
que para uno solo es poca,
pues cuando los labios toca   1965
se suele pasar al pecho
sin que lo sepa la boca;
   y aun a estos dos los castiga
tu gente, por la piedad
que al dueño a servir obliga;   1970
mas no hay rigor ni crueldad,
por más que ya los persiga,
   que de él los pueda apartar.
Mientras uno va a buscar
de comer, el otro queda   1975
con quien consolarse pueda
de su desdicha y pesar.
   Acaba ya rigor tanto;

1962 y sigs. En la construcción simbólica e iconográfica del martirio de Fernando desempeña una función importante la comida. En este parlamento de Muley la comida no está presente en la escena como objeto, sino que viene evocada a través de una hipérbole de pensamiento que consigue restituir la condición de flaqueza a la que ha llegado don Fernando y la crueldad del Rey moro. En efecto, «la comida verbalmente evocada puede cumplir las mismas funciones en el desarrollo del argumento que la comida físicamente presente», C. Bauer-Funke, «La función simbólica y escenográfica de la comida en el teatro del Siglo de Oro», en *Teatro español del Siglo de Oro*, cit., pág. 28.

1970 El dueño aquí es el rey, cuyos siervos maltratan a don Fernando y sus leales porque quieren cumplir lealmente el mandato regio.

1972 EP: «le».

ten del príncipe, señor,
puesto en tan fiero quebranto, 1980
ya que no piedad, horror;
asombro, ya que no llanto.

REY

Bien está, Muley.

(*Sale* FÉNIX.)

FÉNIX

Señor,
si ha merecido en tu amor
gracia alguna mi humildad, 1985
hoy a Vuestra Majestad
vengo a pedir un favor.

REY

¿Qué podré negarte a ti?

FÉNIX

Fernando el Maestre…

REY

Está bien;
ya no hay que pasar de ahí. 1990

1980 EP carece de este verso; lo añade VT para arreglar la estructura de la quintilla.

1981-1982 Correlación en dos dualidades, cada una de las cuales se construye a través de la figura de la *correctio* que implica la oposición de los dos términos según las fórmulas del tipo: «ya que no B, A» en la primera dualidad; y «A, ya que no B» en la segunda, siguiendo una estructura en quiasmo. El efecto que resulta es hacer saltar a la vista el estado en que se encuentra el mártir. Como ha estudiado D. Alonso estas fórmulas constituyen un rasgo esencial del estilo de Góngora, que las empleó en toda gama de las posibilidades. Véase D. Alonso, «La lengua poética de Góngora», en *Obras Completas* V, cit. págs. 144-166; y *Góngora y el «Polifemo»* I, cit., págs. 156-160.

1988 EP: «puedo».

FÉNIX

Horror da a cuantos le ven
en tal estado; de ti
    sólo merecer quisiera...

REY

¡Detente, Fénix, espera!
¿Quién a Fernando le obliga   1995
para que su muerte siga,
para que infelice muera?
    Si por ser cruel y fiel
a su fe sufre castigo
tan dilatado y cruel,   2000
él es el cruel consigo,
que yo no lo soy con él.
    ¿No está en su mano el salir
de su miseria y vivir?
Pues eso en su mano está,   2005
entregue a Ceuta, y saldrá
de padecer y sentir
    tantas penas y rigores.

        (*Sale* CELÍN.)

CELÍN

Licencia aguardan que des,
señor, dos embajadores: 2010
de Tarudante uno es,
y el otro del portugués
Alfonso.

FÉNIX

        (¿Hay penas mayores?   *Aparte.*)

────────────

2001 EP: «conmigo».
2013 Interpretamos este parlamento de Fénix y el que sigue de Muley según la lectura de VT que los considera como *Aparte*.

Sin duda que por mí envía
Tarudante.)

MULEY

(Hoy perdí, cielos,   *(Aparte.)*   2015
la esperanza que tenía.
Mátenme amistad y celos,
todo lo perdí en un día.)

REY

Entren, pues. En este estrado
conmigo te asienta, Fénix.   2020

(Siéntanse. Salen ALFONSO *y* TARUDANTE,
cada uno por su puerta.)

TARUDANTE

Generoso Rey de Fez…

DON ALFONSO

Rey de Fez altivo y fuerte…

TARUDANTE

cuya fama…

DON ALFONSO

cuya vida…

2019 «… En este estrado». El signo deíctico evidencia el objeto que
forma parte del «attrezzo» escénico y que Ruano de la Haza clasifica como
«utilería de escena», o sea, la que «puede situar el lugar de la acción de un
determinado cuadro, aunque en general posee una función más práctica:
permitir a los actores comer, sentarse, escribir, etc., de una manera más o
menos realista», J. M. Ruano de la Haza, *Los teatros comerciales y la escenificación de la comedia,* cit., pág. 329. Otro importante objeto de utilería
de escena será «el ataúd» que contiene el cuerpo muerto de Fernando y
que unos soldados bajarán al tablado con cuerdas. *Romance* en *é-e* hasta
el verso 2205.

TARUDANTE

nunca muera…

DON ALFONSO

viva siempre…

TARUDANTE

y tú de aquel Sol Aurora…   2025

DON ALFONSO

tú de aquel Ocaso Oriente…

TARUDANTE

a pesar de siglos dures…

DON ALFONSO

a pesar de tiempos reines…

TARUDANTE

porque tengas…

DON ALFONSO

porque goces…

TARUDANTE

felicidades…

DON ALFONSO

laureles…   2030

TARUDANTE

altas dichas…

DON ALFONSO

triunfos grandes...

TARUDANTE

pocos males.

DON ALFONSO

Muchos bienes.

TARUDANTE

¿Cómo mientras hablo yo,
tú, cristiano, a hablar te atreves?

DON ALFONSO

Porque nadie habla primero   2035
que yo, donde yo estuviere.

TARUDANTE

A mí, por ser de nación
alarbe, el lugar me deben
primero; que los extraños
donde hay propios, no prefieren.   2040

DON ALFONSO

Donde saben cortesía,
sí hacen; pues vemos siempre
que dan en cualquiera parte
el mejor lugar al huésped.

TARUDANTE

Cuando esa razón lo fuera,   2045
aun no pudiera vencerme,
porque el primero lugar
sólo se le debe al huésped.

Rey

Ya basta; y los dos ahora
en mis estrados se sienten.   2050
Hable el portugués, que en fin
por de otra ley se le debe
más honor.

Tarudante

(Corrido estoy.)   *(Aparte.)*

Don Alfonso

Ahora yo seré breve:
Alfonso de Portugal,   2055
Rey famoso, a quien celebre
la fama en lenguas de bronce
a pesar de envidia y muerte,
salud te envía, y te ruega,
que pues libertad no quiere   2060
Fernando, como su vida
la ciudad de Ceuta cueste,
que remitas su valor
hoy a cuantos intereses
el más avaro codicie,   2065
el más liberal desprecie;
y que dará en plata y oro
tanto precio como pueden
valer dos ciudades. Esto
te pide amigablemente.   2070
Pero si no se le entregas,
que ha de librarle promete
por armas, a cuyo efecto
ya sobre la espalda leve
del mar ciudades fabrica   2075

2053 Consideramos indudablemente un *Aparte* este parlamento de
Tarudante, de acuerdo con H y P, aunque no esté indicado ni en EP ni
en VT.

de mil armados bajeles;
y jura que a sangre y fuego
ha de librarle y vencerte,
dejando aquesta campaña
llena de sangre, de suerte   2080
que cuando el sol se levante
halle los matices verdes
esmeraldas, y los pierda
rubíes cuando se acueste.

TARUDANTE

Aunque como embajador   2085
no me toca responderte,
en cuanto toca a mi Rey,
puedo, cristiano, atreverme
—porque ya es suyo este agravio—
como hijo que obededece   2090
al Rey, mi señor; y así,
decir de su parte puedes
a don Alfonso que venga,
porque en término más breve
que hay de la noche a la aurora,   2095
vea en púrpura caliente
agonizar estos campos,
tanto que los cielos piensen
que se olvidaron de hacer
otras flores que claveles.   2100

DON ALFONSO

Si fueras, moro, mi igual,
pudiera ser que se viese
reducida esta victoria
a dos jóvenes valientes;
mas dile a tu Rey que salga   2105
si ganar fama pretende,
que yo haré que salga el mío.

TARUDANTE

Casi has dicho que lo eres,
y siendo así, Tarudante
sabrá también responderte.   2110

DON ALFONSO

Pues en campaña te espero.

TARUDANTE

Yo haré que poco me esperes,
porque soy rayo.

DON ALFONSO

Yo viento.

TARUDANTE

Volcán soy que llamas vierte.

DON ALFONSO

Hidra soy que fuego arroja.   2115

TARUDANTE

Yo soy furia.

DON ALFONSO

Yo soy muerte.

2108 Don Alfonso y Tarudante se habían presentado al Rey de Fez
disfrazados de embajadores. Se trata de una técnica de gran efecto escénico, recordemos cuando en *La hija del aire* (Segunda Parte, I Jornada)
Lidoro, rey de Lidia se presenta a Semíramis disfrazado de embajador.
Ahora Tarudante con estas palabras desenmascara a don Alfonso y decide
revelar su misma identidad. Es preciso notar que aquí el texto verbal remite a un subtexto mímico gestual que pone de relieve el *colpo di scena*.
El diálogo prosigue según la técnica de la *esticomitia* y de la *hemisticomitia:* combate verbal que anticipa el combate que tendrá lugar en el campo
de batalla.

TARUDANTE

¿Que no te espantes de oírme?

DON ALFONSO

¿Que no te mueras de verme?

REY

Señores, Vuestras Altezas,
ya que los enojos pueden   2120
correr al sol las cortinas
que le embozan y oscurecen,
adviertan que en tierra mía
campo aplazarse no puede
sin mí; y así yo le niego,   2125
para que tiempo me quede
de serviros.

DON ALFONSO

　　　　　No recibo
yo hospedajes y mercedes
de quien recibo pesares.
Por Fernando vengo; el verle   2130
me obligó a llegar a Fez
disfrazado de esta suerte.
Antes de entrar en tu corte
supe que a esta quinta alegre
asistías, y así vine   2135
a hablarte, porque fin diese
la esperanza que me trajo;
y pues tan mal me sucede,
advierte, señor, que sólo
la respuesta me detiene.   2140

REY

La respuesta, Rey Alfonso,
será compendiosa y breve:

que si no me das a Ceuta,
no hayas miedo que le lleves.

Don Alfonso

Pues ya he venido por él,   2145
y he de llevarle: prevente
para la guerra que aplazo.
Embajador, o quien eres,
veámonos en campaña.
¡Hoy toda el África tiemble!   2150

(Vase.)

Tarudante

Ya que no pude lograr
la fineza, hermosa Fénix,
de serviros como esclavo,
logre al menos la de verme
a vuestros pies. Dad la mano   2155
a quien un alma os ofrece.

Fénix

Vuestra Alteza, gran señor,
finezas y honras no aumente
a quien le estima, pues sabe
lo que a sí mismo se debe.   2160

Muley

(¿Qué espera quien esto llega   *(Aparte.)*
a ver y no se da muerte?)

Rey

Ya que Vuestra Alteza vino
a Fez impensadamente,

2161-2162 EP y VT carecen de esta acotación que, en cambio, se encuentra en todos los editores modernos y en MC.

perdone del hospedaje   2165
la cortedad.

TARUDANTE

No consiente
mi ausencia más dilación
que la de un plazo muy breve;
y supuesto que venía
mi embajador con poderes   2170
para llevar a mi esposa,
como tú dispuesto tienes,
no, por haberlo yo sido,
mi fineza desmerece
la brevedad de la dicha.   2175

REY

En todo, señor, me vences;
y así por pagar la deuda,
como porque se previenen
tantas guerras, es razón
que desocupado quede   2180
de estos cuidados; y así
volverte luego conviene
antes que ocupen el paso
las amenazadas huestes
de Portugal.

TARUDANTE

Poco importa,   2185
porque yo vengo con gente
y ejército numeroso,
tal, que esos campos parecen
ciudades más que desiertos,

2182 EP: «volverse».
2187 EP: «ejércitos numerosos».
2189 EP: «desierto». Éste es uno de los raros casos en que VSL corrige
la EP y ofrece «desiertos».

y volveré brevemente   2190
con ella a ser tu soldado.

REY

Pues luego es bien que se apreste
la jornada; pero en Fez
será bien, Fénix, que entres
a alegrar esa ciudad.   2195
Muley.

MULEY

          ¿Gran señor?

REY

                              Prevente,
que con la gente de guerra
has de ir sirviendo a Fénix,
hasta que quede segura
y con su esposo la dejes.   2200

(Vanse los tres.)

MULEY

Esto sólo me faltaba,
para que, estando yo ausente,
aun le falte mi socorro

2201-2205 Los editores modernos leen este parlamento de Muley
como un *Aparte.* En efecto, si consideramos que en esta escena las salidas
son sólo las de don Alfonso (v 2150) y del Rey (v 2200) según las acotaciones de EP y VT, entonces es preciso leer el parlamento de Muley como
un *Aparte* porque en este momento en la escena quedan Fénix y Tarudante. Sin embargo no tiene sentido, a nuestro parecer, que la Infanta y
el Rey de Marruecos se encuentren todavía en la escena habiéndose concluido la acción con las palabras del Rey de Fez. Así que es más probable
que mientras los tres están saliendo del tablado, Muley al salir diga este
parlamento. Consideramos, pues, acertada la lectura de MC que ofrece la
acotación *Vanse los tres* (v 2200).

a Fernando, y no le quede
esta pequeña esperanza.   2205

(Vase.)

(Sacan en brazos al Infante DON FER-
NANDO, DON JUAN, BRITO *y cautivos, y sacan
una estera en que sentarle.)*

DON FERNANDO

Ponedme en aquesta parte,
para que goce mejor
la luz que el cielo reparte.
¡Oh inmenso, oh dulce Señor,
qué de gracias debo darte!   2210
    Cuando como yo se vía
Job, el día maldecía,
mas era por el pecado
en que había sido engendrado;
pero yo bendigo el día   2215
    por la gracia que nos da
Dios en él; pues claro está
que cada hermoso arrebol,
y cada rayo del sol,
lengua de fuego será   2220
    con que le alabo y bendigo.

BRITO

¿Estás bien, señor, así?

DON FERNANDO

Mejor que merezco, amigo.
¡Qué de piedades aquí,

2205 H después de este verso pone puntos suspensivos y afirma:
«Falta un verso para el romance», pág. 258.

2206 Es la primera vez en que don Fernando sale al tablado mostrando las señas evidentes de su martirio. *Quintillas,* vv 2206-2300.

2222 EP: «¿Estás bien, así, señor?»; se trata de una falta que hay que
corregir para la rima consonante.

oh Señor, usáis conmigo!   2225
   Cuando acaban de sacarme
de un calabozo, me dais
un sol para calentarme:
liberal, Señor, estáis.

Cautivo 1

Sabe el cielo si quedarme   2230
   y acompañaros quisiera,
mas ya veis que nos espera
el trabajo.

Don Fernando

Hijos, adiós.

Cautivo 2

¡Qué pesar!

Cautivo 3

¡Qué ansia tan fiera!

(Vanse.)

Don Fernando

¿Quedáis conmigo los dos?   2235

Don Juan

Yo también te he de dejar.

Don Fernando

¿Qué haré yo sin tu favor?

2234-2235 Cant. 3 «... ¡Qué ansia tan fiera!» Don Fer. «¿Quedáis conmigo los dos?» Estos versos faltan en EP. Seguimos la corrección de VT.
2236-2239 Falta un verso para la *quintilla*.

DON JUAN

Presto volveré, señor,
que sólo voy a buscar
   algo que comas, porque   2240
después que Muley se fue
de Fez, nos falta en el suelo
todo el humano consuelo;
pero con todo eso iré
   a procurarle, si bien   2245
imposibles solicito,
porque ya cuantos me ven,
por no ir contra el edito
que manda que no te den
   ni agua tampoco, ni a mí   2250
me venden nada, señor,
por ver que te asisto a ti;
que a tanto llega el rigor
de la suerte. Pero aquí
   gente viene.

(Vase.)

DON FERNANDO

       ¡Oh si pudiera   2255
mover a alguno a piedad
mi voz, para que siquiera
un instante más viviera
padeciendo!

(Salen el REY, TARUDANTE, FÉNIX *y* CELÍN.)

CELÍN

       Gran señor,
por una calle_has venido   2260

2252-2254 En EP faltan estos tres versos que integra VT para reconstruir la estructura métrica.

que es fuerza que visto seas
del Infante y advertido.

REY

Acompañarte he querido
porque mi grandeza veas.

TARUDANTE

Siempre mis honras deseas.   2265

DON FERNANDO

Dadle de limosna hoy
a este pobre algún sustento;
mirad que hombre humano soy,
y que afligido y hambriento
muriendo de hambre estoy.   2270
Hombres doleos de mí,
que una fiera de otra fiera
se compadece.

BRITO

Ya aquí
no hay pedir de esa manera.

DON FERNANDO

¿Cómo he de decir?

BRITO

Así: 2275
moros, tened compasión,
y algo que este pobre coma
le dad en esta ocasión,
por el santo zancarrón
del gran profeta Mahoma.   2280

2261-2262 EP: «que es fuerza que hayas de ver / al Infante don Fernando». VT corrige arreglando la estructura de la *quintilla* pero añade un
sexto verso «Siempre mis honras deseas» (v 2265).
   2279-2280 J. Fradejas ofrece una acertada explicación de este pasaje

REY

Que tenga fe en este estado
tan mísero y desdichado,
más me ofende y más me infama.
¡Maestre!, ¡Infante!

BRITO

El Rey llama.

DON FERNANDO

¿A mí, Brito? Haste engañado: 2285
ni Infante ni Maestre soy,
el cadáver suyo sí;
y pues ya en la tierra estoy,
aunque Infante y Maestre fui,
no es ése mi nombre hoy.   2290

REY

Pues no eres Maestre ni Infante,
respóndeme a mí, Fernando.

DON FERNANDO

Ahora, aunque me levante
de la tierra, iré arrastrando
a besar tu pie.
REY

Constante   2295
te muestras a mi pesar.

---

en que Brito sugiere a don Fernando cómo pedir limosna, y dice que el
gracioso: «está jugando con una broma antimahomética». El término, según el estudioso, se relaciona con *zancajo*, pierna, pata, y *zancarrón* («pie
enjuto sin carne» *Cov.*). Se trata, pues: «de una burla del viaje de Mahoma
a los cielos y de la piedra negra suspendida de la Kaaba [por lo cual] Brito
dice a D. Fernando que suplique limosna por el santo zancarrón de Mahoma, broma que los moros no han de entender», J. Fradejas, «Notas a
un pasaje del *Príncipe constante*», en *Crítica textual y anotación filológica
en obras del Siglo de Oro*, cit., págs. 159, 162.
    2282 Este verso no se lee en EP, lo añade VT para corregir la métrica.

¿Es humildad o valor
esta obediencia?

DON FERNANDO

                    Es mostrar
cuanto debe respetar
el esclavo a su señor.   2300
    Y pues que tu esclavo soy,
y estoy en presencia tuya,
esta vez tengo de hablarte,
mi Rey y señor, escucha.
Rey te llamé y, aunque seas   2305
de otra ley, es tan augusta
de los reyes la deidad,
tan fuerte y tan absoluta,
que engendra ánimo piadoso;
y así es forzoso que acudas   2310
a la sangre generosa
con piedad y con cordura;
que aun entre brutos y fieras
este nombre es de tan suma
autoridad, que la ley   2315

2299 La dignidad de rey, que viene de Dios, se debe respetar, aunque
el Rey sea de religión distinta.

2300 Las *quintillas* se cierran con dos versos que abren al monólogo ar-
gumentativo y solemne de don Fernando en la forma canónica del *romance*.

2301 Empieza aquí el monólogo que pronuncia Fernando antes de morir con el ritmo y asonancias (en *ú-a*) del romance (hasta el v 2466) como
era de costumbre. En la primera parte del largo parlamento el mártir trata
de explicar al Rey moro que ser rey significa siempre tener ánimo piadoso.
don Fernando, como explica Fradejas en su citado estudio recurre a «cinco
emblemas que representan los reinos de la naturaleza León-Tierra; Águila-
Aire; Delfín-Agua; Granada-Plantas; Diamantes-Piedras. […] Todos ellos
ejemplifican las cualidades que la Providencia atribuyó a cada uno» (página
162). El razonamiento procede según el típico sistema diseminativo que se
concluye con una recapitulación en que don Fernando demuestra al Rey
moro que si la majestad de rey existe en la naturaleza debe existir por consiguiente en los hombres y también en él, aunque sea de otra ley.

2309 La piedad inherente a la dignidad real contrasta con el rigor que
el rey muestra. Véase nota a v 1048 y vv 2431 y sigs.; y v 2629.

2314 El nombre de rey es de tal dignidad que hasta los animales respetan al león como rey suyo. Cfr. *La vida es sueño,* II, vv 1045 y sigs.

de naturaleza ajusta
obediencias. Y así, leemos
en repúblicas incultas
al león rey de las fieras,
que cuando la frente arruga   2320
de guedejas se corona,
ser piadoso, pues que nunca
hizo presa en el rendido.
En las saladas espumas
del mar el delfín, que es rey   2325
de los peces, le dibujan
escamas de plata y oro
sobre la espalda cerúlea
coronas, y ya se vio
de una tormenta importuna   2330
sacar los hombres a tierra,
porque el mar no los consuma.
El águila caudalosa,
a quien copete de plumas
riza el viento en sus esferas,   2335
de cuantas aves saludan
al sol es emperatriz,
y con piedad noble y justa,
porque brindado no beba
el hombre entre plata pura   2340
la muerte, que en los cristales
mezcló la ponzoña dura
del áspid, con pico y alas
borra, deshace y enturbia.
Aun entre plantas y piedras   2345
se dilata y se dibuja
este imperio: la granada,
a quien coronan las puntas
de una corteza en señal
de que es reina de las frutas,   2350
envenenada marchita
los rubíes que la ilustran,

2339 EP: «brindando».
2342 EP: «mordió la ponzoña».

y los convierte en topacios,
color desmayada y mustia.
El diamante, a cuya vista   2355
ni aun el imán ejecuta
su propiedad, que por rey
esta obediencia le jura,
tan noble es que la traición
del dueño no disimula;   2360
y la dureza, imposible
de que buriles la pulan,
se deshace entre sí misma,
vuelta en cenizas menudas.

Pues si entre fieras y peces,   2365
plantas, piedras y aves, usa
esta majestad de rey
de piedad, no será injusta
entre los hombres, señor:
porque el ser no te disculpa   2370
de otra ley, que la crueldad
en cualquiera ley es una.
No quiero compadecerte
con mis lástimas y angustias
para que me des la vida,   2375
que mi voz no la procura;
que bien sé que he de morir
de esta enfermedad que turba
mis sentidos, que mis miembros
discurre helada y caduca.   2380
Bien sé, que herido de muerte

2355 EP:«a cuya vida».
2373 y sigs.: Don Fernando no pide compasión. El mártir conoce la
vida y ya conoce la muerte. Este conocimiento de la verdad se manifiesta
en tres versos tendencialmente bimembres en cuya primera parte se repite anafóricamente «Bien sé» y en la segunda se presenta con poca variación la connotación de la muerte: «que he de morir»; «que herido de
muerte»; «que soy mortal». En este momento el lenguaje de don Fernando se desarrolla de forma triple porque restituye una verdad absoluta,
la misma voluntad divina. Véase, Ch. V. Aubrun, «La langue poètique
de Calderón», en J. Jacquot (ed.), *Réalisme et poésie au téâtre*, CNRS, París, 1960, págs. 61-76.

estoy, porque no pronuncia
voz la lengua cuyo aliento
no sea una espada aguda.
Bien sé, al fin, que soy mortal,   2385
y que no hay hora segura;
y por eso dio una forma
con una materia en una
semejanza la razón
al ataúd y a la cuna.   2390
Acción nuestra es natural
cuando recibir procura
algo un hombre, alzar las manos
en esta manera juntas;
mas cuando quiere arrojarlo,   2395
de aquella misma acción usa,
pues las vuelve boca abajo
porque así las desocupa.
El mundo cuando nacemos,
en señal de que nos busca,   2400
en la cuna nos recibe,
y en ella nos asegura

2385-2390 La verdad es aceptar la precariedad de la vida humana; y esa verdad el santo mártir la explica diciendo que el entendimiento dio una igual forma
y apariencia a la cuna y al ataúd: es decir la vida es como la muerte. El ser una
cosa sola la cuna y la tumba, la vida y la muerte, lo restituye un prolongado encabalgamiento que enlaza todas las imágenes. Como hemos dicho en la introducción, la asonancia *ú-a* del romance construye paradigmáticamente las metáforas en que se basan el monólogo y el drama creando efectos de gran
emotividad en los espectadores. Véase Introducción, pág. 99, nota 197.Calde-
rón vuelve sobre este tema en el auto sacramental *El gran teatro del mundo* dejando de manifiesto el valor alegórico de la metáfora *vida-muerte* ya presente
en el parlamento de don Fernando y en la gestualidad que lo acompaña.
   Mundo: «cuando algún hombre hay algo que reciba, / las manos pone,
atento a su fortuna, / en esta forma; cuando con esquiva / acción lo arroja, así
las vuelve. De una / suerte: puesta la cuna boca arriba / recibe al hombre; y en
esta misma cuna, / vuelta al revés, la tumba suya ha sido. / Si cuna os recibí,
tumba os despido», ed. de E. Frutos, Salamanca, Anaya, 1958, vv 1391-1398.
   2391 La función mímico-gestual alcanza en esta obra un intenso significado simbólico. Calderón, hombre de teatro, construye su
pensamiento filosófico no sólo a través de las palabras sino también del
lenguaje escénico. Las manos juntas, *boca arriba y boca abajo*, restituyen
figurativamente el cosmos entero, cóncavo y convexo.

boca arriba; pero cuando,
o con desdén o con furia,
quiere arrojarnos de sí,   2405
vuelve las manos que junta,
y aquel instrumento mismo
forma esta materia muda,
pues fue cuna boca arriba
lo que boca abajo es tumba.   2410
Tan cerca vivimos, pues,
de nuestra muerte, tan juntas
tenemos, cuando nacemos,
el lecho como la cuna.
¿Qué aguarda quien esto oye?   2415
Quien esto sabe, ¿qué busca?
Claro está que no será
la vida, no admite duda;
la muerte sí; ésta te pido,
porque los cielos me cumplan   2420
un deseo de morir
por la fe; que, aunque presumas
que esto es desesperación,
porque el vivir me disgusta,
no es sino afecto de dar   2425
la vida en defensa justa
de la fe, y sacrificar
a él la vida y alma juntas:
y así, aunque pida la muerte,
el afecto me disculpa;   2430
y si la piedad no puede
vencerte, el rigor presuma
obligarte. ¿Eres león?
Pues ya será bien que rujas,
y despedaces a quien   2435
te ofende, agravia e injuria.
¿Eres águila? Pues hiere
con el pico y con las uñas
a quien tu nido deshace.

2423 Al musulmán le puede parecer que el deseo del martirio por
parte del cristiano es desesperación, o sea suicidio. Cfr. I, v 922.

¿Eres delfín? Pues anuncia   2440
tormentas al marinero
que el mar de este mundo ocupa.
¿Eres árbol real? Pues muestra
todas las ramas desnudas
a la violencia del tiempo   2445
que iras de Dios ejecuta.
¿Eres diamante? Hecho polvos
sé, pues, venenosa furia;
y cánsate, porque yo,
aunque más tormentos sufra,   2450
aunque más rigores vea,
aunque llore más angustias,
aunque más miserias pase,
aunque halle más desventuras,
aunque más hambre padezca,   2455
aunque mis carnes no cubran
estas ropas, y aunque sea
mi esfera esta estancia sucia,
firme he de estar en mi fe:
porque es el sol que me alumbra,   2460
porque es la luz que me guía,
es el laurel que me ilustra.
No has de triunfar de la Iglesia;
de mí, si quieres, trïunfa;
Dios defenderá mi causa,   2465
pues yo defiendo la suya.

REY

¿Posible es, que en tales penas

2448 EP: «pues sé...»
2450-2459 Empieza aquí una secuencia paralelística introducida por
una insistente anáfora de la conjunción concesiva «aunque» que refuerza las
imágenes del martirio evocadas. En un *climax* de fuerte intensidad que culmina en los versos 2456-58, resalta la imagen iconográfica del santo mártir
desnudo como Cristo en su estera que coincide con todo el universo. Vuelve
otra vez la metáfora del teatro según Brook, que ya notamos en el v 1949.
2460-2462 La verdad absoluta y divina, como ya hemos dicho en la
nota al v 2373, se expresa a través del desarrollo triple de la oración.
2467-2476 *Quintillas* (abaab ccddc). El tránsito a esta estrofa, relativa

blasones y te consueles,
siendo propias? ¿Qué condenas
no me duelan, siendo ajenas,   2470
si tú de ti no te dueles?
    Que pues tu muerte causó
tu misma mano y yo no,
no esperes piedad de mí;
ten tu lástima de ti,   2475
Fernando, y tendréla yo.

   (Vase.)

DON FERNANDO

Señor, Vuestra Majestad
me valga.

TARUDANTE

¡Qué desventura!

   (Vase.)

DON FERNANDO

Si es alma de la hermosura
esa divina deidad,   2480
vos, señora, me amparad
con el Rey.

FÉNIX

¡Qué gran dolor!

---

sólo al parlamento del Rey de Fez que luego se retira del escenario, probablemente viene a desarrollar una función de enlace entre el *romance* en
ú-e del largo monólogo de don Fernando y las *décimas* que se prolongan
hasta el v 2546. Sin embargo, si se cambia de lugar el v 2471 y se pone
después, resultaría una *décima* perfecta, conforme a todo el parlamento.
R. Baehr, *Manual de versificación española*, Madrid, Gredos, 1984, páginas 297-298. Véase también T. Navarro, *Repertorio de estrofas españolas*,
Nueva York, Las Américas Publishing Company, 1968.
   2469-2471 EP: «… que condenes / no me duela…» VT añade el
v 2471 para arreglar la estrofa.
   2477 La métrica pasa a la *décima* hasta el v 2546.

DON FERNANDO

¿Aun no me miráis?

FÉNIX

¡Qué horror!

DON FERNANDO

Hacéis bien; que vuestros ojos
no son para ver enojos.   2485

FÉNIX

¡Qué lástima! ¡Qué dolor!

DON FERNANDO

Pues, aunque no me miréis,
y ausentaros intentéis,
señora, es bien que sepáis,
que aunque tan bella os juzgáis,   2490
que más que yo no valéis,
y yo quizá valgo más.

FÉNIX

Horror con tu voz me das,
y con tu aliento me hieres.
¡Déjame hombre! ¿Qué me quieres?   2495
Que no puedo sentir más.

(Vase.)

(Sale DON JUAN, *con un pan.)*

DON JUAN

Por alcanzar este pan
que traerte, me han seguido

2488 Verso introducido por VT para el ajuste métrico.

2497 La comida, aquí reducida a un trozo de pan, se presenta ahora
como objeto presente físicamente en la escena como indica el deíctico
«este». La condición de don Fernando, vivo cadáver, que ya está para morir, proporciona a «este pan» el valor simbólico del «pan de Cristo». La
evocación de la Eucaristía remite a la del Auto Sacramental donde es el
signo básico. Véase también nota al v 1962.

los moros, y me han herido
con los palos que me dan.   2500

DON FERNANDO

Esa es la herencia de Adán.

DON JUAN

Tómale.

DON FERNANDO

Amigo leal,
tarde llegas, que mi mal
es ya mortal.

DON JUAN

Déme el cielo
en tantas penas consuelo.   2505

DON FERNANDO

Pero ¿qué mal no es mortal
si mortal el hombre es,
y en este confuso abismo
la enfermedad de sí mismo
le viene a matar después?   2510
Hombre, mira que no estés
descuidado: la verdad
sigue, que hay eternidad;
y otra enfermedad no esperes
que te avise, pues tú eres   2515
tu mayor enfermedad.

    2502-2503 EP: «Toma. D. Fer.» «Ya amigo leal / tarde llegas, que mi
mal / es mortal.» Seguimos la corrección métrica de VT.
    2509 Es una paráfrasis del «delito de haber nacido» *(La vida es sueño)*.
El simple existir es el crimen por el cual estamos condenandos a muerte.
Asimismo, por haber nacido tenemos ya la enfermedad que nos ha de
matar. Cfr. nota de Morón al v 112 de *La vida es sueño*.

> Pisando la tierra dura
> de continuo el hombre está,
> y cada paso que da
> es sobre su sepultura.   2520
> Triste ley, sentencia dura
> es saber que en cualquier caso
> cado paso (¡gran fracaso!)
> es para andar adelante,
> y Dios no es a hacer bastante   2525
> que no haya dado aquel paso.
>   Amigos, a mi fin llego:
> llevadme de aquí en los brazos.

DON JUAN

> Serán los últimos lazos
> de mi vida.

DON FERNANDO

>   Lo que os ruego,   2530
> noble don Juan, es que luego
> que expire me desnudéis;
> en la mazmorra hallaréis
> de mi religión el manto,
> que le traje tiempo tanto;   2535
> con éste me enterraréis
>   descubierto, si el Rey fiero
> ablanda la saña dura
> dándome la sepultura.
> Ésta señalad; que espero   2540
> que, aunque hoy cautivo muero,
> rescatado he de gozar
> el sufragio del altar;

2525 Ni siquiera Dios puede deshacer lo que ya está hecho. Sería una contradicción, y el contrasentido no tiene nada que ver con la omnipotencia divina.

2530-2546 Por lo que se refiere a las coincidencias entre las últimas palabras del Príncipe y el testamento de Calderón remito a la Introducción, págs. 5-6.

2534 Se refiere al manto de la Orden de Avis, de la que era maestre.

2543 Don Fernando quiere decir que trasladarán sus restos y que será enterrado en una iglesia católica, no que le van a canonizar.

que pues yo os he dado a vos
tantas iglesias, mi Dios,   2545
alguna me habéis de dar.

(Llévanle.)

   (Sale DON ALFONSO, *y soldados con arcabuces.)*

                    DON ALFONSO

   Dejad a la inconstante
playa azul esa máquina arrogante
de naves, que causando al cielo asombros
el mar sustenta en sus nevados hombros;   2550
y en estos horizontes
aborten gente los preñados montes
del mar, siendo con máquinas de fuego
cada bajel un edificio griego.

———————

   2547 El paso a las *silvas* nos introduce al escenario de la guerra. Dice
Marín: «Entre escenas, la práctica más usual es el cambio de metro que
acompaña al cambio de situación, de lugar, y sobre todo, de personajes,
al quedar momentáneamente la escena vacía tras la acotación de Vase-
Vanse» (ídem, pág. 1145), aquí en particular el tablado se queda vacío porque se han llevado el cuerpo muerto de don Fernando.
   2547-2548 El encabalgamiento sirremático tiene aquí un valor expresivo, como en Góngora, porque alejando el sustantivo de su adjetivo ca-
lificativo evidencia los peligros del mar; recordemos que Brito había aludido a esta «inconstancia» del mar en los vv 506-508.
   2548 y sigs.: Es interesante la metáfora «máquina» para indicar la flota
de naves porque el término incluye el significado que ofrece *Cov.* de máquina bélica que el ingeniero construye para dañar al enemigo.
   La acumulación de elementos retóricos —la hipérbole de pensamiento; la perífrais (v 2549 por navegar); la prosopopeya (nevados hombros; preñados montes), la alusión mitológica (Caballo de Troya), aunque
Krenkel explique que se trata del «fuego griego» que se escapaba de los
navíos— contribuyen a la representación simbólica de la flota cristiana y
de la empresa que debe llevar a cabo. La presencia de los cuatro elementos —«aire» (cielo), «agua» (mar), «tierra (preñados montes), «fuego» (máquinas de fuego)— atestiguan, como de costumbre, el valor universal del
acontecimiento.
   2553 «El fuego griego, cuya elaboración y componentes fueron siempre un misterio, fue inventado hacia el año 668 por Calínicos de Helió-
polis, y utilizado con éxito concretamente contra los árabes cuando éstos
sitiaron Constantinopla el año 678. Pero dejó de utilizarse tras la invención de la pólvora» (Krenkel).

(Sale Don Enrique.)

Don Enrique

Señor, tú no quisiste que saliera   2555
nuestra gente de Fez en la ribera,
y este puesto escogiste
para desembarcar: infeliz fuiste,
porque por una parte
marchando viene el numeroso Marte,   2560
cuyo ejército al viento desvanece
y los collados de los montes crece.
Tarudante conduce gente tanta,
llevando a su mujer, felice Infanta
de Fez, hacia Marruecos…   2565
Mas respondan las lenguas de los ecos.

Don Alfonso

Enrique, a eso he venido,
a esperarle a este paso, que no ha sido
esta elección acaso; prevenida
estaba, y la razón está entendida: 2570
si yo a desembarcar a Fez llegara,
esta gente y la suya en ella hallara;
y estando divididos,
hoy con menos poder están vencidos;
y antes que se prevengan,   2575
toca al arma.

Don Enrique

                          Señor, advierte y mira
que es sin tiempo esta guerra.

Don Alfonso

                                              Ya mi ira
ningún consejo alcanza.
No se dilate un punto esta venganza:
entre en mi brazo fuerte   2580
por África el azote de la muerte.

DON ENRIQUE

Mira que ya la noche,
envuelta en sombras, el luciente coche
del sol esconde entre las sombras puras.

DON ALFONSO

Pelearemos a oscuras,   2585
que a la fe que me anima
ni el tiempo ni el poder la desanima.
Fernando, si el martirio que padeces,
pues es suya la causa, a Dios le ofreces,
cierta está la victoria: 2590
mío será el honor, mía la gloria.

2582-2584 Estupendo ejemplo de decorado verbal que pone a los ojos
de la mente de los espectadores una escena a la hora del ocaso aunque el
espectáculo se estrenase en plena luz del día. En un nivel retórico el ano-
checer está restituido por medio de una perífrasis de pensamiento y dos
encabalgamientos sirremáticos (sustantivo-participio; sustantivo comple-
mento determinativo) que acentúan el valor pictórico de la imagen en su
significado simbólico: esta noche no es la noche de los sentidos o de la
sinrazón sino la noche de la cual germinará otra vez la luz del día, el día
de la victoria.

2584 P ofrece la variante «las ondas» que tiene su sentido lógico; sin
embargo preferimos seguir la lectura de EP, y que encontramos también
en VT porque determina una entropía cromática de la oscuridad y proporciona al verso la aliteración de la fricativa sibilante [s].

2591 Sobre este verso los editores ha discutido mucho. Esta lectura
que seguimos es la que da EP y también VT.

P ofrece una variante: «tuyo será el honor, suya la gloria» que ningún
editor ha adoptado y que el mismo Parker rechaza en un segundo momento: «En mi edición fui lo bastante osado para no aceptar esta corrección sin más, sino incluso alterar el primer *mío*, que pasa a ser *tuyo*, sobre
la base de que incluso conservarlo sólo le daba a Alfonso una arrogancia
que no correspondía con su papel como un segundo Fernando. Aprove-
cho esta oportunidad para retractarme, no se debe alterar una versión para
adaptarla a lo que parece ser la interpretación más probable» A. A. Parker, «Religión y guerra: *El príncipe constante*», cit., pág. 365, nota 14. Pero
el estudioso se equivoca cuando afirma: «Vera Tassis enmendó la segunda
mía y la convirtió en *suya* y ésta ha sido la norma para editores posterio-
res incluyendo a Valbuena Briones y Hartzenbusch». PM, al aceptar la lectura «mío será el honor / mía la gloria», afirma: «Así en Vera Tassis y así

DON ENRIQUE

Tu orgullo altivo yerra.

DON FERNANDO *(Dentro.)*

¡Embiste, gran Alfonso! ¡Guerra, guerra!

DON ALFONSO

¿Oyes confusas voces
romper los vientos tristes y veloces?   2595

DON ENRIQUE

Sí, y en ellos se oyeron
trompetas que a embestir señal hicieron.

DON ALFONSO

¡Pues a embestir, Enrique!, que no hay duda
que el cielo ha de ayudarnos hoy.

DON FERNANDO *(Dentro.)*

                                        Sí ayuda,

(Sale DON FERNANDO *con manto capitular
y una luz.)*

porque obligando al cielo,   2600
que vio tu fe, tu religión, tu celo,

---

también en las ediciones de 1636 y 1640», pág. 113, nota. MC ofrece la variante: «mío será el honor, tuya la gloria» y apunta que la variante *suya* fue
propuesta por Keil. En cambio creemos que el ser el comandante de una
guerra justa y cristiana no contradecía, según la costumbre de la época,
actitudes de valiente y atrevida arrogancia, así que don Alfonso define su
misma flota a través de la metáfora-metonimia construida con un encabalgamiento «máquina arrogante / de naves». A este propósito es preciso
recordar que el adjetivo «arrogante» es ambiguo entendiéndose por *arrogancia:* «Presunción insolente y soberbia, cuando alguno se jacta más de
lo que será justo, o de virtud o de nobleza o bienes de fortuna» *(Cov.).*
    2599 EP: «que el cielo nos ayuda».

hoy tu causa defiende.
Librarme a mí de esclavitud pretende,
porque, por raro ejemplo,
por tantos templos Dios me ofrece un templo;   2605
y con esta luciente
antorcha desasida del Oriente,
tu ejército arrogante
alumbrando he de ir siempre delante,
para que hoy en trofeos   2610
iguales, grande Alfonso, a tus deseos,
llegues a Fez, no a coronarte ahora,
sino a librar mi ocaso en el aurora.

    (Vase.)

Don Enrique

Dudando estoy, Alfonso, lo que veo.

Don Alfonso

Yo no, todo lo creo;   2615
y si es de Dios la gloria,
no digas guerra ya, sino victoria.

    (Vanse.)

    (Salen el rey y Celín; *y en lo alto del tablado*
Don Juan *y un cautivo, y el Infante en un*
ataúd, que se vea la caja no más.)

Don Juan

    Bárbaro, gózate aquí

2606-2607 El deíctico «esta» pone de relieve el importante objeto escénico de la antorcha, luz de la Gracia divina, de un alba que es la verdadera vida. El encabalgamiento, separando el sustantivo «antorcha» del adjetivo que acrecienta su significado, hace vibrar en el tiempo y en el espacio este haz de luz.

2618 El tránsito al *romance* marca el final de la comedia según una técnica muy frecuente en Calderón.

de que tirano quitaste
la mejor vida.

REY

¿Quién eres?   2620

DON JUAN

Un hombre que, aunque me maten,
no he de dejar a Fernando,
y aunque de congoja rabie,
he de ser perro leal
que en muerte he de acompañarle.   2625

REY

Cristianos, ese es padrón
que a las futuras edades
informe de mi justicia;
que rigor no ha de llamarse
venganza de agravios hechos   2630
contra personas reales.
Venga Alfonso ahora, venga
con arrogancia a sacarle
de esclavitud; que aunque yo
perdí esperanzas tan grandes   2635
de que Ceuta fuese mía,
porque las pierda arrogante
de su libertad, me huelgo
de verle en estrecha cárcel.
Aun muerto no ha de estar libre   2640
de mis rigores notables;
y así puesto a la vergüenza
quiero que esté a cuantos pasen.

DON JUAN

Presto verás tu castigo,
que por campañas y mares   2645
ya descubro desde aquí
mis cristianos estandartes.

REY

Subamos a la muralla
a saber sus novedades.

(Vanse.)

DON JUAN

Arrastrando las banderas,   2650
y destemplados los parches,
muertas las cuerdas y luces,
todas son tristes señales.

(Tocan cajas destempladas, sale el Infante
DON FERNANDO, con una hacha alumbrando a
DON ALFONSO, y DON ENRIQUE, que traen
cautivos a TARUDANTE, FÉNIX y MULEY; y todos los soldados.)

DON FERNANDO

En el horror de la noche,
por sendas que nadie sabe,   2655
te guié; ya con el sol
pardas nubes se deshacen.
Victorioso, gran Alfonso,
a Fez conmigo llegaste;
éste es el muro de Fez,   2660
trata en él de mi rescate.

(Vase.)

DON ALFONSO

¡Ah de los muros! Decid

2651 *parche:* «pergamino o piel con que se cubren las cajas de guerra.
Tómase alguna vez por la misma caja» *(Dicc. Aut.).*
2654-2657 Llega a conclusión el paso de la noche al día; del pecado a
la salvación; de la muerte a la verdadera vida.

al Rey que salga a escucharme.

(Salen el REY *y* CELÍN *al muro.)*

REY

¿Qué quieres, valiente joven?

DON ALFONSO

Que me entregues al Infante,   2665
al Maestre Don Fernando,
y te daré por rescate
a Tarudante y a Fénix,
que presos están delante.
Escoge lo que quisieres: 2670
morir Fénix, o entregarle.

REY

¿Qué he de hacer, Celín amigo,
en confusiones tan grandes?
Fernando es muerto, y mi hija
está en su poder. ¡Mudable   2675
condición de la fortuna
que a tal estado me trae!

FÉNIX

¿Qué es esto, señor? Pues viendo
mi persona en este trance,
mi vida en este peligro,   2680
mi honor en este combate,
¿dudas qué has de responder?
¿Un minuto ni un instante
de dilación te permite
el deseo de librarme?   2685
En tu mano está mi vida,
¿y consientes (¡pena grave!)
que la mía (¡dolor fiero!)
injustas prisiones aten?

De tu voz está pendiente   2690
mi vida (¡rigor notable!),
¿y permites que la mía
turbe la esfera del aire?
A tus ojos ves mi pecho
rendido a un desnudo alfanje,   2695
¿y consientes que los míos
tiernas lágrimas derramen?
Siendo Rey, has sido fiera;
siendo padre, fuiste áspid;
siendo juez, eres verdugo: 2700
ni eres Rey, ni juez, ni padre.

REY

Fénix, no es la dilación
de la respuesta negarte
la vida, cuando los cielos
quieren que la mía acabe.   2705
Y puesto que ya es forzoso
que una ni otra se dilate,
sabe, Alfonso, que a la hora
que Fénix salió ayer tarde,
con el sol llegó el ocaso,   2710
sepultándose en dos mares,
de la muerte y de la espuma,
juntos el sol y el Infante.
Esta caja humilde y breve
es de su cuerpo el engaste.   2715
Da la muerte a Fénix bella;
venga tu sangre en mi sangre.

2695 *Alfanje:* «Al artículo arábigo, *falge* del nombre latino Falx-cis,
por la hoz. Y el alfanje es una cuchilla corva, a modo de hoz, salvo que
tiene el corte por la parte convexa» *(Cov.)* El *Dicc. Aut.* dice que «sólo
hiere de cuchillada».

2705 EP: «quieren que contigo acabe.»
2709 EP: «que Fénix le vio ayer tarde.»

FÉNIX

¡Ay de mí! Ya mi esperanza
de todo punto se acabe.

REY

Ya no me queda remedio   2720
para vivir un instante.

DON ENRIQUE

¡Válgame el cielo! ¿Qué escucho?
¡Qué tarde, cielos, qué tarde
te llegó la libertad!

DON ALFONSO

No digas tal; que si antes   2725
Fernando en sombras nos dijo
que de esclavitud le saque,
por su cadáver lo dijo,
porque goce su cadáver
por muchos templos un templo,   2730
y a él se ha de hacer el rescate.
Rey de Fez, porque no pienses
que muerto Fernando vale
menos de aquesta hermosura,
por él, cuando muerto yace,   2735
te la trueco. Envía, pues,
la nieve por los cristales,

2736-2741 «... Envía, pues, .../ por una divina imagen»: El sentido general del pasaje, construido según una estructura correlativa, de versos
tendencialmente bimembres, que pone en relación a dos distintas series
de campos metafóricos, es evidente. Trátase del trueque de dos series de
valores que connotan al santo mártir y a la bella princesa. Lo que no aparece, en un primer momento, evidente, a causa del carácter exotérico de
las metáforas de influjo culterano, es que la estructura correlativa de los
versos bimembres es también opositiva: la serie (A) —«nieve», «enero»,
«rosas»— connota la belleza efímera y falaz puesto que la «nieve» se deshace fácilmente con el sol; el «enero» es el inicio del ciclo temporal que
la tierra debe superar para llegar a la vida y por consiguiente connota la
muerte: y «rosas» evoca no sólo la caducidad de las flores y la belleza de

el enero por los mayos,
las rosas por los diamantes,
y al fin, un muerto infelice   2740
por una divina imagen.

Rey

¿Qué dices, invicto Alfonso?

Don Alfonso

Que esos cautivos le bajen.

Fénix

Precio soy de un hombre muerto,
cumplió el cielo su homenaje.   2745

Rey

Por el muro descolgad
el ataúd, y entregadle;
que para hacer las entregas
a sus pies voy a arrojarme.

(Vase, y bajan el ataúd con cuerdas por el muro.)

Don Alfonso

En mis brazos os recibo,   2750
divino príncipe mártir.

---

la mujer, sino también los desechos de los diamantes o escamillas de menor valor. En cambio, los «cristales», los «mayos», y los «diamantes», serie (B), connotan la belleza lozana e imperitura. Por lo tanto los vv 2740-2741 sólo aparentemente corresponden al mismo orden de las series correlativas anteriores, porque Calderón, con una osadía que le es propia, ha trocado la colocación de los referentes reales, situando el primer término, «el muerto infelice», en correspondencia con la segunda serie (B), mientras que el segundo, «la divina imagen», en correspondencia con la primera (A). La estructura lógica en quiasmo marca el trueque entre la verdadera vida y la verdadera muerte, llegando a cerrar el círculo del cosmos.

DON ENRIQUE

Yo, hermano, aquí te respeto.

DON JUAN

Dame, invicto Alfonso, dame
la mano.

DON ALFONSO

    Don Juan, amigo,
¡buena cuenta del Infante   2755
me habéis dado!

DON JUAN

          Hasta su muerte
le acompañé, hasta mirarle
libre; vivo y muerto estuve
con él; mirad dónde yace.

DON ALFONSO

Dadme, tío, vuestra mano;   2760
que aunque necio e ignorante
a sacaros del peligro
vine, gran señor, tan tarde,
en la muerte, que es mayor,
se muestran las amistades.   2765
En un templo soberano
haré depósito grave
de vuestro sagrado cuerpo.
A Fénix y a Tarudante
te entrego, Rey, y te pido   2770
que aquí con Muley la cases,
por la amistad que yo sé
que tuvo con el Infante.
Ahora llegad, cautivos,
ved vuestro santo y llevadle   2775
en hombros hasta la armada.

Rey

Todos es bien le acompañen.

Don Alfonso

Al son de dulces trompetas
y templadas cajas marche
el ejército con orden   2780
de entierro, para que acabe,
pidiendo perdón aquí
de yerros que son tan grandes,
el Católico Fernando,
Príncipe en la Fe Constante.   2785

FIN

Índice